'홀로 있음'

머리말-4

1장. 보이지 않는 것의 실상- 말의 힘 -10

프랑스 과학자들의 실험-10/ '나만의 우주'에서 '존재의 본성'을 찾을 수 있다.-14/ 말의 힘 - MBC 50주년 기념 특집 -15

2장. 소경이 걷고 뛰며 화가가 되었다.-22

'이미 있는 것'이 '나타나는 것'이다.-22/ 운동선수의 마인드 트레이닝.-31
소경이어도 소리로 볼 수 있다. 어떻게 가능할까?-35
'나만의 우주'인 '가상공간'에서 상상할 수 있다.-39/ 소경 화가가 색을 구분한다.-42

3장. 빙의란 무엇인가? -47

우상과 오버랩되었다. 이것이 미혹이다.-52/ 축구 전문가 히딩크는 알고 있었다.-55/ 창조의 섭리로 이끌리는 양심은 공유(共有)다.-62/ 성공학, 자기개발서의 가르침- 소원을 100번 써서 얻는것-67/ 빙의는 '카오스'와 어떤 연관이 있나?-70/ 빙의는 고유명사가 되었다. 학문으로 규정할 수 없어서이다.-71

4장. 천재는 어떻게 탄생하는가?-75

천재란, '하늘이 만들었다'라는 말이다.-75/ 한 살이 안 된 아이의 재능은 교육인가 유전인가?-78/ 연구란 이런 것이다. -85

5장. 텔레파시-존재의 파장을 나누는 쌍둥이-88

취향과 스타일까지 똑같은 쌍둥이의 상봉-88
존재가 어떻게 발현하는가?-96

6장. 풍수는 종교인가? 인식인가? 존재인가?-102
풍수는 종교가 아니다.-102
성공한 사람은 풍수를 극복한 사람이다.-112

7장. 빙의와 디스오더를 바로잡는 루틴이 존재한다.-114
의식의 흐름을 보면 빙이의 근거가 보인다 -114/ 디스오더에 빠진 친구를 만나다.-128

8장. '나만의 우주', '가상공간'은 존재의 보고(寶庫).-139
공부로는 안되는 시대가 도래했다. AI의 시대다!-139/ '가상공간'에서 '존재의 본성'을 만나라.-143/ 문명의 탄생- '하늘의 것'이 '땅의 것'이 되었다.-149/ 스톡테일 패러독스 -꿈꾸지 마라. 적응하며 나아가라.-153/ 몰입 - 158/ 존재의 세계를 경험한 사람들 - 162/ 한동대 故김영길 총장이 만난 존재의 세계-164/ 초졸자가 이룬 허다한 국제특허들- '김규환 명장'-168

9장. 존재의 인큐베이터. '카오스'-174
'하늘의 것'이 '땅의 것'이 되었다-174/ 육체가 있으니 기도하는 것이다.-178/ 인식으로 창조의 질서를 바꿀 수 없다.-185/ 쓸모없는 사람이 겪은 카오스의 세계-186/ 막노동 하다가 알게 된 카오스의 비밀-188/ 어머니가 전해 준 비밀-192/ 죽음은 무엇이고, 다음은 어떻게 되며, 왜 죽음이 두려운가?-194/ 중학생이 되면서 확증된 창조의 섭리.-199/ '억울함'이 '정의로운가?' '악을 품는 것'이다.- 200/ 소문난 강사가 되어있었다-206/ 이정도 수준이어도 상관없다.-215/ 폐결핵에서 온전한 자유를 - 223

10장. 있다는 것(Da Sain 존재)은 무엇인가? -229
고대로부터 존재의 본성을 알리는 노력이 있었다.-229/ 존재는 파장이다.-235/ 모든 존재는 파장이 있고, 그 파장은 서로 이끈다. - 237/ 누구나 창조의 섭리가 이끄는 이끌림에 직면한다.-238

11장. 예수보다 부처가 600년 먼저 왔다.-244

불교는 창조의 질서에 적응하라고 가르친다.-244/ 존재의 근원을 밝히려는 노력은 놀라운 지혜다.-249/ 예수가 오기 전에 이미 석가모니가 있었다.-251/ 대승불교의 연기와 공-257/ 인생은 무엇이고 문명은 무엇인가?- 260/ 대승불교의 창시자 '나가르주나'-261/ 과정철학의 유기적 관계론과 과정주의-272/ 열역학 제2 법칙과 과정철학-275/ 서양철학에서의 존재론-276/ 선량하게 살아야 한다는 이끌림이 있는 이유는 무엇인가? - 280

12장. '하늘의 것'이 '땅의 것'이 되었다.-282

창조의 질서를 따르는 것 말고는 그 무엇도 없다. -284

맺음말-290

저자 소개-295

머리말:

공학을 전공한 교사 한 분이 질문했다. "나무로 지은 건물에 불이 나면 폭삭 무너지고 재만 남는 것은 아시죠? 그런데 벽돌집이 무너지는 이유는 무엇일까요?" 나는 '열'이라고 말했다. 그러나 그는 조금 더 생각해 보라며 잠시 후에 '물'이라고 답을 주었다. 순간 정리되는 느낌이었다. 머리가 시원했다. 다른 견해는 본질과 상관이 없는 이론이 된다는 생각이 들었기 때문이다. 견해는 명제화가 주어지면 거론 해서는 안 된다.

이유는 이것이다. 시멘트는 물과 모래를 섞어서 단단하게 고형화하는 건축 소재다. 불이 나면 그 열에 의해서 시멘트의 물이 말라 그동안 응집력을 갖던 벽돌과 벽돌 사이의 시멘트는 가루가 된다. 그렇게 되면 벽돌과 벽돌을 좌우상하로 붙들고 있던 시멘트의 응집력이 사라지면서 그 원인으로 벽돌 사이의 틈이 벌어지게 된다. 벽돌과 벽돌의 간격은 약 1cm 정도로 열 단을 쌓았다면 10cm, 스무 단을 쌓았다면 20cm다. 가루가 되어 사라진 시멘트 공간이 이렇게 벌어지게 된다. 그래서 화재 현장을 보면, 벽이 위로부터 내려앉게 되고 천장 무게 등이 더해지면서 눌려서 건물 전체가 무너지는 것이라고 했다. 아래에만 벽돌이 조금 남는 이유도 그것 때문이라는 생각이 들었다. 합당한 이치였다.

그렇다면 수백 년 동안 건물이 유지되고 있는 것 역시, '물'이 시멘트를 틀어쥐고 있기 때문이라는 결론이 된다. 현재는 더 좋은 시멘트가 개발되어서 400년 이상도 보전할 수 있는 소재가 개발되고 있다고 한다. 수분이 빠져나가지 못하게 하고, 더 강력하게 점도를 유지할 수 있도록 하면 된다는 결론이 얼마든지 가능하게 된 것이다. 이것이 '명제화'의 목적이다.

무엇이 되었든 논리가 형성되려면 '명제화 작업'이 먼저 이루어져야 '주어져 있는 질서'에 합당하게 적응해 가는 지혜를 얻게 되는 것이다. 우주와 만물의 섭리가 그러하며 카리스마, 텔레파시, 인력(引力), 의식 등 보이지 않는 것도 마찬가지다. 보이는 것은 그것에 제한이 있다. 맛은 혀로, 소리는 귀로, 냄새는 코로 확인하는 것이다. 이것 때문에 고대로부터 지혜자들은 '존재'에 대해서 그것을 명제화하려고 노력해 왔다. 우주와 만물 가운데 작용하는 '이미 주어져 있는' 창조의 질서를 온전히 깨달으려는 시도였다. 그러나 여전히 해결되지 않는 것이 바로 '존재(Da Sain)는 무엇인가?'라는 명제다.

무엇이든 원인을 알면 답이 나온다. 그래서 '존재하는 그것'을 '명제화'하려는 노력을 해왔다. 그럼에도 '존재'의 명제화는 아직 이루어지지 않았다. '존재'라고 주장해도 결국은 '인식'에 머물고 있었다. 인식은 실존이 아니기에 허구이다. 각자의 생각, 견해가 그것이다. 그래서 말만 많아진다. 그래서 갈등해 왔다. 그렇다면 '과연 존재란 무엇인가?'

계속된 혼돈 가운데, 19세기 초엽에 '데카르트'가 나타났다. 그가 '아우구스티누스'가 언급한 '존재와 인식'[1]의 정리되지 않은 개념을 패러디(parody)하여 하나의 명제를 제시했다. '나는 생각한다. 고로 존재한다!'였다. 이 명제가 발표된 이후에 세계의 학계에 대단한 반향이 있었다. 당시의 세계 학계의 반응 등에 대한 자료는 사전을 참고 바란다.

그의 존재에 대한 명제에는 '생각한다는 것'은 생각하는 주체인 내가 '있기에' 가능하며, '있는 것' 곧, 존재가 입증되었다고 생각했다. 그 당시에는 그랬다. 그러나 '나'라는 존재와 '생각'이라는 인식은 등치의 개념이 아니었으니 그것으로는 '있다는 것'을 입증할 수 없었다. 존재에 대한 명제는 다시 격랑(激浪)으로 다시 빠져들었다.

그리고 반세기가 지나기 전에 세계 4대 난독서(難讀書)로 유명한 '과정과 실제(Process and Reality)'라는 책을 들고 천재 중의 천재라는 '화이트헤드'가 등장한다. 그가 제시한 명제는 '존재는 과정이다.'였다. '존재가 있고' 그 존재는 '시간과 공간'에서 '무언가로 되어가는 과정'에 있다는 주장이다. 그의 학문을 과정철학, 과정신학이라고 하는 이유다.

---

[1] 이른바 '더운물 찬물' 이론으로, 인식과 존재가 가지고 있는 모순을 입증하기 위해서 사용한 논리를 말하는 것으로, 인간의 감각 곧, 심성, 감성 등 인식으로 인해 존재하는 현상을 왜곡하거나 혹은 상대적으로(이를 상대주의라 했다) 개인의 인식에 제한을 받는다고 말했다. 존재의 본성을 모르니 인식의 범주로 존재를 이해하려는 노력 이외의 것을 할 수 없는 한계를 논한 이론이다. 이를테면, 차가운 물인데 뜨겁다고 느끼거나, 미지근한데 뜨겁다고 느끼는 것은 존재 곧 사실과 다른 인식의 범주에 속한 것이라는 것이다. -필자 주

그러나 여전히 '있는 것'이 전제된 존재에 대한 명제는 선명하지 못했다. 있는 것이 무엇이냐는 명제를 입증하려는 논리에서, '있는 것'을 전제로 명제를 입증해 나가는 것은 그것 자체가 논리상 모순이 되는 것이었기에 다시 갈등을 겪게 된다.

명제화가 되려면, '어떤 상태로 존재하는가?'가 아니다. '존재가 무엇인가?'라는 질문에 부합(附合)해야 한다. 그러나 '존재는 있는 것'이라는 막연한 개념을 설명한 것은 또 한 번의 한계에 도달하는 결과를 낳았다. 천재의 한계가 드러난 것이다.

그는 존재란 시간과 공간에 제한된 것이기에, 존재가 있다는 것으로 규정하려는 한계를 벗어나는 듯했지만, 시간과 공간에 제한을 받는다고 주장하는 바로 그 '존재가 무엇인가?'라는 원론적인 증명을 해내지 못한 아쉬움이 남는 것이다. '존재는 시간과 공간에 제한을 받는다'라는 논지로 존재에 대해서 언급했을 뿐이며, 이를 가능하게 한 궁극적인 관심(Ultimate concern), 궁극적인 실제(Ultimate reality)를 존재의 원인으로 언급했지만, 이 또한 입증하지는 못했다. 막연히 인식하고 있고 이심전심으로 알고 있는 바로 그 존재(그는 이 존재를 'God'이라고 규정한다)로 인한 존재임을 설명하려 했으나(선배여! 이심전심은 학문이 아닙니다) 그도 존재를 여전히 알 수 없었다. 입증하지는 못했다. 현상을 설명한 것임에는 틀림없다. 존재가 나타나는 현상을 표현하는 인식론자라고 해야 할 것이다.

그러나 한 사람, 과거로부터 그렇게도 유명했던 천재 중에서도 존경을 받는 천재인 한 사람은 이것을 입증했다. 그리고 그 입증한 모든 사례를 창조의 질서와 구체적으로 연관된 것임을 평생토록 입증하고 증언하며 선언하다가 세상을 떠났다. 그가 종교성에 벗어나 창조의 질서에 녹아있는 창조의 섭리를 전하며 일생을 드린 예수의 사도, 바울이다.

사도 바울은 예수를 실존적으로[2] 만나기 전에는 다른 학자들과 다를

---

2) 예수의 제자라는 '예수도 당' 것들을 처형하려고, 정부로부터 허가증을 받아 군인들과 그들을 잡으러 '다마스커스'로 가는 과정에서 하늘에서 들리는 음성으로 모두가 기겁을 하고 두려워 떠는 실존적인 경험을 했다. 이때, 강한 빛이 눈에 들어와 눈이 멀었고, 마차에서 떨어졌으며, 자신을 부르는 소리에 두려워하는 과정에서 누구냐고 물으니, '나는 네가 핍박하는 예수라!'는 음성을 듣는다. 실존적인 사건이었다. 눈이 멀어 '직가'라는 곳에서 요양하는 중에 '아나니아'라는 한 사람이 나타나 '안수'하여 고치라며 이곳으로 보내

바가 없는 사람이었다. 그는 하나님께서 직접 내려보내신 율법을 연구하여 절대적인 권위를 가진 율법의 전문가로 정평이 난 사람이었다.

그리고 이단이 하나 나타나면서 그의 눈은 완전히 바뀌었다. 자칭 하나님의 아들이라는 한 젊은 사람이 나와서 자신이 하나님의 아들이라고 말하며, 자신들의 조상인 아브라함과 함께 있었다는 등의 이야기는 물론, 율법과는 전혀 반대의 삶을 살고 있었고, 새로운 도를 전하는 것을 보게 되었다. 그에게는 참을 수 없는 이단 중의 이단이었다. 사도 바울은 그들도 선민이거늘 그들의 행위로 하나님으로부터 직접 받은 율법을 버리고 새로운 법을 따르는 것이 부정되는 것은 망측한 일이며, 사단의 행위로 인식되기에 충분했다. 예수와 그의 제자들은 아브라함으로부터 이어진 창조자와의 언약을 전제로 한 이스라엘의 정체성을 허무는 이단에 불과했다. 그리고 그것으로 민심이 흉흉해지는 것을 막으려고 국가 권력을 이용해 처단에 나서게 되었다.

그는 결국 예수 도당을 처형해야만 민족이 산다는 생각으로 정부로부터 그들을 모두 잡아들일 수 있는 권한을 위임받아 그들이 가장 많이 모여 사는 '다마스커스'로 정부의 군사들을 데리고 마차로 이동하는 과정에서 '실존적으로' 예수를 만나는 경험을 한다. 바로 이것이 그를 변화시키는 원인이 된다. 실존, 존재, 나타남, 그리고 창조의 섭리에 대해서 정리할 수 있게 되었다. 인류 최초의 사건이었다.

'사도 바울'은 단순히 학자가 아니다. 그는 어려서부터 심각한 질병으로 고생하던 사람이었다. 그 고통으로 정신을 잃고, 비몽사몽간에 현실과 비현실을 구분할 수 없는 상태에 빠지곤 하였다. 임의로 경험할 수 없는, 육체의 기운이 미치는 혈과 육의 일들에서 벗어나는 경험 곧 '카오스'를 경험하며 살아온 사람이었다. 웨슬리는 이런 상태를 '영화'[3]로 설명하기도 했

어 왔노라며, 많은 사람에게 고난을 준 사람이라 거역했지만 안심하고 가라고 하여 왔노라고 말했다. 그가 누구냐고 물었더니, 기도 중에 예수께서 자신의 고난에 동참할 내 동역자가 눈이 멀었으니 안수하여 고치라는 명령을 듣고 왔노라며 안수하니 눈에서 비늘 같은 것이 떨어지는 실존적인 경험을 한다. 그리고 눈이 회복되자 즉시로, 회당에 나가서 '예수가 그리스도'라는 copy로 창조의 질서와 섭리를 전하는 '예수도 당'이 되었다. 실존이다. 그것이 구원과 어떤 연관이 있다는 말인가? 그것이 사도 바울의 사명이다.

다. 순전하게 율법을 받들고 그 속에서 창조자의 뜻과 섭리를 깨달으려는 사람이었기에, 카오스의 상태에서도 아무런 동기 없이 창조의 본성과 질서에 대해서 고민할 수 있게 되었고, 결국 세계에 이름을 알릴 만큼의 유명한 율법 학자가 된 것이었다. 카오스의 동기는 몸에 있는 질병이었으며 이것으로 인해 여러 차례 코마에 빠지는 등 고난을 겪었다.

그는 '셋째 하늘에 이끌려 간 사람을 안다'라고 증언하면서, 그것이 가능한 상태에 대해서 말하기를; 이 상태는 자신이 몸 안에 있는지 밖에 있는지(죽었는지 살았는지) 알 수 없는 상태라고 설명한다. 그는 이 상태에 거하면서 자유롭지 못한 연약한 몸을 고쳐 주시기를 세 차례나 간구하였음에도 '연약함이 네게 유익이다'라는 응답을 받게 되었다며, '약할 때 강함이라'라고 증언한다. -이것이 무엇인지 설명하게 된 것은 대단한 영광이다.-

'카오스'의 상태는 고통과 두려움, 어둠과 계속되는 추락, 혼란과 허무, 몸이 굳은 듯, 의지대로 움직이지 않는 상태 등으로 사경을 헤매는 과정에 있게 된다. 누군가가 흔들어 깨우면 다시 reset, reboot 되어 일상으로 돌아가는 반복이다. 이것이 '카오스'의 상태이다. 사도 바울은 이 상태였기에 하늘의 능력을 경험하고 신비를 알게 되었다는 응답을 받는다. 필자에게도 그런 경험이 있었기에 그것을 설명할 수 있다. 나면서부터 갖게 된 경험이며, 다시는 경험할 수도 없고, 임의로 경험할 수도 없다. 사경을 헤매는 고통과 절망과 두려움이 수시로 몰려오고, 기운이 빠져나가 잠들 때는 언제나 그렇게 지내야 했다. 밤낮이 없었다.

만일 카오스가 무어냐고 필자에게 묻는다고 해도 같은 경험을 했으니 다른 말을 할 수가 없다. 창조의 섭리와 나타남에 대한 깨달음의 접촉점이 바로 그런 카오스의 상태에서 나온다. 그것이 무엇이고, 그것으로 경험하게 된 '홀로 있음'의 체험이 창조의 질서와 어떤 연관성이 있는지에 대해서 설명하려고 그 경험을 정리한 것이 바로 '홀로 있음'이다.

이 카오스를 겪는 고통 가운데 20세가 되는 때에, '항존성에 관하여'라

---

3) 영화는 죄를 버리고 의롭게 살기 시작한 삶의 단계인 성화(sanctification)를 지나, 가장 온전한 영적인 상태를 말하는 것으로, 웨슬리는 성화의 상태로 온전하게 살아가는 최고의 절정을 말하며, 정욕을 위해 살아갈 가능성이 거의 없는 상태의 영적인 상태이므로 임종 바로 직전에 갖는 영적인 상태라고 설명했다.- 필자 주

는 논문을 훈장처럼 받아 이것을 정리하면서 사도 바울에게 주어진 창조의 질서와 '존재의 나타남'에 대하여 어필할 수 있었다.

그러던 2020년 1월 17일, Science Advanced 誌에 소개된 자료가 눈에 띄었다. 이 논문은; 원자와 원자가 0.1-0.3 나노미터의 거리를 서로, '붙었다 떨어졌다'를 반복하면서 최소한의 존재인 '분자'의 형태로 형성되어가는 과정이, 인류 최초로 밝히는 자료였다. 붙어 있는 것도 아니고 떨어져 있는 것도 아니었다. 계속 움직이면서 공간을 벌인 상태로 모여드는 것이었다.

필자가 그 이전부터 '항존성에 관하여'라는 논문을 통해서 밝혀왔던 존재의 명제인 **존재는 파장이다!**'라는 자료를 입증하는 결정적인 증거가 되었다. 그 자료가 나오기 전에 필자의 논문은 하나의 주장에 불과했을 것이기에, 그 오랜 세월을 묶어놓았던 논문의 일부를 독자들과 나눌 수 있게 되었다. 그리고 계속해서 그 자료를 내놓을 것이다.

'홀로 있음'을 통해 '하늘의 것'이 '땅의 것'이 되는 유일한 길과 그것이 '그리스도 안에서 통일을 이루려 한다'라는 사도 바울의 선언이 무엇인지 밝힐 것이다. 누구에게나 주어진 창조의 섭리라는 것이 무엇인지도 입증할 것이다. 동시에 '하늘의 것'을 '땅의 것'으로 만들려는 누군가의 노력에 의해 우리가 누리고 있는 오늘날의 '문명'이 되었고 '문화'가 되고 '역사'가 되었다는 사실도 입증할 것이다. 그것이 왜 가능하며, 누구에게나 주어진 권리라는 것을 알리고자 글을 쓴다.

인식으로 되는 것이 없다. 이는 허구이며, 행하여 열매 맺는 것만 사실이고 실존이다. 입증되지 않는 것은 허구다. '입증'하는 자료가 말이 아니고 생각이 아니며 확신과 고백이 아니다. 또 모든 문명의 이기들이 누군가의 '홀로 있음'으로 '실상'이 되었다. '이미 있는 그것'이 '홀로 있음'을 통해 나타나게 되어있는 것이 창조의 섭리이며 언약이기에 가능한 것이다. 그렇게 나타나도록 하는 것이 '창조의 목적'이라는 것이다. 생각이 아니고 말이 아니며, 머리가 아니고 관심이다. 간절함이다. '홀로 있음'으로 찾고 구하고 두드리면 '하늘의 것'이 '땅의 것'이 되는 것이다. 누구라도 예외가 없으며, 차별이 없다. 그것이 무엇인지를 입증할 것이다. 누구라도 적용하도록 작은 힘을 보탤 것이다. 당신이 21세기의 문명을 주도 하기를 축복한다.

1장.
보이지 않는 것의 실상- 말의 힘

프랑스 과학자들의 실험

 2012년, KBS '생로병사의 비밀'에서는 프랑스의 과학자들이 실험한 '로봇 청소기'의 자율주행 실험을 방영한 일이 있었다. 실험은 이랬다. 몸체와 로봇을 분리해서 로봇의 이동을 연구하는 실험이었다.

 실험은 연구소 한편에 직사각형의 실험대를 만들어 시행했고 오직 몸체와 분리된 로봇만을 실험하는 연구였다. 실험대의 크기는 가로세로 2m×2m, 높이 30cm로 바닥은 마찰력을 고려해 나무로 제작하였다. 그리고 로봇의 운동 동선은 낱낱이 도표로 기록하였다. 작동하는 기계의 머리 위에는 카메라가 장착되어 일일이 녹화되고 있었다. 마치 프로 선수들의 달릴 때, 코치들이 그들이 뛰는 동선을 그려가며 분석하는 것과 같은 방식이었다.

 그러나 이 연구의 목적은 따로 있었다. 자율주행 로봇을 물리적인 힘이 아닌 다른 수단으로 제어하려는 실험이었다. 그 수단은 다름 아닌 '생각으로' 그것을 제어하겠다는 것이다. 매우 황당한 실험이었다. 그리고 이 실험에는 다른 조작은 일절 없었다. 처음부터 마지막 순간까지 카메라가 늘 보고 있었다. 그리고 오로지 사람의 생각으로만 이 로봇을 제어하는 것이었다. 이 실험에 모인 과학자들은 로봇에게 '왼쪽 위 모퉁이에 가로×세로 30cm 안에서만 운동하라'라는 명령을 내리기로 했다.

 '내 명령을 들어라. 이리 와라. 이곳 가로×세로 30cm에서만 머물러라!'라고 명령하는 것이다. 이번 실험에 참여한 과학자는 4명이었다. 이 실험은 몇 시간 동안 계속되었고, 다음 날도 그다음 날도 마찬가지였다. 로봇은 처음 며칠은 전 구간을 빈틈없이 돌아다녔다. -실험 기간이 일주일인지 사흘인지 잘 기억나지는 않는다. 양해 바란다.- 그리고 며칠 후 놀라운 일이 벌어졌다. 그들이 원했던 바로, 그곳 왼쪽 모퉁이 30cm 내에서만 활동하고 있었다. 아무런 장애물도 없었던 로봇이었다. 이 모습이 비디오를 통해서 모두 공개되었다. 이것은 실화이며, 과학으로 이것이 입증한 사례다. 놀랍지 않은가!

'의식(Consciousness)'으로 물리적 현상이 통제 가능하다는 것이 입증된 최초의 사례다. 이 실험을 통해서 여러 가지를 입증할 수 있다. 우선 염력이 있다는 것과 기도와 염원이 나타날 수 있다는 것이며, '간절하면 통한다.'라는 단순한 명제가 입증된 사례라 하겠다. 민심이 천심이라는 고전도 적용된다고 할 수 있겠다.

그렇다면 그 의식은 '인식(Awareness)'과 무슨 차이가 있는가? 라는 의문이 생긴다. 인식은 지식과 정보, 생각과 소망, 고백과 시인, 인정 등의 개념을 말하며, 나타나지 않으면 가치가 없는 개념이지 않은가! 이 인식은 나타나기 전까지는 가능성일 뿐이며 그 인식으로 '무엇인가를 할 때', '나타날 때' 비로소 인식이 실존했다는 것을 입증하게 되는 것이다. 입증이 되지 않으면 '그러다 마는 것'이다. 부뚜막의 소금을 넣으면 짜다는 것은 알지만, 넣지 않으면 간이 안 된 음식을 먹는 것이다. 넣었다면 비로소 실재가 되고 실존이 된다.

그러나 의식은 다르다. 그 의식이 나타난 것이 로봇 청소기의 실험을 통해서 입증된 것이다. 의식은 나타난다. 효과가 나타나는 것이다. 에너지가 발현하고 파장이 나타나는 것으로 입증되는 것이다. 이것이 왜 가능할까?

'생로병사의 비밀'팀은 이 프로그램을 스포츠과학센터에서 운동선수의 뇌파를 측량하는 과정과 연계해서 소개했다. 센터장은 운동선수가 부상으로 운동을 못 하거나, 쉬는 동안에도 계속해서 훈련의 효과를 증대하기 위해서 하는 훈련이 있다고 밝혔다. 그것이 **이미지 트레이닝**이다.

선수는 경기장을 떠 올리고 그곳을 누비는 장면을 실제 경기로 생각하고 이미지 트레이닝을 하는 것인데, 익숙해 지면 실제로 운동의 효과가 나타나고 기술의 향상이 나타나는 필수적인 훈련이라고 소개하였다. 처음에는 테블릿 PC 등을 보면서 훈련하게 되고, 익숙해지면 상상만으로도 실제의 상황에 가깝게 훈련할 수 있다고 했다. 이때는 상상하던 부위의 근육이 움직이고 에너지가 소비되고 땀을 흘리고 숨이 가쁘게 쉬어지는 등의 현상이 발생하고 실제 훈련의 효능에 가깝게 다가가는 것이 입증되었다고 말했다. 실제로 뇌파가 그렇게 움직이고 생각과 마음이 몸을 그렇게 통제한다는 것이다.

'의식은 실존이다!' 이 copy는 40여 년 전부터 필자가 사용하던 개념이며, 여러 과정을 통해서 이것을 입증해 왔다. 존재하는 것은 파장을 발현한다. 실존이기에 나타나는 것이다. 그렇다면 어떻게 나타나는 것인가? 본서를 통해서 이것을 입증할 것이다.

창조 이후의 세계는 오직 존재뿐이다. 이 말의 의미는 우주와 만물 중에는 존재가 아닌 것이 없다는 의미다. 존재의 양태는 파장의 발현으로 존속된다. 무언가가 있다면 그 존재에 해당하는 파장이 나타나는 것이며, 나타나지 않는 것은 존재가 아니고 존재가 아닌 것은 나타나지 않는다. 파장도 없고, 양태도 없는 것은 존재하는 것이 아니다. 입증되지 않는다는 말이다. 입증되는 것만 존재하는 것이다. '입증'에 대해서 자유롭지 못했기에 고대로부터 존재에 대해서 언급할 수 없었던 것이었다. 그리고 신비라고 말했고, 근대의 학자들도 이 한계를 넘지 못했다.

보이지 않아도 파장이 나타나면 실존하는 것이다. 그러므로 보이지는 않지만 나타나는 '카리스마', '텔레파시' 등은 존재다. 이미 언급한, 그리고 언제나 오해의 원인이 되는 인식은 개인의 역량이며, 가능성이지만 나타나지 않으면 허구다. 존재에 대한 다른 해석도 개인의 역량과 한계를 전제로 한 인식의 범주이기에 서로에게 다르게 표현되고 나타난다. 실존하는 그것이 해석의 과정으로 본질이 훼손되는 일이 있을 수가 없다. 존재의 파장과 나타남이 그 생각과 인식에 제한을 받을 수가 없다는 것이다. 만유인력이라는 질서를 인식으로 바꿀 수가 있나?

미래를 꿈꾸고 있고, 바라고 있다는 증거는 내가 지금 그것을 예비하고 있고, 준비해 나가고 있다는 것으로 입증해야 가능한 논리다. 그렇지 않으면 허구다. 정욕이고 죄다. 알고 모르는 것은 나타나지 않으면 의미가 없다. 그것이 어떻다는 것인가?

존재란 파장이 나타나는 것을 말하며 존재하는 것은 파장이 있고, 파장이 있으면 존재하는 것이다. 달이 당기니 썰물이 되고, 달이 밀어내니 다시 밀물이 된다. 파장이 있으니 나타나는 것이다. **이미 주어져 있는 '질서'가 발현하는 것**이다. 만유인력이 있으니, 물이 아래로 흐르는 것이다. 그러므로 '창조는 존재의 나타남'이다.

창조의 목적은 '나타나는 것'이다. 창조된 것들은 파장을 발현함으로 자신의 사명을 다하고 있다. 숨기는 것이 목적이라면 파장이 나타나지 않도록 창조했을 것이다. 그러므로 모든 존재는 창조의 목적에 합하게 반응하는 것이다. 나타나기 위해서 존재하는 것이기 때문이다. '이미 존재하고 있는' 존재의 본성은 '홀로 있음'을 통해서 '나만의 우주'인 '가상공간'에 들어가서 구하고 찾고 두드리면 나타나게 되어있다. 그 목적에 합당하게 창조되었다.

'나만의 우주'에서 '존재의 본성'을 찾을 수 있다.

누구에게나 '나만의 우주'가 있다. 내가 원하는 때에 이곳에 들어가 내가 찾고 구하고 두드려서 존재의 본성을 찾아낼 수 있다. 고유의 영역이며 누구도 빼앗을 수가 없다. 개발할 수 있고, 발명할 수 있으며 문제를 해결할 수 있고 진보적인 대안을 만들어 낼 수가 있다. 그렇게 작용하고 있는 것이 우주이고 만물이며 나와 창조자의 관계성이다. 그러므로 누구나 자신에게 주어진 자신의 우주로 들어가면 문제를 해결하게 된다. 관심과 간절함이 있으면 무엇이든 개발하고 발명하며 극복할 대안이 나오게 되어있다. 그렇게 존재의 본성이 나타나는 것이다.

누구도 빼앗을 수 없는 창조자와의 대면이 바로 '홀로 있음'을 통해 마주하는 나만의 우주인 '가상공간'에서 가능하다. 이곳에서 구하고 찾고 두드리면, 당신이 에디슨이고 워렌 버핏이며 젝 웰치고 일론 머스크가 된다. 예외가 없다. 하라! 하면 된다. 그것 말고는 없다.

자기만의 우주에서 상상의 나래를 맘껏 펼친 사람은 한계를 넘어서고, 새로운 세계를 열었으며, 새로운 문명과 문화를 만들어 냈다. 언제나 문명을 이끌고 문화를 선도하며 역사를 지도한 사람들은 이러한 창조의 질서 안에 있는 섭리를 발견한 사람이다. 누구에게나 자기의 우주에 들어갈 수 있다. 그렇게 만들어 놓은 것이 우주와 만물이고 바로 당신이거늘, 그 정도는 할 수 있지 않은가?

말의 힘 ― MBC 50주년 기념 특집

　한글날을 맞아 MBC 50주년 창사특집으로 마련한 '말의 힘'이라는 주제의 실험방송이 방영되었다. 개인적으로 매우 관심이 있는 주제라 모니터링을 했다. 구성은 다소 아쉬웠으나 존재론적으로, 현상학적으로, 가능한 일들을 '신비'라며 다루는 접근은 좋았다. 이 질서를 경험하고, 체험한 자는 있지만, 이것을 방송에서 특집으로 다뤄본 일이 없었다. 방송사이고, 아나운서실에서 '말'을 접촉점으로 실험한 시도는 매우 좋았다. 연관성을 접촉점으로 삼으려는 시도는 언제나 정답이다.

　단순히 '말'이라는 매체를 통해서 얻게 되는 정신적, 심리적 현상과 결과보다, 더 깊은 원리가 있음을 '말'이라는 접촉점으로 찾아보려는 노력은 우주와 만물의 지체로서의 인간과 의식의 표현 수단인 말과의 연관성에 관한 실험이어서 신비감과 기대감을 주었다. -삼자(삼축) 원리(법칙)라는 개념으로 설명하였다. 참고 바란다.-

　'존재하는 파장'과 '이끌림이라는 원칙'이 작용하고 있음을 실험한 귀한 자료다. 의식이 실제로 나타난다는 그 현상학적 실증을 입증해 보려는 시도가 좋았다. 그리고 이러한 현상이 언제 어디에서나 누구에게나 가능하다고 마무리한 것은 우주와 만물에 주어진 루틴이라는 것을 언급하려는 시도였다고 보여 더욱 좋았다. 우주에도 이 질서가 '편만하게' 작용하고 있다는 것을 입증하는 자료 중 하나였다.

　MBC가 입증하려 한 것은, 말의 상징성을 가지고 있는 아나운서들을 통해서 '언어가 그 사람을 지배한다.'라는 임팩트를 주려는 것으로 보인다.

　실험이 시작되자 예쁜 여자 아나운서가 카메라 앞에서 한마디를 한다. "여러분은 한 달 후에 깜짝 놀라시게 될 것입니다. 지켜봐 주세요." 라며 뒤돌아서 책상에 준비된, 막 지은 쌀밥이 담겨있는 두 개의 비커(beaker)를 향해서, 하나에는 '모욕하고 책망하는 등 욕'을 하고, 다른 하나에는 '칭찬과 사랑의 말'을 하는 컨셉(concept)이다.

비커는 뚜껑이 닫혀있었다. 말할 때는 뚜껑을 열지 않고, 얼굴을 가까이 대고 말했다. "짜증나, 고맙습니다" "너 미워, 감사합니다." "너 나빠, 예쁘다" "짜증나, 사랑해", 두 비커를 번갈아 가며 말했다. 표정도 지어 보였다. 연이어 남자 아나운서들도 같은 말을 했고, 이 실험 비커는 아나운서 방, 5곳에 전달하여 매일 반복하고, 4주 후의 결과를 확인하는 방식이었다. 필자가 좋아하는 방식이어서 낱낱이 살피고 모니터링 했다. 객관성이 담보된 실험이었다.

동시에 다른 실험도 진행되었다. 대학생을 대상으로 실험하는 프로그램이었다. 아나운서는 "눈에 보이지 않고, 만져지지도 않는 말의 힘을 실험합니다"라는 말과 함께 단어장을 준비했다. 단어장에는 '40미터', '초시계', '산골', 등 30개의 단어 카드를 준비하고 노신사 한 분을 실험 대상자로 준비한다. 그는 연기자였다. 이렇게 준비하고는 실험에 참여할 젊은 20대 남, 녀 각각 12명을 참여시켰다. 실험 의도는 밝히지 않았다. 실험이 시작되자 연기자인 노신사가 "이 실험은 문장을 만드는 언어능력 테스트입니다"라고 말한다. 그리고 5분 이내에 3장의 카드 조합으로 문장을 만들어 내는 것이 미션이었다.

주최 측에서는 참가자 중 한 사람을 지목해 모델링했다. 그가 준비한 카드는 '해질녘', '황혼의', '전원주', '늙은', '뜨개질', '휠체어를 탄', '은퇴한', '쓸쓸한', '외로운' 등의 단어로 구성된 카드를 제시했다. 노인이 휠체어를 타고 쓸쓸한 노년을 보낸다는 이미지가 연상되는 단어였다.

모델로 등장한 연예인은 당시엔 70대 후반의 연예인, 전원주씨였다. 5분간 카드의 조합을 만들었다는 것은 노인에 대한 의식을 자연스럽게 스며들도록 하려는 의도였다. 실험은 노인이 주도하고, 주어진 개념과 단어들의 조합이 그렇게 만들어질 수밖에 없는 구조이다. 환경이 왜 중요한지 알게 하는 대목이고, 어떻게 의식의 흐름이 흘러갈 것인가를 연구할 좋은 자료가 될 것이었다.

  카드를 모두 제출하게 하고 첫 실험을 마쳤다. 그리고 다들 대기실로 돌아가게 한다. 실험실과 대기실은 40여 미터의 복도가 있었는데, 실험실을 나와 대기실까지 40여 미터를 걷는 시간을 재는 것이 숨겨진 미션이었다. 학생들이 실험장으로 나올 때도 쟀고, 대기실로 다시 들어갈 때도 쟀다. 다시 참가하고 또 시간을 쟀다. 실험하기 전에 나오고 들어가는 시간을 재고, 실험한 다음에 나오고 들어가는 시간을 잰 것이다.

  단어장을 보고 돌아간 실험자의 나오고 들어가는 시간을 재는 것이 목적이었기에 걷는 속도, 움직이는 반응 등을 기록했다. 실험 참가자에게는 목적이 명시되지 않았기 때문에 단어의 조합이 실험의 내용인 줄 알고 있을 뿐이었다. 실험을 마치고 들어가는 실험자의 걸음이 나올 때보다 5초가 늦어졌고, 걷는 모양도 지쳐 보이는 장면이 비교 화면으로 비쳤다. 40미터를 걷는데, 5초 차이라면 꽤 큰 차이를 발견해 낸 것이다.

  왜 이런 현상이 벌어진 것일까? 이는 개인 내부에 잠재되어 있던 '잠재의식'의 발현으로 해석될 수 있다. 각자의 의식적·무의식적 판단과 결정이 결국 행동에 반영되는, 일종의 거울 심리학 현상으로 볼 수 있다.

  주최 측에서는 참여자 한 사람 한 사람을 세심하게 관찰하고 연구했다. 사람들은 모두 시험을 무사히 마쳤다는 안도감에 피곤함까지 느꼈다. 안도감? 피곤함? 그건 왜일까? 그것은 30개의 카드 때문이었다. 노인을 연상시키는 단어가 그들의 의식을 잡아 이끈 것이다. 그리고 참가자 모두의 걷는 시간의 평균을 내보니, 실험 전보다 평균 2초가 넘게 느려졌다.

또 다른 실험이 계속되었다. '말의 힘'이라는 주제를 입증하려는 시도가 다각도에서 실행되었다. 같은 실험군에서 이번엔 4명의 참가자를 선정해서 그들에게 젊은이를 연상시키는 단어로 구성된 카드를 주었다. '스피드 있는', '열정적인', '스포츠', '부지런한', '신입사원', '승진', 등의 단어가 쓰여있었다. 같은 공간에서 실험했고, 같은 방법으로 그들의 발걸음에 시간을 쟀다. 물론 실험실에는 노인 연기자는 나타나지는 않았다.

그래서 그런지 그들은 그 반대의 결과를 나타냈다. 실험을 마치고 돌아가는 걸음이 빨랐다. 그들의 이동 속도는 이전 실험 때보다 평균 2초 이상 단축되었다. 그러나 이것을 아무도 눈치채지 못했다. 걸음 속도가 빨라졌다는 것을 의식했는지를 묻자, 아무도 인지하지 못했다고 했다. 그러나 민감한 사람은 "첫째 실험에서, 처진다는 느낌이 있었다"라고 했다.

MBC는 '말'에 집중했다. 아나운서실의 실험이었으니 일관성이 있는 연구였다. '보이지 않는 말의 힘'으로 인해서 '보이는 행동'이 달라진다는 것을 입증한 자료이다. 필자가 오랫동안 주장해 왔던 '의식은 실존'이라는 이슈가 바로 이것이다. 몇 개의 실험이 동시에 진행되는 가운데, 아나운서들은 매일 비커에 있는 밥에 대해서 같은 말들을 하면서 4주 후의 결과를 기다리고 있었다.

예일대 심리학과 '존 바그 교수'는 MBC의 자료를 보고는, "정말 걸음이 느려졌군요. 효과가 크네요. (어떤 단어에 노출되면) 뇌의 일정 부분은 자극받고, 무엇인가를 할 준비가 됩니다. 특정 단어는 뇌의 특정 부분을 자극해 자신도 모르게 행동하게끔 합니다. '움직인다.'라는 동사를 읽으면, 뇌는 의식적으로 행동할 준비를 합니다. 언어는 굉장히 강합니다."라고 피드백 자료가 공개되었다.

MBC는 이런 결론을 내렸다. "2초는 작은 차이지만 중대한 인생의 갈림길에서 말과 단어로 행동이 달라진다면? 말에는 행동뿐 아니라 인생을 바꾸는 힘이 있는 것이다." 서울대 심리학과의 곽금주 교수 역시 "특별한 요구 없이 단지 단어의 숙지만으로도 행동에 영향을 미칠 수 있기 때문에, 언어는 생각과 행동을 지배한다"고 밝히며, 실험을 통해 '의식의 흐름'이 입증되었음을 강조하였다.

또 다른 실험도 했다. "왜 막말은 잊혀 지지 않고, 몸과 마음을 병들게 할까?"라는 주제로, 부정적인 말과 긍정적인 말 30개를 무작위로 섞어 보여주었다. 긍정적인 말에는; 칭찬, 행복한, 사랑해, 위로, 이웃사촌, 자원봉사, 엄마, 고맙습니다, 솜사탕, 희망, 예의 바른, 친구, 파랑새, 효도, 기부 등이고, 부정적인 말에는; 범죄자, 욕, fuck, 재수 없어, 빨갱이, 좆나, 꼴값하네, 찌질이, 뷁, 사기꾼, 변태, 너나 잘해, 꼴통, 니미럴, 호로자식, 등의 단어를 주어 암기하게 했다.

이어 간단한 수학 문제 풀이 후, 참가자들에게 기억나는 단어들을 기록하도록 하였는데, 결과는 자극적인 부정적 말이 더 강하게 기억에 남는 것으로 나타났다. 과학적 연구에 따르면, 욕설이 더 기억에 남는 이유는 인체의 비밀에 있다는 것이다. "욕설을 들으면 뇌의 변연계 즉, 불안, 공격성, 기억에 영향을 주는 기관에 자극을 주게 되는데, 곧바로 심장박동은 빨라지고 이성은 마비돼, 감정에 휘둘리게 된다. 욕설을 들은 사람도 분노해서 함께 욕하게 되는 악순환이 된다"라는 것이다. 이것이 말이 가진 힘이다.

성경 잠언 18장 20절의 "사람의 입에서 나오는 말의 열매가 사람의 배를 채워 주고, 그 입술에서 나오는 말의 결과로 만족하게 된다"는 구절처럼, 사람은 결국 입에서 나오는 말에 제한을 받게 되어있다. 긍정이든 부정이든 축복이든 저주든 그렇다. -필자가 말하는 '의식의 파장'이라는 개념은 여러 아티클을 통해 소개되었으며, 관련 소논문으로 곧 재출판될 예정이다.- 존재의 파장과 관련된 이 개념은, 전자는 심령과 마음에 맺힌 것을, 후자는 물질적·현상적 파장을 의미한다는 점을 시사한다.

드디어 4주가 지났다. 긍정적이고 사랑과 애정 표현이 된 비커는 예쁘고 뽀얀 곰팡이, 구수한 누룩곰팡이가 피었고, '밉다, 미워해, 나쁘다, 싫어해'라는 말을 한 비커는 검은 곰팡이가 났다. 썩은 것이다. 확연한 차이가 났다. 아나운서들은 소감을 말했다.

"반신반의했었다. 말 한마디로 차이가 날까? 사실 믿기지 않는다?", "귀가 달린 것도 아닌데 놀랍다", "3-4 일부터 변화가 시작되니까 놀랍고, 나 자신도 달라졌다.", "예쁜 말을 많이 써야겠다는 생각이 든다.", "밥이 한 달 동안 겪은 일을 사진으로 찍었다. 놀라웠다. 좋은 말과 나쁜 말을 했을 뿐인데", "밥이 아니고 가족, 친구, 동료였다면?", "건강한 파동과 에너지를 깨닫는다", "우리의 말과 글을 지키고 배려하는 것이 중요한 것 같다", "고맙습니다. 사랑합니다" 등의 체험 후기를 남겼다. 의식은 실존이며, 그러한 파장을 가진 것이 입증된 것이다.

'있는 것'이 나타나는 것이다. 사람이 존재를 만들어 내는 것이 아니다. 이미 준비되어 나타나도록 배치된 것들이 스스로 모습을 드러내는 것이다. 찾고 구하며 두드리면, 그 간절함에 부응하듯 나타나는 현상, 결과, 가치 등이 내 것으로 다가온다. 이는 내가 창조해 낸 것이 아니라, 우주의 질서 안에서 이미 주어진 것들이 자연스럽게 드러나는 현상이다.

무한한 것들과 보이지 않는 존재들이 이미 준비되어 있으며, 그들이 '땅의 것'으로 나타나기를 기다리고 있다. 마치 청국장의 향기를 따라가다 보면, 어느새 뚝배기에서 보글보글 끓는 청국장을 마주하게 되는 것처럼, 이미 존재하는 본성이 파장을 일으켜 우리를 인도하는 것이다. 이 파장을 좇으면, 당신이 바라고 원하는 것들을 이곳에서 구현할 수 있다. 누구에게나 있는 자기만의 우주, '가상공간' 안에서 문명이 탄생

되었다. 놀랍지 않은가! 바로 이것이 우주와 만물에 내재한 질서이며, 문명을 바꾸는 원동력이 되는 것이다. 이것이 우주와 만물에 있는 질서다!

2장.
소경이 걷고 뛰며 화가가 되었다.

아무 생각 없이 뭔가를 '하다 보니' 바라는 바로 그 사람이 될 수는 없다. 목표에 합당한 사람이 되어가려면 매진해야 그런 사람이 되는 것이다. 공중에 아무리 많은 총알을 쏘아도 겨냥하지 않은 새는 잡을 수 없는 법이다. 목표에 합당하지 않으면 다른 곳으로 가게 되어있다. 반드시 그렇다. 그것 때문에 선한 결과도 나타나고 그 반대의 결과도 나타난다. 어찌 되었든 '의식은 실존이다.'

'이미 있는 것'이 '나타나는 것'이다.

질서는 이미 존재하고 있다. 그 질서 안에서 나타나려고 만들어 놓은 것이기 때문이다. 무엇을 한다고 할지라도 질서 안에서만 가능하다는 것이다. '만유인력'을 전제로 상상하지 않으면 우주를 떠다니는 짜장면 배달꾼이 등장할 수도 있다. '만들어진 질서 안에서' 사람이 찾아낸 여러 법칙과 루틴이 오늘날의 문명과 문화와 역사를 만들어 냈다. 이미 주어진 질서는 내 의지와 계획과는 관계가 없다. 창조자의 손으로 만들어 놓은 세계다. 확신과 고백으로 질서를 바꿀 수 없다는 말이다.

이미 주어져 있는 질서를 발견하고, 그에 합당하게 적응하는 것이 생존을 위한 가장 중요한 원칙이다. 이미 주어진 질서는 큰 파도와 같이 흐르고 흘러간다. 그러므로 생존하려면 이 파도의 흐름에 자신의 몸을 맡겨야 한다.

지구 표면의 자전하는 속도는 초속 480km가 조금 넘음에도 불구하고 사람이 우주 밖으로 날아가지 않는다. 바다며 강이며 폭포며 목욕탕의 물이 날아가지 않고 그대로 있다. 너무 놀랍다. 지구 반대에 사는 사람들은 거꾸로 매달려 산다. 그래도 그렇게 느끼는 사람이 없다. 폭포나 바다, 강과 같은 것들이 지구 아래로 떨어지지 않는다. 머리에 피가 몰리지도 않는다. 이것의 원인은 만유인력 때문이다.

　지구의 중심에서 지구 위에 존재하는 모든 것을 잡아당기고 있기 때문이다. 그래서 붙어 있다. 붙어 있을 뿐만 아니라 모든 현상이 지구의 중심으로 당기는 원리에 의해서 작용한다. 현재 아르헨티나 사람은 나와 발바닥을 맞대고 서 있고, 머리는 우주를 향해 있다.
　그러나 지구 아래로 떨어지지 않는다. 폭포나 강과 바다가 여전히 아래로 흐른다. 커피잔의 커피가 내 콧구멍을 지나 저 지구 아래로 쏟아져 내리지도 않는다. 인력 때문이다. 다만, 일정 거리 이상으로 지구 위로 뛰어오르면 만유인력의 영향권에서 벗어나게 되어 지구에서 당기는 영향권에서 벗어나 영원한 미아가 될 수도 있다. 모든 원인이 지구에서 인력이 작용하기 때문이며, 모든 별이 그러하다.

　또한, 태양에서 뿜어져 나오는 열과 태양풍(solar wind)에도 불구하고, 우리는 타 죽거나 날아가지 않는다. 지구는 자전과 공전을 하면서 강력한 자기장을 형성하고 있으며, 이 자기장이 지구를 감싸 태양풍의 영향을 효과적으로 차단하기 때문이다. 일론 머스크가 화성에 세우는 도시는 가능할 수 있으나 태양풍을 막아내지 못하면 생존할 수는 없다. 천재의 일탈로 보아야 할지 의문이다. 바로 이 자기장이 화성의 생명체를 계속 생존하도록 보호할 수 있다면 그런대로 해 볼만 한 일이다.

그러나 적외선 자외선 등의 광선들은 '윗물(upper water)'과 '아랫물(lower water)'이 무너져 지구로 쏟아져 내렸기 때문에 빛에 숨겨진 강력한 에너지를 막아주지 못해서 그것으로 인한 생명 연한이 현저하게 줄어들었고, 피부암을 비롯한 동식물에 영향을 미치고 있다. 남극에서 공룡의 사체가 나오는 것과 그들의 위에는 푸른 식물이 발견된 것 등을 풀어가는 키도 이 사건에서 비롯된다. 지구의 온도가 계속 상승하고 있으며, 기온 1도 차이로도 동식물의 이동과 이상 현상이 계속되고 있다는 것도 모두 이것 때문이다. 신기한 것은 돌탑들이 무너져 날아가지 않고 그대로 있다는 것이다.

인력(引力) 때문이다. 인력은 서로 잡아당기는 힘을 말하는 것이며, 대표적인 것이 땅에서 잡아당기는 것이다. 그래서 지구의 표면이 중심이 되어 땅 아래에서 당기는 힘에 의해서, 모든 물리적 현상이 나타나게 된다. 우리와 발바닥을 마주하고 있는 지구 반대쪽의 사람들도 물건을 떨어뜨리면 발바닥을 딛고 있는 바닥으로 떨어지는 것은 같은 원리다. 우리와 발바닥을 마주하고 있는 남반구에 사는 사람들의 머리에 피가 몰리지 않고 살아가는 것도 모두 인력 때문이다.

이 외에도 만유인력(萬有引力)의 법칙을 가지고 작동하지 않는 우주 만물의 현상은 없다. 이것을 발견한 뉴튼을 가장 머리가 좋은 인류라고 인정하는 이유는 그가 인력이라는 것으로 지구가 둥근 것도, 위에서 아래로 흘러내리는 것도 모두 입증해 냈기 때문이다. 이름을 붙이지 않았을 뿐이지, 모든 사람은 이미 체험했고 알고 있는 것들이다. 그러나 그것을 명제화할 수 있는 이론을 만들어 놓는 일을 하면 당신도 뉴튼이다.

이처럼 모든 질서가 '이미 주어져 있다.' 그것을 찾고 구하고 두드리면 열린다. 그 법칙을 연구하고 같이 적용되는 루틴을 찾아낸다면 당신의 이름이 그 루틴에 붙게 된다. 당신이 문명을 만들 수 있는 주체이다. 잊지 말라. 이미 있는 것을 나타내는 것이 창조의 목적이다.

그러므로 이 질서에 순응하는 것이 지혜다. 없는 질서를 내가 만들어 내는 것이 아니다. 있는 존재, 있는 질서가 나타나기에 주어진 질서에 순응하는 것이다. 이것이 지혜다. 창조의 질서에 적응하는 것과 확신과 고백은 어떤 연관도 없다. 인식에 머문다면 그렇다. 그것을 입증해 내는 것이 우리가 할 일이다. 그것이 곧 믿음이다. 인식과 실존의 차이이며 생각과 현실과의 관계성이다. 따르는 것 외에는 대안이 없다. 적응하는 것 외에는 없다.

우주와 만물에 이미 존재하는 질서와 그에 맞는 파장이 주어져 있지 않다면 아무 일도 벌어지지 않는다. 있으니 나타나는 것이다. 나타나니 적응하는 것이다.

일론 머스크는 매우 특이하게 우주로 떠난 우주선이 다시 돌아와 제자리에 주차(?)하는 우주선을 꿈꾸고 기획했다. 우주에서 다시 지상으로 우주선이 돌아와 제 자리에 주차한다는 것을 누가 상상을 했으랴! 돈이 많이 든다는 것이 한계라면 그것을 극복할 대안을 찾으면 된다. 귀환한다는 것만도 기적으로 여기던 시대가 있었다. 당시엔 우주에서 바닷가로 착륙하도록 기획해 왔던 터였다. 그것을 일론이 해낸 것이다. 누구나 상상하면 그것을 이룰 수 있다. 우주와 만물이 만들어진 이유는 드러내기 위한 것이다. 누구든지 찾고 구하고 두드리면 만난다. 이것이 창조의 목적이고 섭리다.

'주차'의 개념으로 넘어오는데 반세기가 넘게 걸렸다. 의식의 변환은 그렇게 힘든 것이다. 왜일까? '보이는 것'으로부터 생각하고 계획하고 그것으로부터 진보를 이루려는 욕구로부터 출발하기 때문이다.

이렇게 시작하기에 어쩔 수 없는 한계이며, 이것을 극복할 수 있는 대안은; '하늘의 것'이 '땅 위에' 나타나기를 바라는 그 근본적인 권리를 찾는 것이다. 창조자께서 부어주신 권리를 찾으면 된다. 그리고 감사하고 영광을 돌리면 된다. 보이는 것은 '나타난 것'으로 인한 것이 아니고 '보이지 않는 것'으로부터 나타나는 것이다. 이것이 '하늘의 것'이다.

'포크'를 사용하던 영국 왕실에서 만찬을 즐길 때, 테이블 중앙에 있는 칠면조 요리를 자를 때만 포크와 나이프를 쓰고, 그것을 잘라 자기 접시에 내려놓고는 손으로 그것을 뜯어 먹었던 그들이었다. 그것도 상당히 진보한 것이었다. 역사는 흘러 포크를 만든 지 100년이 지나 서야 비로소 잘라 온 고기를 자기 접시에 놓고 다시 자기 포크와 나이프로 썰어 식사하기 시작했다.

머리와 가슴은 30cm 정도지만 거기까지 도달하는데 한 세대가 넘게 걸린다는 말은 괜한 말이 아니다. 원리를 생각하지 않고 습관에 의지하기 때문이다. 나타난 것으로 보이지 않는 개념에 도전하기 때문이다. 사도 바울은 창조의 비밀에 대해 '보이는 것은, 나타난 것으로 인한 것이 아니다.'라고 언급했다.(히11:3)

일론은 선입견을 버리고 원리만 생각할 힘을 갖췄다. 계속 생각하고, 계속 몰입하며, 계속 생각에 생각의 꼬리를 물고 의식의 파도를 타고 흘러 흘러 목적하는 그 형체를 발견한 것이다. 자기만의 우주에 들어가, '홀로 있음'으로 그 존재의 본질을 찾으려고 계속 의식의 흐름을 타고 흘러 존재의 본질을 찾아내는 훈련을 한 것이다. 그의 어린 시절 내내 그의 삶이 얼마나 좌충우돌했을지를 상상할 수 있다.

그것 때문에 우주선을 재활용할 수 있는 우주여행을 생각해 낸 것이다. 경제적인 측면을 고려하지 않고는 사업가가 아니다. 무엇보다도 "생각해 낸 사람이 하는 것이다." 생각하고 도전한 그 사람이 될 때까지 밀어붙이면 그 일은 현실이 된다. 덮어놓고 열심히 최선을 다하는 일은 알고 있는 그것을 열심히 하는 것이다. 그 과정에서도 홀로 있음을 통해서 독자께서 궁금했던 그것, 해결하고 싶은 그것을 생각하며 조금씩 조금씩 존재의 본질로 나아갈 수 있기를 바란다. 그것을 적고, 실험하는 과정을 넘어서다 보면 존재의 본질을 만나는 것이다. 그렇게 만들어진 것이 우주와 천하 만물이며, 그 안에 살고 있는 인류다.

질서에 합당한 그 존재가 되려고 했으니, 그에 합당한 영향을 받는 것이다. 이것이 '하늘의 것'이 '땅의 것'이 되는 과정이다. 문명이 발현하는 메커니즘은 '보이지 않는 세계'로부터 시작되는 것이다. '나타나고자 하는 것'이 창조의 목적이다. 깨닫기를 축복한다.

일론은 창조의 법칙을 이해하고, 그에 합당한 대안을 만들어 열심히 적응하여 성공을 이룬 것이다. 그 '질서에 적응'하면 그에 합당한 일들이 나타난다는 것을 이해하고 있었다. 내가 상상하고 고민하며 그 존재의 본질을 찾으려고 의식의 흐름을 타고 흘러 들어가 만날 수 있는 것이 존재의 본질이며, 모든 존재는 나타나기 위해서 창조된 것이고, 모든 것은 이러한 질서에 의해서 나타나기를 기다리고 있다. 그것을 품으면 그것은 현실이 된다. 그 질서와 내가 그에 합한 사람이 되려는 강력한 의식이 창조의 질서와 합하면 일이 나타난다. '합력(合力)해서 선을 이루는 것'이다.

그래서 그는 한 주에 120시간씩 일하라고 한다. 가족도 만나지 말라고 했고, 회사에서 잠을 자라고 했다. 그것이 창조의 질서를 깨닫고 접촉하는 매우 중요한 접촉점이며, 몰입해 들어가는 가장 중요한 과정이라고 이해했다. 그가 그렇게 만났고, 그렇게 개발한 것들이 세상에 나타나게 되었다. 일론만 그랬을까? 아니다. 우리가 알만한 사람들은 모두가 그랬다. 잠을 오래 잤는가 아닌가를 말하는 것이 아니다. 연속성을 가지고 계속 생각하고 계속 실험하고 계속 도전해서 그것을 만들어 내라는 것이다.

모든 삶의 결과는 '이미 존재하는 그 질서에' '내가 적응했더니, 그 질서의 반응이 나타나는 것'이다. 어떻게 보면 당연하게 여겨지는 그것이 신비이고 감격이다. 이미 있다는 것이 아닌가? 그에 순응하고 접근하면 된다니, 그것이 신비다. 내가 그 질서 안에 있으니, 그 질서에 합당하게 적응하면 의식하는 그것을 얻을 수 있다는 것이니 놀라운 일이 아닌가!

미취학 아동일 때, '물에 뜬다는 개념'을 처음 경험했을 때 느낀 그 감동을 잊을 수가 없다. '물에 뜬다니!', '뜨는 것이 이런 것이구나!', 이 재미에 날마다 바닷가에서 살았었다. 매도 많이 맞았다. 무당말을 듣지 않았기 때문이다.

"내가 경험한 질서가 내가 태어나기 전부터 있었다니!" 나는 이것에 감격한 것이다. 이미 있는 그 질서를 발견한 것이고 내가 그것을 적용한 것이니 우주와 만물의 한 지체가 된 느낌이 들었다. 소속된 것이고 그것이 입증된 것이라는 생각도 들었다. 그러나 이미 있는 것이 나타난 것이니, 그것이 무엇이었든, '하늘의 것'을 발견한 그것은 감격과 감사가 있을 뿐이다. 마땅히 그렇다. 나타나는 것이 목적인 창조의 섭리이니 발견한 것이다. 그것을 깨달은 어린 시절이니 감사와 감격을 그대로 받는 것이 내가 할 수 있는 일의 전부였다. 질서에 작용하는 에너지가 있고, 그 에너지가 일정한 규칙, 루틴을 가지고 작동하고 있는 것에 무한 감사와 감격이 날마다 샘솟았다.

누구라도 그 질서 가운데 있으며 그것을 체험하게 되어있다. 그 질서 안에서 그 질서를 누릴 수가 있게 되어있으니, 이는 진정 큰 질서이고, 큰 원칙이며 루틴이다. 언제나 나타나고 있으며 편만하게 나타나고 있는 질서다. 나타나려는 그것이 창조의 목적이라고 선언되어 있으니, 그것을 누리지 못할 개체는 없다.

이렇게 주어진 질서에 대해서 내가 할 수 있는 것이라고는, 감사하고 감격하는 것뿐이라는 생각이 들었다. 창조의 질서에 대한 감사였다. 감사할 대상은 창조의 질서에 대한 것이었으니 그것도 편견이 없는 개념이었다. 누구나 가질 수 있고 체험할 수 있고 활용할 수 있는 그런 질서가 창조부터 지금까지, 그리고 영원토록 있다는 것에 마냥 감사하며 어린 시절을 지냈다. 그런 생각이 드는 것이 가능한 것은 동기가 없기 때문이고 비교할 다른 대상과 가치가 없기에 나타나는 현상으로 느껴졌다. 카오스의 세계가 무엇인지 조금씩 이해가 되어간다면 좋겠다.

사람들이 우주와 만물을 만들지 않았다. 그러나 우주 만물에는 질서가 있다. 어떻게 이러한 일들이 가능할까? 몇 가지 질문을 하다가 스스로 감격한 일이 한두 번이 아니다. 어렸을 때, 우연히 '눈(snow)'을 자세히 보고 감격했던 일이 있다. 모든 결정체 하나하나에 무늬가 있었다. 더 자세히 보니 그것은 무늬가 아니었다. 조각이었다. 겨울이 되면 그런 것이 온 세상에 가득했다. 저렇게 하얗게 세상에 덮인 눈을 일일이 조각하여 내려주신 것이다. 어른들은 '눈이 오신다' '비가 오신다'라고 표현했다. 마치 신앙처럼 그렇게 말하곤 했다. 그게 문화였다. 내가 한 것이 없는데, 그것으로 인해서 식물이 자라고, 아름다운 눈이 온 천하를 덮는 것을 경험한 것에 감사한 것이다. 정한 수 떠 놓고 보이지 않는 신에게 기도하며 마음을 정결하게 했던 일은 자주 볼 수 있는 풍경이었다. 생명수를 떠 놓고, 지극정성으로 기도드렸던 것이었다.

더 놀라운 것은, 이 아름다운 조각으로 온 세상을 덮었음에도 대부분의 사람이 감격과 감사가 없다는 것이었다. 나는 그런 모습이 더 놀라웠다. 왜 감사와 감격을 표현하지 않을까? 왜 그러는지 그것을 알고 싶었다. 어린 나이였으니 어른들의 고뇌를 이해하지 못했기 때문이라고 생각했다. 지혜는 하늘의 것이 내려오는 것이다. 지혜는 나이가 없다. 나이가 어떻든 내 생각과 지식을 전제로 생각하려 한다면 만날 수 없는 것이며, 그 모든 동기를 없애고 찾고 구하고 두드리면 만날 수 있는 것이다. 본질을 놓고 그것을 극복하고 해결하려는 간절함이 창조의 질서를 맞닥뜨리는 접촉점인 것만은 분명하다. 소위 어린아이와 같지 않으면 알 수 없고 만날 수 없다. 그 상태가 무엇일까?

　이런 질서가 차별 없이 누구에게나 나타나고 있다는 것에 감격하고 흥분해서 잠 못 든 날로 어린 시절을 몽땅 보냈다. 모든 것이 신비였다. 이런 질서 속에서 살아가는 삶은 정말 멋진 인생이 아닌가! 석양도 그러했고, 바람도 그러했으며, 계절도 그러하며 무엇보다도 생명이 태어나서 성장하고 장성하며 늙고 사망하는 이 모든 것들이 모두가 신비이고 놀라움이었다. 이런 어린 시절이 가능했던 것도 특별한 은혜였다. 카오스에 빠져들었다는 것이 무엇인지 이렇게 조금씩 설명해 나갈 것이다.

　소설을 읽어주는 사람이 없고, 아름다운 노래를 들려주는 사람도 없었지만, 질문을 던지고 기다리는 과정에서 얻어낸 대답들은 나를 감격으로 인도하고 맘껏 상상하도록 이끌어 주었다. 이것이 '이끌림'이다. '항상 같은 결과를 누구에게나 만들어내는 원칙!' 마음이 착한 사람에게도 나쁜 사람에게도 밤이 되면 어두워지고, 아침이면 해가 뜬다. 비가 와도 눈이 와도 같이 누린다. 부뚜막의 소금을 마음 착한 사람이 넣어도 어리석은 사람이 넣어도 짜다. 같은 원칙으로 적용되는 이 질서는 이미 존재했고 지금도 그 원칙으로 작용한다. 이것을 발견한 내가 누구보다도 행복한 사람이었으리라. 창조자의 섭리를 깨닫고 마음과 정성을 드린 것이니 더욱더 그러했다.

　그 무엇이 되었든 '하면 되고 안 하면 안 된다.' 이러한 창조의 질서가 어떻게 생겨난 것인지, 사람에게 물어봐야 알 수 없을 것이라는 생각이 들었다. 감당 못 할 엄청난 기운이고 질서라고 느꼈기 때문이었다. 누군가가 해와 달과 별들을 만들었을 것이라는 생각은 그 질문을 받는 사람에게만 나타나는 가치다. 그냥 있는 것이며, 그것을 '자연이라고 한다'는 식의 생각은 이미 그 질서가 있음을 알고 있는 것이며, 감사만 빠진 허무한 삶일 뿐이라는 생각이 들었다. 그러나 가장 쉽고 구체적인 방법을 택하기로 했다. 대화였다. 그렇게 해야겠다는 생각이 들었으니, 이것도 이끌림이었을 것이다.

"하느님, 노을은 왜 있는 건가요?", "왜, 여름이 있고 겨울이 있을까요?", "나는 세상에 왜 태어난 거죠?", "사람들은 왜 태어나고 왜 죽을까요?", "왜 사람들이 죽음을 두려워할까요?", "죽은 다음엔 어떻게 되나요?" 어린 시절을 거의 이렇게 지냈다. 카오스에 빠지는 시간을 제외하면 언제나 그랬다. 그것 말고는 아무것도 하지 않은 것 같다.

운동선수의 마인드 트레이닝

신체의 한계를 뛰어넘는 사람이 생각보다 많다. 인도에 가면 하루 반나절에 공기를 흡입하고 반나절은 내뿜는 도인이 있다고 한다. 밥은 물론 물도 안 마시고 43년을 산 사람도 있다고 하며, 머리를 땅에 묻고 항문으로 호흡하는 사람도 있다고 한다. 도대체 그들이 왜 그렇게 하는지는 모르겠지만, 육체의 한계를 뛰어넘으려는 사람은 계속 발견되고 있다. 그들은 하나같이 마인드컨트롤을 한다고 말한다.

그 중 한 사람, 얼음에서 생존한 세계기록 보유자로 널리 알려진 아이스맨' 윔 호프(Wim Hof)는 객관적으로 입증된 기록을 가진 기인이다. 그는 속옷만 입고 얼음 위에서 두 시간을 견딜 수 있으며, 맨발로 겨울 산을 달리고, 얼음을 깨고 들어간 물속에서 7분 동안 숨을 참는 등 극한의 신체 능력을 보여준다.

그는 '마인드컨트롤'로 체온을 스스로 조절해 추위를 느끼지 않을 수 있고, 또 더위를 느끼지 않을 수 있다고 했다. 그는 과학자들과 함께 그의 능력을 입증하기 위해 여러 작업을 해왔다. 그가 차가운 물에 들어가게 된 계기는 17살 때의 일이다. 평상시에 '자제력'을 좀 더 기르고 싶었는데, 어느 날 불현듯 차가운 물 속에 뛰어들고 싶다는 생각이 들어 물속에 뛰어들어 몇 분간 추위에 맞서면서부터 능력이 생겼다고 한다.

이 일을 시작하면서 여러 번 숨 쉬는 패턴을 바꿔가며 참는 연습을 했고, 최장 7분까지 숨을 참을 수 있게 되었는데, 이때 '호르몬 시스템을 조절하기 위해' 자기 자신에게 지시한다고 한다. '그 마음만 있다면' 세포의 신진대사율이 300%까지 증가해 에너지가 생성된다는 설명은 바로 마인드컨트롤의 힘을 보여준다.

과학자들은 "신경 시스템은 자발적으로 통제될 수 없다"라고 주장한다. 그러나 그는 '마인드컨트롤'로 이 단계를 뛰어넘었다. 과학은 사람이 해석할 수 있도록 검증하는 시스템이다. 이미 입증된 여러 현상과 원리를 대입할 수 있는 만큼 대입하여 존재의 본질을 찾아가는 학문이다. 입증되지 않은 원리를 적용할 수 없으면 한계가 있을 수밖에 없다.

그러나 입증되지 않으나 이미 존재하는 '질서의 세계'를 무엇으로 점검할 수 있을까? 이미 입증된 물리적인 현상들은 가능하다. '지구가 돌고 있다', '태양은 계속 불타고 있다', '만유인력이 있다.', '대기밖에 무중력 상태다' 등의 물리적 현상은 검증되었다. 그래서 일정한 주기를 가지고 자전과 공전을 하는 태양계의 루틴을 전제로 달에도 가고, 화성에도 그곳에서 지금도 기계들이 돌아다니면서 여러 실험을 하는 것이다.

'닭이 먼저냐, 달걀이 먼저냐?'라는 질문을 연구하는데, 20여 년이 걸렸다는 공식 발표가 뉴스에 떴다. 창조부터 있었던 섭리를 20년 만에 입증해 낸 것이다. 그리고 '닭이 먼저다'라는 결론을 얻어냈다. '현상만으로 조명하려는 노력'이 시간을 더 끌게 만든 것이다. 현상 이전에 원리가 있으며 질서가 있다는 것에 대해서는 학문으로 알아내는 것에는 한계가 있다. 이것이 과학의 기능이고 사명이며 동시에 한계인 것이다. -독자들께서는 여기에 주목하고 '나만의 우주'에 들어가라. 파장을 좇아 존재의 본성을 만나라. 나타나려고 존재하는 것이니 반드시 나타난다. 입증해 낼 수 있다. 당신이 할 수 있다.-

'달걀이 어떻게 닭이 되느냐?'라는 질문은 영원히 답이 없다고 생각했었다. 의견과 확신이 섭리와 질서를 대신하려는 경향을 가지고 있기 때문이며 그것으로는 입증할 자료가 되지 않기 때문이다. 다만 현상을 조사할 수는 있다. 그러나 그것이 왜? 어떻게? 가능한가는 누구도 입증할 수가 없었다. '그런 질서가 있다는 것'에 대한 것 이외의 증거는 없었다.

그것을 전제로 입증하는 학문이 과학이다. 과학은 "'이미 존재하는 질서' 안에서 이러한 현상들이 나타나더라"라고 증명하는 것이 과학이 하는 일이다. 과학으로 밝히는 것은 이것이 전부다. 존재를 모르니 설명이 가능한 것이 아니었다.

그리고 아이스맨과 같은 피실험자에게 "마인드컨트롤만 잘한다면 신경계를 조절할 수 있고, 통증을 감소시키는 도파민을 많이 생성하게 되어 통증을 조절할 능력이 있다는 것" 등의 증언을 들을 수 있다. 그러나 그것을 경험한 것이며 그 질서는 그가 만들어 낸 것이 아니다. 창조의 질서 안에 들어가 생겨난 일이기 때문이다. 그리고 그 범주는 상상을 초월할 정도로 크고 넓다.

익스트림스포츠를 즐기는 사람들은 이것이 무엇인지 알고 있다. 경험해 봤기 때문이다. 아이스맨은 눈 속을 맨발로 뛰기도 했는데, 마인드컨트롤을 위해서 하는 훈련은 "뜨거운 샤워 뒤에 바로 차가운 물로 정기적으로 샤워를 반복하다 보면 몸의 변화를 세밀하게 느끼기 시작하고, 더 깊은 세계를 경험할 수 있을지를 알게 될 것이다"라고 말했다.

질서가 있는 것이고, 그 질서를 깨닫고, 심지어 그 질서에서 자신의 역량을 한껏 끌어 올릴 수 있다는 것을 발견한 사람이다.

'이미지 트레이닝'은 운동선수가 훈련하다가 부상 당하면, 단순히 쉬지 않고, 재활을 받으면서 이미지 트레이닝으로 훈련한다고 한다. 이때, 선수들은 명상도 하고, 기도도 한다고 한다. 그리고 상당한 효과를 보기도 한다.

특히 시합을 가까이 두고 있는 선수들의 치료와 재활, 훈련을 병행하는 것이 바로 '이미지 트레이닝'이다. 그리고 놀랍게도 그 효과가 실제로 훈련하면서 사용하는 근육의 긴장감과 에너지의 소비 등이 실제 훈련에 거의 같은 경향을 보인다는 보도가 방영된 일이 있다. 얼마 전에 미국의 항공쇼를 하는 팀이 눈을 감고 각자의 위치에서 어떻게 움직일 것인지를 훈련하는 방송을 본 일이 있다. 그들은 비행기와 비행기의 거리를 50cm 정도의 차이를 두고 편대비행을 할 수 있는 세계 제1의 항공단이다. 그들은 이런 시뮬레이션을 매일 반복하며 훈련한다고 한다.

운동선수들을 대상으로 실험한 자료가 소개된 일이 있었는데, 머리의 신경들과 몸의 근육 등에 센서를 붙이고, 실제로 훈련하는 상상을 하면, 근육이 긴장하고 심지어 에너지가 실제로 소모되는 수치를 확인할 수 있다고 한다. 처음에는 실제 훈련 대비 소요되는 시간의 차이가 크다지만, 계속되는 훈련으로 실제 훈련하는 시간과 몸동작, 근육과 자세, 에너지 소모 등이 실제와 거의 흡사한 95%까지 끌어 올리면서 훈련의 효과를 볼 수 있다는 것이다.

스키 선수의 경우; 출발을 상상하고 장애물을 생각하면서 이것을 뛰어넘고 좌로, 우로 피하며 자세를 낮추고 허리의 반동을 이용해 가속을 붙이는 등 등을 상상하는 방식이다. 처음에는 단순히 상상에 머무르지만, 지속적인 이미지 트레이닝을 통해 실제와 같은 긴장감, 에너지 소비 및 근육의 강직 정도가 재현되어 실제 경기력 향상에 도움이 된다. 이제 이러한 훈련 방식은 일상적인 훈련법으로 자리 잡아 더 이상 놀라운 것이 아니다.

소경이어도 소리로 볼 수 있다. 어떻게 가능할까?

요즘은 과학이 발달해서 위성에서 주는 정보를 본부에서 파악하고 비행기를 출격시켜 적을 소탕하는 기능이 가능해졌다. 이러한 시스템의 핵심에는 '삼축' 원리가 있다. 이 원리는 차원이 다른 시각으로 '하늘'이라는 공간, 주체인 '나', 그리고 대상으로 삼는 '목적물'이 안정된 균형을 이루며 작용할 때 완벽한 위치 인식이 가능하다는 것을 의미한다. '삼축'이 안정적인 균형의 근본이다.

이순신 장군이 12척의 배로 300척이 넘는 일본 군함을 초토화했던 전략도 수루에서 깃발로 적과 아군의 거리를 측량하여 신호를 보내면 이를 함선에서 받아 거리를 조절하여 포를 쏘아 적의 함선을 격침 시키는 방법으로 왜군을 물리쳤다는 연구가 나왔다. 이른바 '삼각함수'인 '탄젠트'[4]를 통해 적을 진멸할 수 있었다는 것이다. 이렇듯 삼축이 있어야 완전한 도형이 잡힌다. 이른바 삼각 도형을 이루는 기본적인 요소로 수학에서 오랫동안 사용해 온 구도다.

나면서부터 소경인 흑인 소년을 소개한다. 그의 이름은 벤 언더우드다. 태어나고 얼마 되지 않아 안암(眼癌) 발생하여 두 안구를 모두 적출 했고 그 이후로는 본능적으로 소리를 냈다. 그러고 싶었다는 것이다. 할 수 있는 것이 소리였고, 소리로만 주변 것들을 파악할 수 있었기 때문이었다. 이것은 교육이 아니다. 본능이며, 주어진 것이다. 유아기때 벤은 옹아리와 다를 바 없는 '아아'하는 소리를 냈다. 노래할 때 연습 과정에서 내는 그런 소리다. 이것을 학계에서는 '반향 정의'라고 한다. 벤은 이 소리를 통해서 주변의 장애물과 장애물의 모양뿐만 아니라 그것의 소재도 구분해 낼 수 있었다.

 그는 그것이 당연했다. 그것이 전부였으며, 그에게는 구조물을 알아보는 방법은 눈이 아니고 귀였다. 세밀하고 은밀한 차이를 구분하기 위하여 목에서 내는 소리로 앞의 장애물이 나무인지 플라스틱인지 알 수 있었다. 물체에 닿았다가 반사되는 미세한 파장의 차이로 장애물의 모양과 소재와 크기와 거리를 구분했다. 움직이는 것이 있다면 그것이 무엇인지를 구분했다. 강아지가 지나갔는지, 고양이인지 뛰어갔는지 걷고 있었는지를 안다는 것이다. 바로 파동의 변화를 통해 구분했던 것이다.

 학교도 아무렇지 않게 다녔다. 친구들과도 잘 어울렸다. 그는 '오프라 윈프리쇼'에 엄마와 함께 출연했던 일이 있으며, 2009년 암이 재발하여 하나님의 부름을 받았다.

 벤은 성장하면서 목소리보다 더 진보한 방법으로 소리를 내며 사물을 구분했는데, 혀로 소리를 내고 있었다. 목에 부담을 주지 않는 방법을 찾아낸 것이다. 혀로 소리를 내어 물체를 식별하는 방식이다. 혀를 찬다고 하지 않던가? 그것이 그가 선택한 방법이었다. 그러나 그가 물체를 식별했다고 해도 그 색채는 흑백으로만 구분할 수 있다고 한다.

 색상을 본 일이 없어서 색의 개념을 알 수 없었고 소리의 파장이 색상을 구분하는 기능을 갖지 못했기 때문이다. 물체의 유무, 모양 등의 개념으로만 접근하는 것이다.

 벤은 지팡이 없이 장애물을 피해 잘 걷고, 자전거도 타고 다니고, 심지어 남자라면 한 번을 해 봤을 서서 자전거 타기도 좋아했다고 하며, 농구 장면이 방송에 소개되었는데, 상대방의 방어를 피해 슛을 쐈고 페인팅으로 상대를 속이고 슛도 했다. 필자가 본 영상으로는 소경으로 인식할 수가 없었다. 거짓 된 자료가 무엇인지 찾아내는 퀴즈쇼 같기도 했다. 그 소년은 또래의 동네 아이들과 다를 바가 없었다.

벤은 자전거를 타고 마치 주변을 구경하면서 달리는 듯한 모습을 보였는데, 머리를 좌우로 돌려가면서 주변 경치를 감상하는 듯한 모습이 소개되었다. 그것을 좌우의 장애물을 확인하려고 하는 행위였다. 어떻게 사고를 대비하며 어떻게 지나가는 차량과 장애물을 구분할 수 있는지 그것이 신비로울 뿐이었다.

이 모든 것이 가능한 것은 말씀드린 대로 '혀와 귀'의 능력 때문이었다. 그는 혀로 딱딱 소리를 낸다. 혀를 차며 주변에 있는 장애물에게 파장을 주는 것이다. 그리고 돌아오는 파장의 속도와 소리의 변화, 돌아오지 않는 파장 등을 고려하여 물체를 구분하고, 장애물의 크기와 개수와 모양 등 주변 상황을 이렇게 파악한다. 움직이는 속도까지 감지한다고 한다. 뛰는지 걷는지 두리번거리는지를 안다고 한다.

드라이브할 때, 시골의 다리를 건너다가 보면, 소리가 창문 너머에서 웅~웅~웅~웅~하고 들리는 것을 발견할 것이다. 자동차 소리가 다리의 난간에 부딪혀 구멍이 있는 곳은 통과하고 난간이 있는 것은 파장이 돌아오게 되면서 소리가 웅~웅~웅~웅~하고 들리는 것이다.

이것은 영국의 BBC 방송국에서 방영된 것을, 한국의 KBS Joy의 '차트를 달리는 남자'라는 다큐 프로에 등장하는 이야기다. 오프라윈프리 쇼의 자료는 검색하지 못했다. (식사할 때는 다큐 프로그램을 즐겨 본다) 벤은 소리의 파장으로 인해 지나가는 사람도 구분할 수 있는데, 성별은 물론이고 신체 크기와 패션도 알 수 있다고 한다. 여자라면 바지를 입었는지, 치마인지, 치마라면 원피스인지도 구분할 수 있다고 한다.

더 나아가 길에 놓여 있는 화분, 돌들, 기둥들, 뛰어다니는 강아지 등 모든 것을 '혀로 보낸 소리의 파장'으로 분석하여 형상화할 수 있다. 비장애인들의 일상생활과 비교해 생활에 지장이 없었다. -이것이 가능한

이유에 대해서 삼축 현상이라고 표현했으며 다시 설명할 것이다.-

소경이라는 1인칭 시점에서 보고 듣고 구분하는 원인을 통해서 입증되는 증거들이 있다. 사람에게는 파장을 알아볼 수 있는 능력이 있다는 것이다. 근본 원인은 '창조는 존재를 나타내기 위한 것이다'라는 전제가 이에 속한다. 창조는 나타나는 것이 목적이다. 나타내려는 목적으로 창조되었는데, 찾고 구하고 두드리는 그 사람에게 나타나는 것은 당연한 것이 아닌가!

그런데 자신의 것을 자신이 찾지 않고 시기, 질투만 할 것인가? 잘 되어가는 남이 싫고, 그래서 악을 발하고 싶은가? 이것이 당신의 실존이다.

박쥐가 발현하는 파장과 그 파장이 돌아와 물체를 식별하는 방식을 연구하여 레이더를 만들었다. 레이더와 박쥐의 파장이 아름답게 콜라보 되었다. 그것에만 한정할 필요가 있을까? 그럴 필요가 없다. '존재는 나타내려고 있는 것'이다. 하려고 하면 할 수 있게 되어있다.

'헬렌 켈러'를 보라. 나면서부터 눈과 귀와 말의 기능이 없었지만, 72개의 명예박사학위를 가진 문학가이다. 그녀가 어떻게 개념을 이해했으며 어떻게 논리를 전개하여 '하늘의 것'을 '땅에 사는 우리에게' 전해주었는지 놀랍지 않은가! 그녀가 거했을 카오스의 삶을 생각하며 그녀에게 존경을 드리고 싶다. 그녀는 그 상태로 생애 전 주기를 살았다.

벤은 인지를 위해서 그가 파장을 임의로 만들었다. 그리고 그 파장이 돌아오는 것을 통해 실체를 파악했다. 눈의 기능을 다른 기능이 '대신' 하는 것이며(이를 '항상성'이라 하며, 언급하였으니 참고 바란다), 파악하는 주체인 벤과 파장의 대상인 물질과 그것의 본성을 알게 하는 창조의 주체와의 관계성(연합, 합력)이 만들어낸 현상이다. -'삼축'이 등장한다. 언제나 그러하며, 이것이 아니고는 존재를 인식할 수가 없다.-

장애가 없어도 그러하다. 내가 무엇을 보고 그것의 본성을 인지하는 것이다. 존재로부터 파장이 나타나는 것이기에 그것을 눈, 코, 입, 귀, 피부로 알 수 있는 것이다. 그러나 기능이 없으면 다른 기능을 통해서 존재의 파장을 알 수 있는 것이다. -혼돈된 과정에서 3장 '빙의'란 무엇인가와 4장 '천재'는 어떻게 탄생하는가에서 다룰 것이다.- 내가 가지고 있는 의식과 인지 능력을 통해 파장을 인지하고 존재를 파악하게 되는 것이다. 구체적으로 더 설명할 것이다.

'나만의 우주'인 '가상공간'에서 상상할 수 있다.

벤은 '자기만의 우주'인 '가상공간'에서 파장을 통해 모양과 소리와 감각으로 존재하는 것을 펼쳐놓고 실체를 상상했다. 그에게는 상상이 곧 실상이다.

이는 학습으로 할 수 없는 것이다. 학습은 어느 정도 기능적인 일에 진보를 이룰 수 있는 기능이다. 그러나 그것에 한계가 있다면 학습은 의미가 없다. 장애인 학교 등 특수목적 학교에서 이를 잘 수행하고 있다. 그러나 기초적인 개념교육과 훈련을 넘어 벤의 경우와 같은 상황은 교육할 수가 없다. '존재'가 무엇인지를 모르는 상태에서 그것이 가능하다는 말인가? 아니다. 이런 경우는 교육이 가지고 있는 보편적 기능으로 해결할 수 있는 범주 밖의 일이다. "혀로 소리를 내! 그리고 되돌아오는 소리의 파장을 파악해! 그것이 어떤 모양인지를 인지해! 그것이 네가 보고 싶어 하는 물질이야~" 이렇게 교육할 수가 없다는 것이다.

개인이 가지고 있는 그 사람만의 우주가 있기에 그것은 공유할 수 없는 것이다. 이런 부분이 비밀이며 신비이다. 자신과 창조의 섭리와 존재의 '삼자 원칙'에 의해 나타나는 현상이다. 누구라도 우주 만물의 것은 창조자께서 나타내시려고 만든 것이므로 값없이, 돈 없이 살 수 있는 것이다. 주어져 있는 것이 나타난 것이며, 학습되지 않고, 유전되지 않고, 모방할 수 없는, 개인의 우주에서 나타난 것이다. '하늘의 것'이 '땅의 것'으로 나타나므로 입증되는 것이다.

자기만의 가상공간은 자기가 찾아 들어가 자기가 존재의 본성을 만날 수 있는 곳이다. 남들이 연구해 놓은 학문적 성과와 이를 배우는 것으로 가능하지 않다. 모두가 이해할 만한 학문적 경험적 지식을 전제로 설명할 수는 있다. '배웠고 그래서 아는 것'과는 것과 실존적으로 나타나는 것은 다르다. 인식과 실존이 다르다는 것이며 상관이 없는 개념이다. 이것은 공교육으로 할 수 없고 알 수도 없다. **자신만 알 수 있는 자신만의 세계에 자신만이 그것을 입증하고 나타내는 것이다.**

'홀로 있음'으로 '나만의 우주'인 '가상공간'에 들어가 파장을 좇으면 존재의 본성을 만나고, 그것이 나타나는 것이다. '하늘의 것'이 '땅의 것'이 되었으니, 감사가 필요하고 영광을 돌리는 선한 마음이 필요할 뿐이다. 이렇게 값없이, 돈 없이 포도주와 젖을 사는 것이다.

창조된 질서는 나타나려고 준비되어 있다. 이미 있는 그 질서는 찾고 구하고 두드리면 찾을 수가 있다. 그러면 나타난다. 개발하는 것도 가능하다. 벤의 경험을 보라! 무엇이든 못 할 것인가!

나만의 우주에 들어가라. 나만의 가상공간에 들어가라. 그리고 그곳에서 찾고 구하고 두드려라. 작은 흔적이라도 나타나면 따라가라. 흐름을 타고 흘러가는 것이다. 파도를 타고 존재의 본질을 향해 가는 것이다. 번잡해서는 잡음이 생긴다. 본질을 놓친다. '홀로 있음'의 상태가 되어라. 그 상태에서 존재로부터 나타나는 파장을 좇으라. 그러면 존재의 본성을 찾을 수 있다. 내가 만들지 않았어도 나타나게 되어있다. 찾고 구하고 두드리니 나타나는 것이다. 독자께서 그 일을 하라. 그렇게 하라고 만들어 놓은 우주와 만물이다. '있으니 나타나는 것'이다. 이미 조성해 놓은 것이기에 상상도 되고 필요도 느끼고 욕구도 생기는 것이다.

개와 개장수의 이야기는 우리가 보고 경험한 사례들이다. 개장수가 나타나면 아무리 무서운 개라도 꼬리를 내린다. 두려워 떨며 오줌을 지리기도 한다. 왜일까? 개장수가 가지고 있는 파장이 개에게 파고드는 것이다. 잊어버린다고 노력해서 될 일이 아니다. 파고들기 때문이다. 나는 가만히 있어도 파고드는 것을 어떻게 하겠는가? 그래서 공포를 느끼는 것이다. 생각이 아니다. 영향력이다. 나타남이다. 실존이라는 것이다.

의식이 실존하는 것이 아니라면 이런 일이 어떻게 가능하겠는가? 파장이 미치는 범주 내의 개들은 두려움에 몸서리친다. 개장수는 목욕하고 옷을 갈아입고 향수를 뿌려도 같은 현상이 나타난다. 존재는 파장이다.

어떤 학자는 개장수들이 걷는 걸음이 울리면서 그들이 나타났다는 것을 본능적으로 알아채고 두려워한다고 설명하기도 했다. 아직 논증할 자료가 없으니 없는 자료를 공부하면 그 정도만 할 수 있다. 존재가 무엇인지 입증된 일이 없기에 그것이 한계인 것이다. 개의 기능인 소리와 냄새를 전제로 상상하려니 이상한 조합이 만들어진 것이다. 이것이 공부의 한계다. 연구해야 한다.

개장수가 차를 타고 가까이 지나가도 동일한 현상이 나타났다. 차 소리가 들리고 그가 걸은 적이 없어도 그런 현상이 나타난다. 그것을 어떻게 입증할 것인가? 이미 차가 여럿 개 주변을 지나갔다. 그러나 개장사가 탄 차가 가까이 가면 같은 일이 벌어진다. 연구하라. 열린다. 나타내려고 모든 것을 준비해 놓고 기다리고 있지 않은가! 깨닫기를 축복한다.

KBS에서 이것을 공개적으로 실험했었다. 시청률도 높았으니 대단히 많은 사람이 이것을 알고 있다. 존재는 파장이다. 파장이 나타나는 것이다. 파장이 강하면 약한 것은 덮는다. 거부할 수 없는 것이다.

의식은 실존이며 '의식의 파장'이 미치는 것이다. 달의 파장도 지구에서 멀어지면 썰물이 되고, 가까워지면 밀물이 된다. 어느 분야의 전문성과 탁월성이 몸 밖으로 나타나게 될 때 상대가 느끼는 정신적, 의식적 파장을 '카리스마'라고 표현한다. 이러한 현상은 창조의 섭리에 합당한 정도라고 여겨지는 사람에게서 나타나는 것이라 하여, 신수적[(神授的) 권위(權威-신이 내려준 권위 Charismatic Authority)]라고 한다. 의식도 텔레파시도 나타난다. 존재하면 나타난다.

소경 화가가 색을 구분한다.

두 번째 에피소드는 백인 소경 화가다. 이것도 KBS Joy 프로그램에서 소개된 내용이다. 그는 화가로 왕성하게 활동하던 중 불행하게도 후천적으로 시력을 잃은 케이스였다. 그는 어려서부터 그림에 소질이 있었다. 자연스럽게 그림을 전공하게 되었다. 그리고 밤낮없이 좋은 작품을 만들며 왕성한 작품활동을 했는데, 어느 날부터 인가 서서히 시력을 잃어가고 있다는 것을 발견했다.

하지만 그림에 대한 열정은 그를 멈춰 세울 수가 없었다. 재능이란 이런 것이며, 사명 또한 이렇게 나타난다. 누가 감당할 것인가? 시간이 지나 점점 시력이 떨어져 색상이 거의 구분이 되지 않을 정도가 되었지만 그림에 대한 강렬한 열정이 있었기에 그림을 포기할 수 없었다. 그만큼 그림을 사랑했고 자기 직업에 소신이 있었다.

그는 시력이 점점 떨어져 색감을 잃어 구분할 수 없는 날이 곧 올 것 같다는 위기에 빠지게 되었다. 그럼에도 그는 그림을 그만두고 싶지는 않았다. 모순이 발생하는 순간이었다. 이때 마찰이 생긴다. 갈등이 벌어지는 것이다. 원하는 데로 그림을 계속 그리면 '시력을 잃은, 한때 유명한 화가'가 될 것이었다. 그는 백방으로 노력했지만, 사람의 능력으로 사라져가는 시력을 회복할 수 없다는 것을 알게 되었다.

문제는 색을 구분할 수 없을 만큼 시력이 나빠져 갔다는 것이었다. 사랑하는 그림을 그리기 위해서 시력을 잃어가는 과정에서 색을 손으로 느끼려고 노력했다. 그것이 '가능할 것'이라는 생각이 그에게 내려왔다. 그림을 그려야 한다는 간절함과 그것이 자신을 표현하는 절대적인 가치라고 느끼고 온 맘과 정성을 기울였던 사람에게 느껴지는 것 곧, 사명감이란 이런 것이다.

시력을 잃어가는 사람이 손으로 색상을 구분하려는 생각을 하는 사람이 세상에 있을까? 아니다. 찾고 구하고 두드리는 자에게 내려오는 하나만의 방책이다. 그는 그것을 받은 것이다. 그리고 그것은 누구에게도 같은 방식으로 나타난다. -이러한 생각은 위로부터 내려오는 것이며, 자기가 받은 자기만의 응답인 것이다. 은사 곧, 선물(gift)이라는 개념이 이렇게 등장한다. 노력한다고 되는 것이 아니다. 기도한다고 되는 것도 아니다. 느닷없이 나타난다는 오해는 버려라. 사명이며 열정이고 자신의 정체성 등에 대해서 이야기한 것을 전제로 은사를 받는 것이며, 은사는 각자에게 다르게 나타난다.

내가 있고, 색의 본성이 있고, 내가 해야 할 일이 있다. 그는 그것을 느끼고 실제로 만들어 내기로 했다. 삼축, 삼자('하늘의 것' '나' '목적')가 합력하는 것이다. 융합하는 것이며 영향을 미치는 것이다. 삼축(삼자) 법칙이 주어져 있다는 것이 입증되는 순간이다. 눈으로 색을 구분할 수 있지만, 눈을 대신해서 색을 구분할 수 있다면 그 색상을 내가 그림으로 승화할 수 있는 것이다. 벤이 소리의 파장으로 물체의 본성을 파악하고 농구하고 자전거 타는 일을 할 수 있는 것과 같다.

손으로 색을 구분하려는 그 의도가 '**나만의 우주**를 열어젖히는 행위'이다. 누구에게나 같은 조건에서 같은 해결책으로 접촉하지는 않는다.

그에게만 주어진 것이다. 벤도 나면서부터였지 않은가! 가장 민감하고 가장 최상의 조건을 발휘할 기능이 최전선에서 접촉점으로 만나는 것이다. 그에게는 '손'이 '제2의 눈'의 역할을 할 수 있다는 확신이 있었다.

당사자에게 나타나는 이끌림이 있는 것이다. 그것을 접촉점으로 삼는 것이다. 제물을 드리듯 가장 귀한 그것을 드리는 것이다. 말씀드렸듯 '성취하려는' 열정과 이끌림이 우선한다. 그에게도 강력한 이끌림이 있기에 시도할 수 있었다. 그가 '색감'을 느끼려고 노력하는 그 정신, 의식, 간절함이 창조의 섭리를 차지하려는 간절함과 열정으로 나타났다. 그는 찾고 구했다. 이것이 '침노함(invade)'이다. 천국도 침노하는 자에게 주어진다. (침노는 정욕이 아니고 가장 귀한 삶을 드리려는 이끌림을 말한다.)

그는 색에 대한 감각을 잃어갔지만 느끼려고 노력했다. 그것을 손으로 눈을 대신하려는 의지로 대체되어('항상성'을 소개하였다) '색'이라는 존재의 본성을 알려고 했다. 그는 만지면서 특정 색의 감각을 구분하려고 했다. 자기만의 공간에서 자기에게만 주어진 간절함에 대한 간구였다. 그러할 때 존재의 본성을 만나는 것이다. 그가 그 길을 열었다. 그에게 그 길을 열 수 있는 기회가 주어진 것이다. 그가 느끼고 분석하는 단위는 아마도 옹스트롬(angstrom:10^{-8}cm)의 단위일 것이다. 그만큼 그는 매우 민감하고 매우 정밀하게, '존재의 파장'을 구분하려고 했다. 색의 구별을 위해 노력했다. 아직은 시력이 남아 있기 때문이었다. 그런데 손으로 비비고 느껴서 색을 구분하는 일이 가능할까? 필자는 그것이 얼마나 크고 터무니없는 시도였는지 상상할 수도 없다.

그는 정성을 다하고 열정을 다하고 간절함을 더하여 눈과 색과 감각을 차별화하여 기억하려는 노력을 다했다. '연속성'을 놓치면 스스로 색상을 선택할 수 없는 장애인에 불과한 것이었다. 긴장하고 집중하고 몰입하고 상상하며 색상의 특성을 구분하려고 신경을 곤두세웠다. 시력을 완전히 잃기 전까지 그는 모든 에너지를 여기에 쏟았다.

이건 빨간색 느낌, 이건 파란색 느낌, 이건 노란색, 이건 검정색 느낌 등과 같은 방법으로 구분해 내는 작업을 시작했다. 얼마나 스트레스가 많았겠나! '하늘은 스스로 돕는 자를 돕는다!'라는 격언이 바로 이것이다. 존재를 드러내는 것이 창조의 섭리이기에 찾고 구하고 두드리면, 반드시 열린다. 나만의 우주, 나에게만 주어진 가상공간에서 내가 내 필요를 따라 내가 만들어가는 것이다. 노력해서 되는 것이 아니다. 자기만의 가상공간에 들어가야만 가능하다. 홀로 있음으로만 가능하다. 학습으로 노력으로 되는 것이 아니다.

그는 시력을 완전히 잃어가기까지 느끼고 칠하고, 느끼고 칠하고, 맞으면 그것을 다시 머리에 기억하고, 안 맞으면 다시 찾아 색칠하고 느끼고 생각하면서 머리에 그 색의 감촉을 생각을 저장하며 색감을 키워나갔다. 그의 아내가 그를 도와 색상을 확인해 주었다. 이보다 더 치열한 투쟁이 있을까? 이는 불가능에의 도전이다. 그러던 과정 중에도 그림을 계속 그렸고, 처음과 달리 점점 더 정확하게 색상을 구분하더니 완전한 소경이 되었을 때는 완벽하게 색상을 구분할 수 있었다.

그러나 이것이 가능하게 되려면, 조건이 하나 있다. 같은 회사의 제품을 사용하는 것이었다. 모든 색상은 튜브에서 짜내 일일이 손가락으로 비벼가며 색상을 구분하고 정확하게 색들을 섞어가면서 색을 만들어 갔다. 분량도 조절했다.

색상을 구분하기 위해서 사용한 유분과 재료들이 다르다면 얼마나 다를까? 아마도 옹스트롬 정도의 확률로 차이를 알 수 있었을 것이다. 정말 대단히 민감한 사람이다. 탁월한 예술가가 아닌가! 마술사라고 해도 될 것이다. 속임수가 아니니 기인이라고 해야 할 것이다. 에너지 소비가 어마어마했을 것이다. 모든 세포와 신경과 정신이 이것을 위해 최고의 긴장 상태를 유지하고 있었을 것이라는 생각에 마음이 아프다. 작품은 그야말로 예술이고, 창조자와 합작한 작품으로 소개해도 손색이 없는 작품이라고 말하고 싶다. 차원을 달리하는 작품이 된 것이다.

리포터가 튜브를 주며 "무슨 색인지 알겠어요?"라고 물었다. 그는 튜브를 짜내 손가락으로 비벼가며, 빨간색, 노란색 등을 구분했다. 그리고 여러 색상을 섞고 이것이 무슨 색이냐고 물으니 "주황색이네요, 진한 주황색!"이라고 말했다. 원하는 색상을 만들어 섞어가며 켄바스에 그림을 그리는 장면도 소개되었다. 아마도 그의 작품들은 상당한 가격에 팔려나갈 것이라고 예상된다. 당연히 그래야 할 것이고, 그렇지 않다면 다시 회수하라고 말하고 싶다.

삼축 원리(구도)를 생각하기 바란다. 보아도 못 느끼는 이유는 위로부터 오지 않았기 때문이다. 봐도 알지 못하고, 들어도 깨닫지 못하고 경험해도 의미가 없는 인생은 얼마든지 있다. '하늘의 것'이 '땅의 것'이 되려고 내려와도 받으려 하지 않으면 아무것도 담을 수 없다. 창조의 섭리가 땅에 나타나는 것이라도 거부하면 소용이 없다.

흑인 맹인 소년 벤을 보라. 백인 소경 화가를 보라. 한 사람은 소리의 파장으로, 다른 한 사람은 물감의 감각을 손가락으로 만져서 목적을 성취했다. 창조의 질서가 있고 그것이 나타내려는 목적이 있으며, 그것을 알기 원하는 사람이 있고, 지향하는 목적이 있으니 나타나지 않을 수가 없다. 본래의 기능을 대신할 수단으로 존재의 본질을 파악하고 행하고 나타내는 일들은 얼마든지 있다. 항존성이 주어져 있기 때문이다. 이것이 창조의 질서다. 창조는 영원부터 영원까지 있을 '존재의 나타남'이다. 이것이 드러나는 것이 목적인데, 받지 않으면 방법이 없다. -항상성은 신체에 제한하여 주어진 속성이며, 기능이 멈춘 신체를 시냅스[5]를 통해 다른 신경세포가 대신하여 걷고 뛰고 말하고 운동하도록 하는 기능을 말한다. 그러나 필자의 항존성은 우주와 만물의 존재 양태 곧 파장을 말하는 것이다.-

---

[5] 시냅스는 신경 전달이 신경과 신경 사이의 골수를 통해 다른 기관으로 파장을 발하여 기능하는 기능을 말하며, 신경 줄기로 연결되지 않은 경우에는 다른 신경이 그 기능을 대신하여 본래 몸의 기능을 할 수 있도록 협력하는 현상을 말한다. -필자 주

3장.
빙의란 무엇인가?

 빙의(憑依:possession by a spirit)란 다른 것에 몸이나 마음을 기댐, 혹은 '영혼이 옮겨붙음'을 의미하는 명사다. 일반적인 개념으로는 어떤 영에 의해 소유 혹은 점유된 상태를 뜻한다. 단어 자체의 의미는 다른 것에 몸이나 마음을 기댐 혹은 영혼이 옮겨붙음을 의미하나 필자가 보는 견해는 다르다. 필자가 정한 명제는; **빙의는 존재와 파장의 연속성에서 나타나는 실존론적 혼란(disorder)이다.**

 종교 사기꾼들은 부부나 모자 관계로 다니며, 무언가를 보았다고 주장하거나 귀신이 이곳저곳을 이동한다는 식의 말을 하며 현혹한다. 자신이 '두 증인'이라는 성경적 인물이라고 주장하는 이들을 네 명이나 본 적이 있다. 언젠가는 동네 도서관에서 글을 쓰고 있었는데 부부가 다가와 '하나님이 귀하게 보신다고 합니다'라며 접근했던 경험도 있었다. '나도 압니다!'라고 말했다. 그러자 이내 모욕하려는 태도를 보였다. 괘씸해서 혼내주려고 노려보았다. 경을 칠 것 같았는지 꼬리를 내려서 용서한 일이 있다.
 종교 사기꾼들의 목적은 돈을 편취하기 위함이다. 사기꾼은 여러 곳에 있으나 종교를 가장한 사기꾼이 개신교회로 많이 숨어들었다. 목사도 있고 기도원 원장도 있다. 다른 종교는 말할 필요가 없다. 자신이 신령하단다. 무엇을 보았단다. '대언 기도'라면서 자신의 기도가 하나님의 말씀이라고 하기도 한다. 그런 자가 많고 특별히 여자가 많다. 아닌 사람이 있을 수는 있지만 찾기가 쉽지 않을 것이다. 특히 무당과 유사한 형태의 활동을 하는 목사들은 개신교 내에서도 적지 않다. 그런 사람을 많이 만나 보았다. 허가 낸 사기꾼이다. 허가 안 낸 사기꾼도 많다. 경계하라.

　신비를 경험하고 보았고 대단한 것을 알았어도 그것이 어떻다는 것인가? 그것으로 실존이 바뀐다는 것인가? 실존이 창조의 질서에 합당하지 않으면 가치가 없다. 실존은 내가 정한 내 삶이다. 그들의 목표는 결국 심리적 세뇌와 종속이다.

　왜 이런 자들이 두려움 없이 악을 행하는가? 그것은 간단하다. 자기가 파놓은 함정에 자기가 빠진 것이다. 확신과 고백을 믿음이라고 주장해 왔으니, 악이 창궐한 것이다. 확신과 고백의 경험이 있는 악한 것들이 자기 목적을 성취하기 위해서 그루밍, 가스라이팅을 한다. 이단이 생겨나고 사이비가 생겨난다. 확신과 고백이라는 가치를 비틀어 왜곡한 자들이 교리주의자를 중심으로 넘쳐나고 있는 것이다. 다른 종교도 이와 흡사하다.

　-다시 언급하겠지만, 율법은 언약을 잊지 않고 행하여 거룩해지는 것이라고 정의되어 있다. 그 길은 오직 한 길 그리스도께서 완성하여 길을 열어주셨으니 '율법의 마침이 그리스도'가 되었다고 선언한 것이 사도 바울이다. 자기 민족이 율법을 목숨 지켜 행하면서도 그것이 왜 있는지 모르고 목적이 무엇인지도 모르고 덮어놓고 주어진 율법만을 지키고 행하는 것은 오히려 '자기 의를 세우려 애쓰고 하나님의 의에 복종하지 않는 것'이라고 선언한다.

　오해를 버려라. 율법을 입에 달고 살고 율법을 목숨 걸고 지켜온 '이스라엘 민족'에게 율법을 주신 목적과 그 결과를 선언한 것이 '마음으로 믿어 의에 이르고, 입으로 시인하여 구원에 이른다'는 로마서 10장의 말씀이다. 1절부터 읽어라. 이스라엘 민족에게 전한 안타까운 절규다. 이방인을 위한 것이 아니다. 깨닫기를 축복한다.

　우리를 포함한 99.5%의 이방 민족들은 이 선언에 나설 권리가 없다. 왜 나서는가? 이스라엘 민족에게 전하는 창조의 질서이고 왜곡된 언약에 대한 오해를 바르게 세워주는 선언이다. 이방인에게 주는 것이 아니다. 이스라엘 민족과 맞먹으려는 그 태도를 버려라. 비교가 된다고 생각하는가? 매우 건방지다.-

MBC는 JMS 교단을 만들어 성적 쾌락을 일삼은 극악무도한 정명석을 분석하고 고발하는 방송을 내보내면서 대한민국에 사교에 해당하는 이단이 200개 교단(敎團:Denomination)이 있고 교인은 200만 명이라고 공식 발표했다. 필자가 보기에는 더 될 것이라고 본다. -이를 위해 삶으로 경험한 이야기는 추후에 나눌 것이다.-

객관성을 가져라. 의심을 가져라! 당신만 바라보라. 당신보다 소중한 것은 없다. 여러 학문을 접하고 자료를 보라. 반대의견을 계속 청취하라. 그리고 입증된 그것만 사용하는 객관성을 길러라. 무당을 비롯한 종교 사기꾼이 과거를 알아맞히는 것에 현혹되지 말라. 기대하지도 말라. 성경을 인용해도 마찬가지다. 사연이 없는 사람이 무당을 찾는 것이 가능할까? 아니다. 또, 신천지가 말하는 '천고을 다스리는 자' '백고을 다스리는 자'가 되는 길이 원한다고 주어질까? 그것은 정욕이며 미혹이다. 그에 합당한 자가 되면 창조자께서 정하는 것이며 이것을 언급한 목사와는 상관이 없다. 오해하지도 마라. '원하고 바라라'는 가르침은 정욕을 품으라는 것이 아니다. 창조자의 마음에 합당한 자가 되라는 말씀 이상도 이하도 아니다. 당신을 만드신 창조자께서 행한 대로[6] 보응 하시는 것이다.

---

[6] 행한대로 보응하는 것은 창조의 섭리다. 확신과 고백을 믿음이라고 정의한 잘 못 된 규정으로 인해서 행함을 거부하는 것은 창조의 섭리를 거역하는 것이며, 창조의 섭리를 따르지 않는 것은 믿음과 상관이 없다. 인식이 실존일 수가 없는 것이다. 행한대로 보응하신다. 다른 가르침은 없다. 율법을 행하고 지키며 목숨을 걸어온 언약의 민족에게 율법의 목적이 거룩이고, 거룩은 그리스도로 완성되는 것이니, 율법을 행하며 지켜온 목적이 성취되기 위해서 그분을 마음으로 믿어라. 그러면 의를 깨닫게 되고, 입으로 시인하면 구원에 이르게 된다는 이스라엘민족을 위한 가르침을 왜곡하여 정욕에 빠지는 일이 없어야 한다. '행함이 없는 믿음이 죽었다'는 가르침을 버리니, 사도 바울은 '이상한 복음'을 전한다고 한탄했다.

예수께서 주신 "거저 받았으니 거저 주어라"라는 말씀을 받아 시간과 재물과 열정을 내어 사람을 돌보는 일을 하는 것을 목적으로 하는 단체는 개신교뿐이다. 그것이 아니면 개신교회가 아니라는 말이다. 정말로 놀랍고 놀라운 집단이다. 깨달음이 아니다. 행하는 것이 아니면 가치가 없다. 깨달았으면 행함으로만 입증되는 것이다.

양심이 타락한 잘못된 인간들은 어디라도 파고든다. 신비를 논하는 자들은 악한 누룩을 뿌리는 자로 여기기를 바란다. 창조에 합당한 실존이 아니면 그 무엇도 필요치 않다. 원로 목사로 대접받으려는 의도로 은퇴할 나이가 되어갈 즈음에 목사 안수를 받은 자들도 있다. 아니라면 명백한 증거를 대라. 깡패로 평생을 살다가 목사가 되는 사람도 있다. 그들에게서 떠나라. 도망하라. 그것 말고는 없다. 당신의 영혼보다 중요한 것은 없다. 그가 바로 당신의 엄마이고 아버지라도 그렇다. 예수께서도 싸움을 걸어오는 종교 지도자를 피해 도망하셨다.

창조의 섭리를 좇아 그에 합당한 열매를 맺는 것이 '믿음의 의'다. 바로 이 삶이 믿음의 조상 아브라함의 삶이었다. 사도 바울은 이것을 매우 여러 번 강조했다. 그것이 믿음의 기준이니 당연한 것이다. 믿음의 조상 아브라함은 이방인이었으며 그의 직업은 우상을 만드는 일이었다. 선민이라는 증표로 정해진 할례를 받지 않은, 무할례 당이었고 지켜야 할 법도이고 구원의 수단인 율법이 아직 주어지지도 않을 때, 그의 삶을 '믿음의 의'로 여기시고 그를 선택하여 믿음의 조상으로 언약을 맺었고, 동시에 이방인의 모범이 되게 하였다.

그는 **신의와 의리와 양심을 좇아 삶을 살았던 사람**이다. 로마서(2:14)에서의 '율법이 없는 이방인에게는 양심이 율법이 된다.'라고 하신 그 말씀에 해당하는 대표적인 인물이 바로 사도 바울이 증언한 믿음의 조상 아브라함이다. 조상이라는 말을 유념하라. 율법과 양심의 비교를 유념하라. 곧 창조자가 인간의 마음에 심어놓은 창조자의 영에 이끌리는 삶과 율법이 요구하는 것은 같은 것이라는 선언이다.

창조는 이미 이루어진 질서다. 누구나 그 질서 안에서 살고 있다. 내 의지와 필요, 확신과 고백이 창조의 질서와 무슨 연관성이 있다는 것인지 생각하기를 축복한다. 거짓에 속지 말고, 죄에 응답하지 말라. 창조의 질서는 주어진 것이다. 이 질서는 적응하는 것 외에 다른 선택지 없다. 그러므로, '홀로 있음'의 시간을 갖고 창조자와 소통하라. 그 안에서 지혜를 얻고 길을 발견하라. 개발하고 발명하려는 아이디어를 그곳에서 조합하고 융합하라. 그리고 현실에서 실험하며 반복하라. 그곳에는 존재의 본성이 있다. 그 본성을 따르고 파장을 좇으면, 문명을 개발하는 주인공이 될 것이다. 독자께서 바로 그 주인공이다.

창조의 질서에 합당한 사람이 되어라. 그것이 창조의 목적이며 예정된 섭리다. 그것을 입증하고 싶다면 우선 '홀로 있음'의 시간을 가져라. 내 생각과 욕구를 정리하려고 하지 말라. 창조의 질서는 나타난 것에 의한 것이 아니며 보이지 않는 것으로부터 시작되는 것이다. 그대로 창조자와의 소통이 오기까지 기다려라. 소통의 길이 열린다. 지혜가 내려온다. 누구라도 예외가 없다. 길이 열리는 것이다. 그 섭리대로 따를 것인가 말 것인가만 남는다. 누구에게나 예외가 없다. 차별이 없다. 나만의 우주인 '가상공간'에 들어가라. 그곳에서 창조의 질서를 발견하고 따르라.

창조자께서 믿음의 조상 '아브라함'과 맺은 첫 번째 언약은 자손들이 별과 같이 바다의 모래같이 많게 해주겠다는 것이고, 우상을 만드는 그곳에서 떠나는 순간으로부터 믿음의 역사가 시작된다. 지금까지의 환경은 창조의 섭리를 좇고 따를 수 있는 상태가 아니니 벗어나는 것이다. 그것이 첫 번째 조건이다. 창조의 섭리에 합당하지 않으니 떠나는 것이다. 그는 그것을 행했다. 이것이 그의 실존이다. 행하여 열매 맺는 것이 믿음이다. 행하는 것만 믿음이다. 생각은 필요치가 않다. 입증되지 않는 한 그렇다. 벗어나면 큰 위험을 당할 것 같은 두려움이 있을 것이다. 그래도 벗어나라. 창조의 질서를 좇아 그 섭리에 합당한 사람이 되려면 고통과 험난한 파고를 견뎌라. 고통은 가장 가치 있는 삶이 기다린다는 증거다.

속지 마라. 탄탄대로라는 것은 없다. 미혹일 뿐이다. 인생의 마지막까지 땅에서는 가시와 엉겅퀴가 나게 되어있다. 이것을 부정하는 자들로 가득한 세상이다. 그것을 지향하라고 요구하고 그렇게 가르치기도 한다. 거짓이다. 극복해야 한다. 거짓을 버려라. 당신의 인생이 아깝다. 이를 '홀로 있음'을 통해 깨닫기를 축복한다. 당신에게 당신만의 우주가 있다. 누구도 빼앗을 수 없는 가상공간이다. 여기서 찾고 구하고 두드려라. 우주와 만물의 본성이 대기하고 있다. 예외가 없다. 이것이 창조의 목적이기 때문이다. 그것이 고난을 통해서 이루어가는 것이다. 육체의 욕망은 고삐 풀린 망아지다. 그래서 제어해야 한다.

우상과 오버랩 되었다. 이것이 미혹이다.

'삼축구도' 등의 이야기로 표현했던 것을 기억하실 것이다. '하늘의 것'이 있고 '내가' 있으며 '대상'이 있다. 이 삼축이 합력하여 존재를 드러내는 질서가 주어져 있는 것이다. 사도 바울은 이 개념을 "합력하여 선을 이룬다"는 말로 설명했다.

무당이 말하는 그들의 신은 어떤 존재인가? 그들은 할머니신, 동자신, 장군신, 군왕신 등 각종 신을 섬긴다고 말한다. 그 신들이 가지고 있는 이미지와 개념으로 무언가를 언급하는 것이다. 무당이 정한 것이다. 그것을 알고 있고 그것에 동의 한 사람들이 그들을 섬기는 무당을 찾아갔으니, 그곳은 이미 '동류 파장'[7])이 나타나는 자리이다. 그 밥에, 그 나물이 되는 자리다.

최근에는 젊고 외모가 뛰어난 무속인들이 연예인처럼 활동하며, 사람들에게 사랑받고 숭배받으며 경제적 이득을 취하는 현상이 두드러지고 있다. 이들은 마치 화려한 무대를 가진 공연자처럼 행동하며, 내담자와 교감하고, 심리적 공감대를 형성하는 데 능숙하다. 아이돌 같은 남자무당, 탤런트 같은 여자무당도 얼마든지 있다.

'할아버지께서'라는 전제로 상대를 크로스오버 하는 것이다. 그렇다면 그에 어울리는 말이 나오는 것이다. 내담자도 그에 동조하게 된다. 이 모든 과정은 파장(波長)의 형성 및 확산과 관련된다. 무속인이 상대방에게 자신이 경험한 억울하거나 억눌렸던 경험을 투영하면, 내담자는 거기에 감정적으로 몰입하며 동조하게 된다. 결국, 이는 상대방이 '빙의'라는 현상을 체험할 수 있도록 유도하는 심리적 기제와 연결된다.

그들의 모임은 정욕을 위해서 무엇을 하는 것이다. 여기에는 도덕, 윤리, 도리가 개입된다. 물론, 그 기준은 그들이 생각하는 기준이다. 그들이 정한 귀신과 무당이 경험하고 체험한 것들 그리고 내담자. 이렇게 삼자가 감정이입이 되는 자리가 마련되었다. 그렇다면 그 자리가 어떻게 될 것 같은가? 남들은 행복하고 재미있는 것 같다. 그렇기에 자신은 억울하고 한이 있다. 이것을 전제로 주어진 주제는 너무도 뻔한 스토리가 된다. 이 쉬운 방법이 돈벌이가 되고 존경을 받기도 하니 젊은 친구

---

7) Same kind of wavelength- 필자가 지은 명제이며, 표본 표출을 통해서 모두의 상태를 확인하는 표본에 대한 이해를 말한다. 예를 들어; 콩을 볶다가 이것이 다 익었는지 몇 개 집어먹어 보면 그 상태를 안다. 먹어본 그것이 모두의 상태다. 산수 시간에 배웠을 것이다. 필자는 모두에게 공동으로 나타나는 의식의 현상을 '동류파장'이라고 했으며, 분파와 논쟁이 있는 곳은 그것대로, 하나가 되어도 그것대로 '동류파장'을 나타내는 것이다.

들도 모여드는 것이다.

　그들이 언급한 그 모든 것은 내담자가 원하는 입신양명을 위한 것이며, 위기 극복을 위한 욕구의 발현이다. 창조의 섭리라는 과녁에서 벗어났다. 그래서 정욕은 출구가 없는 다른 파도를 타는 것이다. 창조의 섭리로 보면 정욕을 좇는 삶이니 이것을 '죄'라고 규정하였다.

　악신은 창조자께서 허락하신 악한 영이며, 영적 권세를 가지고 자기의 범주에서 권능을 행한다. 창조의 섭리를 따르지 않으려는 여타의 것들을 모두 관장(管掌)할 권리를 주었다. 그의 권세는 육체에 있다. 무당이 되었든 목사나 승려, 신부가 되었든 상관없다. 창조의 질서에 합당하지 않는 삶을 가르치고 이끄는 그것이 죄이고 악이다. 자리가 그를 만들어 주는 것이 아니다.

　여호와의 신이 사울에게서 떠나고 여호와의 부리신 악신이 그를 번뇌케 한지라(삼상14:16)

　빙의는 맨탈에 혼돈이 오는 상태(Mental disorder)를 말하는 것이다. 자신이 정한 대상으로부터 이끌림이 온다고 믿으며 그렇게 말한다. 창조의 질서에 합당하지 않으면 그것이 무엇이든 관계가 없다. 잘 못 된 곳으로 흘러가는 파도를 타는 것이다. 뛰어내려야 하지만 그러고 싶지는 않다. 정욕이 좋고 죄의 본성을 좇는 것이 좋으니 그러고 싶지가 않은 것이다. 입신양명이 목적일 뿐이다. 그것이 정욕의 파도를 타고 가는 것이며, 정욕에 끌려가는 것이다.

　이 상태의 사람은 의식이 있고 인식이 있으며 정신과 마음이 이상 없이 작동하기에 정신의학적으로 아무런 하자가 없다는 것이 정신의학의 결론이다. 정신의학적으로 봤을 때, 그들은 미치지도 않았고, 정신착란 상태도 아니다. 단순히 신체적인 이상 증상이 나타나는 것도 아니어서

'빙의'도 '화병'과 같이 독특한 분야로 분류하여 놓은 상태다. 그래서 그 원인도 모르고 결과도 모르며 신비한 현상이 나타난다고만 이야기하는 것이다. 의학자도 철학자도 심지어 목사나 승려, 신부도 무당을 찾는 이유가 바로 이 신비한 것에 대한 궁금증과 자신의 미래에 대한 기대 때문이다. 그러나 그것으로 인해 자신이 더 정욕에 빠져든다는 것을 잊어서는 안 된다.

이 상태가 악신이 놓고 가기 좋은 조건이라는 것이다. 이 조건에서 심약하면 바로 악신에게 잡혀 살아가는 상태가 될 수 있다. 허약한 상태에서 감당하기 어려운 스트레스나 충격이 접촉점이 될 수 있다.

동기가 있고 정욕이 있는 가운데 무언가를 추구하고 있으니, 그들에게 창조의 질서가 내려올 수가 없다. 창조의 질서를 따르는 것이 아니니 그런 삶으로 천국에 합당한 사람이 될 수 있는가?

축구 전문가 히딩크는 알고 있었다.

의식과 의지가 그 파도를 타고 흐르게 되기에 결론이 보인다. 그 흐름을 읽고 활용하면, 우리는 결국 하나의 결론을 도출할 수 있다. 2002년 월드컵 당시 대한민국을 4강으로 이끈 명장, 거스 히딩크를 떠올려 보자. 이천수 선수는 히딩크의 예측 능력에 대해 다음과 같은 놀라운 이야기를 전했다. 히딩크는 4강전을 치르면서 후반전에 들어가기 전에 선수들에게 말했다.

'이번 경기는 비길 거야. 승부차기를 준비해. 쟤네는 1번으로 누가 나올 거야, 우리는 누가 1번으로 차, 2번은 누가 나올 거야 우리는 누가 2번으로 차'라며 다섯 명의 선수를 선별했다고 한다. 이천수는 말하기를; 이 말은 후반전 들어갈 때 해 준말이었는데 실제로 비겼고, 승부차기할 때, 예상한 그대로 나오는 걸 보고 기절할 뻔했다고 한다. "어떻게 알았는지 궁금했고, 솔직히 무서웠다."라고 회상했다.

이쯤 되면 필자도 한마디 할 것이다. 한국 축구 역대 감독 중에서 스텝을 가장 많이 불러 경기를 준비한 사람이 히딩크였다. 월드컵이라는 대단히 중요한 경기를 유치했으니, 그에 합당한 성적을 올려야 했다. 그래서 세계적인 명장 히딩크를 불렀다. 그런데 그는 처음부터 스텝을 몇 명 더 불러야 한다는 이야기를 했고 그것이 허용되어 그는 9명의 스텝을 데리고 왔는데, 기존의 감독들이 고용한 스텝은 6명을 넘긴 일이 없었다.

정몽준 회장은 그의 요구를 다 들어주면서 히딩크를 감독으로 선임했다. 정몽준 회장이 히딩크에게 들은 이야기는 이랬을 것이다. 안 봐도 비디오라는 말은 이럴 때 쓴다. '선수를 모두 최상의 컨디션으로 만들어 몸값을 최대한으로 올리고 유럽의 명문 구단으로 팔면 대단히 돈이 남을 것이다. 그렇게 만들 묘안이

사업가인 정몽준 회장의 욕구에 자극이 되었을 것이다. 협회에 명분을 가지고 설명할 수 있도록 방법론까지 만들어준 것이니 그의 면모가 보이는 대목이다. 그리고 그가 선정한 스텝의 면면을 보고, 나는 이번 경기는 경이로운 기록을 낼 것이라는 직감을 했다. 바로 **AP통신의 현역 기자** 중에서도 매우 유명한 사람을 스텝으로 선정했다는 것이었다. 필자가 왜, 그렇게 느꼈을까? 그의 일은 영업이다. 당연한 일이 아닌가!

그는 매일 선수들의 성장하는 모습과 유럽의 어느 선수와 비교해도 손색이 없는 능력을 갖추었다는 등 한국 선수들의 성장 과정과 가능성, 적응 능력, 지능과 신체 능력 등을 국제적으로 알리고, 그들이 이기든 지든 유럽 구단에 매력적인 투자 대상으로 부각 되도록 만들 것이었다. 필자는 이것을 전제로 AP통신의 저명한 기자를 영입한 히딩크를 읽을 수 있었다. 그의 스케일과 안목이 한눈에 들어왔다. 바로 그 하나로도

충분했다. 결과적으로 그는 대한민국 선수들의 유럽 진출을 활성화하며 역대 최대 규모의 이적 수익을 창출했다. 박지성, 이영표, 안정환, 설기현, 차두리, 송종국, 윤정환 등의 선수들이 유럽에서 활약하게 된 것은 이러한 철저한 전략의 결과였다. 한국축구협회는 그를 감독으로 맞아 수지맞았다.

그리고 그가 허풍쟁이가 아니라는 것을 입증하려면 선수들의 경쟁력을 상당히 끌어 올려야 했다. 우선 몸집이 큰 유럽 선수들과의 몸싸움에서 밀리지 않게 하려고 거의 체력 훈련만 했다. 한국 선수를 그동안 관찰하고 얻은 결론이다.

이전까지만 해도 한국 언론과 선수들 자신을 포함해 국민 누구도 한국 선수들이 체력이 떨어진다고 생각하는 사람은 없었다. 기술 부족이라고 했다. 그래서 외국인 코치를 이제라도 불러야 할 것이 아니냐는 말이 공론화하던 시기였다. 그러나 전문가인 히딩크가 본 것은 그것이 아니었다. 체력이었다.

히딩크는 양발을 다 쓰는 선수는 한국 선수가 유일하다고까지 했다. 그러나 한국 선수의 운동은 심폐기능 향상 등에 집중했다는 것은 문제로 지목했다. 근력을 키워야 하고, 근육에 에너지를 저장해 놓는 것으로 몸싸움의 능력과 더불어 자연스럽게 방향 급전환, 급발진, 전력 질주, 지구력과 근성 등을 키워야 한다고 했다. 이 말은 우리가 처음 느끼는 한국 선수의 문제점이었다. 기술이 아니라는 그것이 핵심이었다. 그리고 우리는 차두리가 로봇이라는 것을 알게 되었다.

방 배정도 이제 막 성인이 되어 국가대표가 된 19세 선수와 최고령인 32세 된 황선홍선수가 함께 쓰게 했다. 십 대와 삼십 대의 동거였다. 서로 간에 형님, 형, 네, 알겠습니다 등의 말을 하지 못하게 했다. 그것을 보고, 필자는 그가 천재라고 생각했다. 그는 서열과 나이의 권위를 깨지 않으면 안 된다는 것을 파악한 것이다. '황선홍이~' 이렇게 부르게 했다. '야~' 이렇게 부르게 했다. '밥 먹자!' 이렇게 말하게 했다. 또, 밥 먹을 때도 나이 별로 못 먹게 했고, 나이와 포지션과 소속사가 다르게 배치하고 반말하고 밥을 먹도록 했다. TV에 그들의 식사 장면이 보였는데, 실수로 이천수가 황선홍에게 '형님'이라고 불렀다가 히딩크에게 등 짝을 맞는 장면이 비쳤던 일이 있다. 이러한 것들이 축구와 무슨 연관이 있느냐는 반문을 한다면 당신은 지도자가 될 수 없다. 내가 장담한다. 의식의 흐름을 바꾸기는커녕 이해도 못 하고 있지 않은가? 잘 보라! 관찰하면 대안이 나오고 그 대안을 만들기 위해 이렇게 결론을 낸 그를 보라! 이것이 리더십이다. 뭔가 매칭이 되지 않는가!

우리는 군대 축구가 익숙해서 형들이 패스하라는데 안 하면 맞았다. 이임생 축구협회 이사가 현역일 때, 초롱이 이영표선수와 상대팀으로 경기를 하다가 여러 번 막히자 화를 내더니, 결국 그를 불러 욕하고 사과를 받아 내는 장면이 생중계되었다. '니가 그렇게 잘해!'라는 말이 방송을 통해 들릴 정도였다. 이때 초롱이는 90도로 인사하며 죄송하다고 말했다. 착한 사람인데 실력에서 밀려서 그랬을 것이라는 중론이다. 영광을 선배에게 바치는 일을 하는 잘 못 된 서열 문화, 떼거리 문화, 학연, 지연 등이 있었는데 히딩크는 그것을 간파한 것이다. 천재라는 소리가 나오는 장면이다. 그러나 아직도 학연, 지연이 문제다. 앞으로도 그럴 것이다. 홍명보가 그렇게도 욕을 먹어도 감독이 되고, 정몽규 축구협회장이 자기 사람을 심어놓았기에 아무리 욕을 먹어도 그는 고대 사람을 중심으로 사람을 뽑는다. 손흥민이를 배척하고 있는 기사가 여러 차례 보도된 것도 그 이유다.

히딩크의 이런 행보를 보고 나는 세상이 깜짝 놀랄 일이 벌어질 것이라고 확신했다. 삼축(三軸)이 하나로 연결되는 파장이 보이지 않는가? '목적'이 있고 '접촉점'이 있으며 '선수'가 있다. 그것이 합당하게 맞아야 한다. 그러면 된다. 분명히 되게 되어있는 것이다.

'**청소력**'이라는 책을 쓴 일본의 한 회사원의 성공담을 그린 10권의 책이 베스트셀러가 된 이야기가 있다. 청소가 무슨 의미가 있느냐는 질문은 접어라. '접촉점'이 무엇이 되었든 상관이 없다. 그것에 최선을 다하고 열정을 내는 과정에서 '창조의 섭리와 이끌림'에 대해서 알게 되어있다. 흐름을 알게 되는 것이다. 대장금이가 음식만 잘했을 뿐인데 이것으로 인해서 왕을 알현하고 그의 연인이 되지 않는가!

'**분재 사범**'을 만나 이야기 나눈 일도 있는데, 그녀의 이야기는 이렇다. '이렇게 자르면 더 예쁠 것 같다' '가지가 몇 개 더 있으면 멋질 것인데' '조금 더 작은 뿌리가 하나 더 있었으면,' 등의 생각으로 분재의 아름다움을 40년간 꾸며온 사람의 눈에 '이 사람은 말투가 조금 거칠다.' '이 사람은 머리카락을 조금 길렀으면,' '이 사람은 밝은 옷을 입었으면,' '둥근 안경을 쓰면 좋겠다' 등의 말을 해주었는데, 대단한 효과를 보았다고 한다. 이것이 얼마든지 가능하다. 의식의 흐름이다. 흐름이 나타나는 것이다.

무엇이 접촉점이 되었든 상관이 없다. 접촉점은 '땅의 것'에 의하지만, 목적하는 바는 '하늘의 것'에 맞춰지는 과정이 '나타나는 것'이므로 어느 것을 해도 마찬가지의 결과가 나오는 것이다. 믿음은 정신 현상이 아니다. 자기 확신이 아니다. 창조의 질서에 합당한 삶의 열매를 맺는가 아닌가? 여부(與否)다. 실존을 말한다.

인식은 나타나지 않는다. 그래서 허구다. 다짐, 바람, 확신, 고백, 지식 등이 그것이다. 그것은 나타나기까지는 가치가 없다. 영향을 미치지도 않는다. 그러다가 마는 것이다. 그래서 허구다. 삶이 있고, 행함이 있고, 목적이 있는 그에게 동기와 근본이 될 수는 있다. 그래서 생명을 걸고 율법을 지켜온 이스라엘 민족에게 확신과 고백은 온전한 마침이다. 왜 생명을 걸고 율법을 지켜 행하는지 모르고 덮어놓고 행하는 것은 오히려 하나님을 적극적으로 부정하는 것이라고 선언한 사도 바울의 가르침을 깨닫기를 바란다.

　생명을 걸고 행하며 지켜온 율법에 확신과 고백을 더한 것은 완벽한 믿음이다. 삼축이 완성되어 있지 않은가! 나타나는 삶의 방향과 목적을 고백하고 확신하며 행하는 삼축이 완벽한 섭리의 완성이다. 이상한 복음을 전하는 자는 저주를 받을진저!
　열매 맺지 않는 것은 허구다. 실존이 아닌 것은 창조의 섭리와 상관이 없다. 창조의 섭리에 합당한 열매를 맺은 사람이 되려고 확신하고 고백한다면 합당하다. 입증이다. 증거이며, 나타나는 것이어야 한다. 이것이 아니면 존재하는 것이 아니다.
　실상이며 **증거**가 **믿음**이다. '나타나는 것'이며 '입증되는 것'이어야 믿음이다. 그것만이 실상이다. 열매가 아니면 허구다. 거짓이다. 사도 바울이 '행함이 없는 믿음은 죽었다'라고 하지 않는가! '바라는 것들의 실상이고 보이지 않는 것들의 증거'가 믿음이라지 않는가! 왜 확신 자체를 믿음이라는 이단 사설을 퍼뜨리는가? 왜 이단이 창궐해지는지를 생각하기를 바란다. 악한 누룩을 심는 교리주의자에게서 속히 벗어나기를 축복한다.

　이스라엘 백성이 목숨 걸고 지켜온 율법의 행보를 만만하게 보는 자들을 보면 역겹다. 토악질이 나온다. 그들에게는 확신과 고백이 마침이 된다. 행해왔기 때문이다. 지켜왔기 때문이다. 왜인지 모르고 했으니, 원인과 목적을 알면 완벽한 믿음이 된다. 그래서 그들에게 주어진 복음의 선언은 '마음으로 믿는 것'과 '입으로 시인하는 것'으로 율법의 완성을 이루라는 것이었다. 덮어놓고 행한 그 율법이 원하는 바가 무엇인지? 그 원하는 바를 이루기 위해서는 어떻게 하는 것인지? 등을 설명하여 율법을 통해 이끌려는 창조의 섭리를 설명한 것이 사도 바울이 전한 로마서 10장의 마음과 입으로 완성하는 믿음인 것이다. 행함을 전제로 하는 것이며, 행함이 없는 믿음은 죽은 것임을 깨닫고 돌이키기를 축복한다. 의로움의 본질이 율법의 원하는 것이며, 그리스도로 인해서 구원에 이르는 것이기에 '마음으로 믿어 의롭게, 입으로 시인하여 구원에 이르게 한다'라는 완전한 복음을 전한 것이다. 행함, 곧 삶이 아니면 가치가 없는 미신이다. 나타남이 아니면 거짓이다. 창조로부터 영원까지 존재는 '나타남'이다. 이념이 구원한다는 확신은 미신이다. 버리기를 축복한다.

이천수 선수의 말은; 히딩크는 후반전 당시에 상대 프리킥 출전자 명단과 순서를 이미 말했고, 승부차기에 나온 선수들이 미리 말한 그대로라서 깜짝 놀랐다는 것이다. 후반전에 경기가 동점으로 비길 것을 이천수 선수를 통해서 확인되었지만, 필자는 전력과 투지와 주최국의 이점 등을 고려해 처음부터 동점으로 비길 것을 알았다고 생각한다. 카리스마가 이런 것이다.

이는 단순한 직관이 아니라, 파장을 읽고, 흐름을 읽는 능력이었다. 이는 단순한 감각이 아니라, 실제 존재하는 파장의 흐름을 인식하는 능력이다. 누구나 가능하다는 것을 말하려고 청소업자와 분재 사범을 소개했다. 우리는 삶에서 어떤 접촉점을 가지든, 그것을 통해 창조의 질서와 흐름을 이해하고, 더 깊은 차원의 존재를 탐구할 수 있다. 당신도 그 파장을 타고 흐름을 읽을 수 있다. 홀로 있음을 임의로 가져라. 그리고 창조의 질서 속에서 참된 실존을 발견하라.

어느 차원에 올라가면(이것을 파장이라고 설명한 것을 기억하라.) 그 차원에 맞는 파도를 타는 것이다. 그것을 타고 흐르는 것이다. 노는 물이 다르다. 깊은 물에서 노는 물고기가 있고 낮을 물에서 노는 물고기가 합류할 일이 거의 없다. 물의 압력이 다르기 때문이다. 그야말로 노는 물이 다르다. 이것이 흐름이다. 이것이 파장이다. 이것이 실존이다. 그래서 존재는 파장이다. 그에 합당한 파장이 나타나기에 그 파장을 타고 흐르는 것이다. 파장에 합당한 파도를 타는 것이다. 과거가 그랬고, 지금도 그러하면 미래도 그렇다.

 무당을 찾는 사람의 욕구는 정해져 있다. 상황을 극복하려는 것이다. 기도하는 사람도 그렇고 시주하는 사람도 그렇고 고해며 성모마리아를 찾는 사람도 마찬가지다. 난관을 헤쳐 나가기 위함이다. 자신은 욕구만 있고 주변 것들을 통해서 자신의 처지를 더 낫게 만들려는 의도다. 이미 잘 못 된 구상이다. 욕구를 채우려는 시도를 말하는 것이다. 왜 이런 생각이 가능한지 이해할 수가 없다. 창조의 질서에 합당한 것인가 아닌가를 전제하지 않으니 계속하여 미혹에 빠지는 것이며, 무엇을 하더라도 계속 쓴물을 먹는 것이다. 결과는 상상하는 그대로가 되는 것이다. 확신과 고백으로 그 실존이 바뀔 것이라는 무당만도 못한 확신은 개나 줘버려라. 불경하고 거짓되다.
 무당은 그것을 풀어내려면 굿을 하라는 등 의식의 패턴, 흐름의 전환을 갖도록 권한다. 대안을 주고 상대를 위하는 맘으로 말할 것이다. 최소한 그들은 그러할 것이다. 그의 마음이 아니고 말이 아니다. 창조의 질서에 합당한가이다. 다른 파도를 타는 것을 경계하지 않으면 서로가 미혹에 빠지는 것이다. 소경이 소경을 인도하는 것이다.

창조의 섭리로 이끌리는 '양심'은 '공유(共有)다.

　창조의 질서에 합당하게 이끄는 다른 신은 없다. 오직 창조자만이 이 길을 만드셨고 그 뜻에 합당한 열매를 맺는 자만 합당한 자이다. 이는 육체를 가진 동안에만 이 과정을 거치고 이 과정에서 자신의 실존을 입증할 수 있다. 창조자께서는 매우 놀랍고 지혜롭게도 이 과정에서 사단이라는 악한 영을 세워놓으셨다. 정욕에 의한 삶을 살면, 사단에게 먹히게 하셨다. 창조에 합당한 존재가 되도록 이끄시기 위한 놀라운 섭리이다. 험한 파도가 유능한 사공을 만드는 것이다.

　이것이 창조자께서 부리시는 악신의 역할이다. 악신을 풀어놓는 이유이다. 율법이 죄를 지적하므로 선한 법인 이유와 같다. 창조에 합당한 사람이 되면 아무런 해를 받지 않는다. 그 과정에 합당한 열매를 맺으면, 행복과 평안 그리고 위로가 위로부터 내려오도록 하셨다. 인생 곡절을 겪어보지 못한 순진한 사람은 '저들처럼 나도 곡절을 이겨낸 스토리가 있으면 좋겠다'라고 말하는 자들도 있다. 그것은 명백한 미혹이다. 그런 생각을 당장이라도 버려라. 일부러 빠져드는 온전함은 없다.

　악신을 만드신 분이 창조자이시다. 이유는 매우 명백하다. 악한 영은 육체의 정욕에 빠진 자들을 이끌고 사망으로 이끌어 가는 권능을 가졌다. 악한 영은 육체의 정욕에 빠진 자들을 사망으로 이끌 권능을 가지고 있으며, 이는 창조의 질서에 의해 그대로 유지된다. 모든 가치는 '비교'에서 나오는 것이며. 창조의 섭리를 좇을 때 내려주시는 행복, 평안, 위로와 감사가 그것이다. '악신'으로부터 이겨내는 방법만을 제시하고 이끄실 뿐이다. 가시와 엉겅퀴가 그것이며 세상 끝 날까지 함께하도록 하신 것이다. 그것을 극복하는 과정에서 자신을 돌아볼 기회가 주어진다. 파수꾼을 세워놓은 것이다.

악신이 창조자로부터 부여받은 사명이 있다. 속이고 죽이고 멸망시키는 것이다. 일명 미혹이다. 정욕이다. 이것으로부터 자유를 얻는 것이 창조의 섭리다. 그 결과 행복과 평안과 위로가 내려온다. 이것이 위로부터 주어지는 자유다.

그러나 창조자는 인간이 정욕을 따라 살지 않도록 창조자의 속성에 맞게 살아가도록 이끄신다. 내 속에서 이끄신다. 내가 그 이끌림에 동의하고 따라나서도록 이끄신다. 그리고 온전한 마음으로 이 이끌림에 응답하는 힘을 주셨으며, 그 이끌림에 온전하게 순종하여 따르는 것을 우리는 '양심(良心)'이라고 부른다. 선한(良) 마음(心)이다.

빙의도 인식의 범주이다. 가상공간에서 이러한 과정을 거쳐 가공된 그 무엇을 표현되고 나타내는 것이다. 이미 언급한 의지와 의식과 정신과 건강 등의 모든 요건과 연계하여 나타나는 파장의 연속성을 타고 서핑하는 것이다. 존재는 드러나는 것이 목적이다. 창조는 '존재의 나타남'을 위해 조성하신 창조자의 섭리이다.

빙의의 나타남은; 자기가 정한 대상(동자, 할머니, 장군 등)의 이미지와 캐릭터가 가지고 있는 파장을 전제로 한다. 거기에 내담자로부터 나타나는 의식의 파장을 민감하게 연계한다. -이것을 '삼축(자)원리'이라고 말씀드렸다.- 빙의는 파장과 파장이 결합되어 내면에서 형성된 인식을 외부로 발설하는 존재론적 현상이다.

다만, 이것을 종교적인 색채로, 토속 신앙적인 해석으로 접근하려는 미신적 전통으로 접근하려니 종교성이 강한 현상으로 이해되고 흘러왔다. 그들의 카리스마를 인정받으려는 목적이 함께 콜라보 된 것이다. 주검이 있는 곳에 독수리가 몰려오는 형국이다.

무당이 되었든, 우상이 되었든 상관없이 그 사람은 동기를 버리고 '홀로 있음'을 통해서 창조의 질서를 좇는 삶을 살아가게 된다면 매우 훌륭한 창조자의 동역자가 될 수 있다. -물론, 지도자가 되어서는 안 된다.- 어떤 신분에 있든지 상관이 없다. 창조에 합당한 사람이 되려고 '홀로 있음'의 과정을 겪는다면 누구라도 창조자의 이끌림에 합당한 사람이 될 수 있다. 교회여서가 아니다. 기도원이어서가 아니다. 목사여서가 아니다.

아브라함이 이방인이었고, 우상을 만드는 사람이었고 무할례당에 율법도 없는 시절에 그와 언약을 맺은 것은 그의 삶을 '믿음의 의'로 여기심을 받고 '믿음'으로 인정받았기 때문이라고 선언한다. 그러던 그가 믿음의 조상이 되었고 이방인의 모범이 되었다. 고넬료를 포함한 이방인 백부장이 그러한 사람이다. 그 외에 예수께서 영생을 허락한 사람들은 모두 이방인이거나 소외된 계층의 사람이었다. 실존이 그 사람이다. 여기에서 자유로운 사람은 없다. 선민이며 구원된 자라고 주장하는 자들에게 주는 말씀을 왜? 왜곡하는지 알 수가 없다. 놀랍고 놀랍다. 타락한 양심이다.

몸이 허약한 것도 그러하고, 정신과 의지의 박약도 그러하다. 정욕대로 살려는 욕구가 발현하지 못할 경우가 이에 해당하며, 억울함에 눌려 있는 상태에서 돌파구가 막힌 경우에도 그렇다. 그런 상태에서 깊은 병에 걸리면 그것을 '신병'이라며 적극적으로 수용하는 그룹이 바로 무당들이다.

억울하게 눌려 있었고, 아팠고, 억울했고, 원인도 몰랐기에 답답했다가 고통 가운데 일종의 '화병'으로 앓게 되면 원인도 대안도 없는 병이 된다. 이것을 그들은 '신병'이라고 말해왔고, 신이 해결해야 한다며 그들을 몰고 간다. 신내림 굿을 하며 그가 접신 하도록 돕는다. 입문이라는 것이다. 결심하도록 하려는 것이다.

작두 타는 등의 일이 신비라고 정하고 그런 퍼포먼스를 한다. 그러나 이것에 대해서 회의를 가진 사람이 굿하는 장소에 있다면 그를 나가라고 내쫓기도 한다. 영성 때문이 아니다. 의식의 파장이 흩어지기 때문이다. 작두 타는 것이 신비일까? 아니다.

무술 하는 사람들은 타고 논다. 언젠가 홍콩에서 사다리처럼 작두를 10개나 매달고 오르고 내리는 무술을 본 일이 있다. 그것이 얼마든지 가능하다. 아프리카에서 용맹을 시험하는 성인식에서 불을 피워 만든 숯불을 밟고 지나가는 행사도 보았을 것이다. 필리핀의 축제 기간에 팔다리를 관통하여 십자가에 매달리는 퍼포먼스도 있고, 이슬람에서는 칼로 자기 몸을 쳐서 피투성이가 되는 축제도 연다. 신성을 강조하려는 것이며 악한 미혹이다. 그것과 실존은 아무런 상관이 없다. 귀신 놀이일 뿐이다.

'실어증'에 걸린 어린아이가 엄마의 진심 어린 회개를 듣고 그 자리에서 '괜찮아 엄마. 고마워!'라며 말하는 동영상을 본 일이 있을 것이다. 어떤 어린아이는 '앉은뱅이'였고 무릎반사 실험에도 반응이 없었는데 아버지가 용서를 빌자, 휠체어에서 일어나 걷고 뛰는 동영상도 있었다.

정신적인 현상이며 실존적인 현상이다. 순리대로 흘러가지 않는 것으로 인해서 氣가 막힌 것이다. 강력한 스트레스이다. 기를 막는 억압이다. 내 속에 불어 넣은 창조자의 영이 있고, 그래서 창조의 질서를 알게 되어있다. 그런데 그것과 반대되는 일들을 겪을 때 나타나는 현상이다. -종교성이나 도덕성 등의 강력하지만, 보이지 않는 압력에 대한 저항이 발현하지 못한 것이 병이 된 경우도 얼마든지 있으며, 포르노 잡지(플레이보이)의 창시자이며 성적 쾌락으로 평생을 살다 간 '휴 해프너'도 목사님 자녀다. 동성애 등의 원인도 이에 속한다.- 이것을 '신병'

이라고 한 것이다. 모르는 병이라고 하면 좋았을 것이다. 마음 병이라 하면 좋았을 것이다. 그러나 그렇게 명제화된 단어다. 섬세한 감촉으로 보고 느끼는 것을, 자신이 정한 신적 개념 (우상)에게 투사하여 언급하는 것이 말 그대로 이것이 빙의이다.

성공학, 자기개발서의 가르침- 소원을 100번 써서 얻는 것

최근 들어 돈을 단순한 경제적 가치 이상으로 바라보는 사람들이 많아졌다. 그들은 돈에 인격이 있고, 돈이 이끄는 힘을 가지고 있다고 주장한다. 경기가 어려워질수록 이러한 개념은 더욱 확산되고 있으며, 돈을 사용하는 사람들의 심리, 욕구, 정신적 관계성을 연구하는 이들이 등장했다.

그들이 하는 일은 하루 100번씩 소원을 쓰는 것이다. 미신으로 보이지만 그것은 상당히 일리가 있는 주장이다. 그것도 손 글씨로 쓴다. 의식을 훈련하는 과정이라 할 수 있는데, 그것을 훈련해야 하는 대상은 **넋 놓고 살아온 사람**이다. 일반적인 사람은 대부분 이것으로 도움을 받을 수가 있다. 그러나 그것을 신앙처럼, 원리처럼 이해하는 순간부터 잘 못 된다. 그것은 신뢰하거나 의지할 대상이 아니며 방법도 아니다. 자신의 몰입 능력을 향상하기 위한 훈련 과정 정도로 이해하는 것이 바람직하다. **정주영 회장**을 비롯한 근대화를 이끌던 많은 기업인은 그럴 시간이 없었고 그럴 필요도 없었다. 이미 그 파도를 타고 있는 사람들이기 때문이다.

다만 성공한 사람은 예외 없이, '홀로 있음'의 상태에서 '가상공간'에 들어가, 구하고 찾고 두드려 목적을 이룬 사람이다. 그들은 자기만의 우주에서 자신의 생각과 뜻을 실존으로 바꾸는 노력을 지속적으로 해왔다. 이 과정은 결국 창조의 질서를 따르는 것이다.

창조의 질서를 따르는 것이니 그에게 자유함이 주어질 것이다. 그러나 자기 확신에 빠질 수 있다는 우려가 동시에 주어진 것을 깨닫기를 축복한다. 이것과 창조의 섭리와의 관계성을 생각해야 한다. **'삼축구도'** 를 생각하라는 것이다. 스케일도 작용하고 전문성과도 연관이 있고, 개인의 성향과 실험정신도 작용하는 요소다.

빙의란 자신이 정한 특정 캐릭터를 형상화하고, 그 우상의 정체성을 따르며, 그것을 숭배하는 과정이다. 신병으로 고난과 고통 중에 동기를 가지고 고난을 이겨내려 했기에 정욕에 빠지게 되는 것이다. 이 상태에서 인정, 사정, 감정 등 정욕을 좇는 것이니 창조의 섭리를 좇을 수 없게 된다.

누구라도 '홀로 있음'을 통해서 '자기만의 우주'에 들어갈 수가 있다. 이 상태에서 창조의 섭리와 이끌림을 생각하고 그에 합당한 삶을 살려는 생각으로 계속하여 매진하면 군중 속에서도, 일하는 중에서도 잠을 자다가도 창조의 섭리와 이끌림에 민감하게 반응할 수 있다. 성경에서는 이런 상태를 '성령의 이끌림'이라고 한다.

내가 잘 아는 목사님은 천재 소리를 듣던 사람인데, 어떤 유명한 목사님이 사위 삼자며 접근해서 딸을 소개했다. 목사님의 권위도 있고, 유명한 사람으로 자신을 좋게 보고 딸을 주려는 것이니 어린 나이에 아무것도 모르고 결혼을 했지만 금방 이혼을 했다. 정신질환자였기 때문이었다. 그 후에 모범이 되지 못한 가정이라는 생각에 목회를 접고 모 기관에서 사무 행정을 행하는 기관 목사가 되었다. 어떻게 틀어졌을까? **소개한 사람의 동기가 있어서이다.** 자기가 정한 목적에 맞추려는 악한 미혹이 나온 단면이다. 자신의 목적을 위한 것이니 창조의 섭리가 아니다. 동기가 있는가 없는가로부터 시작한다고 보면 거의 가깝게 온 것이다.

딸이 정신질환이면 잘 보살펴야 한다. 치료가 우선이다. '당신은 목사니까 참고 살라'는 악한 마음을 가진 자는 잘 못 된 사람이다. 악을 행하는 자이다. 동기가 있으면 창조의 섭리에서 벗어난다. 하마르티아 곧, 죄다.

무엇이 되었든 창조의 섭리에 합당해야 한다. 그리고 시너지가 합하게 나타나도록 해야 한다. 욕심은 정욕이며 죄이다. 이미 잘못된 파도를 타는 행위다. 벗어나야 한다. 그에 합당한 무엇인가가 있어야 한다. 그렇지 않은 그 무엇도 합당하지 않다.

필자는 빙의를 명제화하여 다음과 같이 정의했다. **'빙의'는 '혼돈된 경험'을 가진 자의 '존재에 대한 갈등'으로부터 경험된 일종의 인식론적 직관(epistemological intuition)[8]이다.** 빙의는 존재와 인식의 충돌 속에서 심리적 착란과 정신적 혼란이 결합 된 현상이라는 의미이다. 오랫동안 종교의 영역에서 다루고 있었기에 영적인 범주로 이해하고 있었다. 그리고 종교가 아니면 다룰 수 없는 존재였다.

정신과에서 연구한 결론으로는 빙의는 다른 영역의 것이다. 빙의에 대한 이해가 여러 기준으로 점검했어도 상이하게 나타나는 현상을 이해할 방법이 없어서 이심전심으로 두렵고 악한 무엇이 있는 것으로만 이해하고 있을 뿐이며, 명백한 대안이 나오고 있지 않다. 주어진 자료를 공부하면 그렇다. 연구된 바가 없어서 알지 못하는 영역으로 놔둔다면 식자가 아니다. '홀로 있음'으로 깊은 창조의 세계를 맞이하라. 창조는 존재의 나타남을 위한 것이며 그것이 목적이다. '하늘의 것'이 '땅의 것'이 되도록 준비되어있는 것이 창조의 섭리다. 그러니 당신의 권리를 사용하라. 그러면 보인다.

이것이 존재론을 깨달아야 하는 이유이다. 존재를 모르니 현상 너머

---

[8] 이는 필자가 명제화한 빙의의 개념이다. 필자 주.

의 존재가 작용한다는 막연한 해석으로 세상을 혼란하게 만드는 것이다. 더불어 빙의는 극도의 심리적 착란과 육체의 고통을 겸하여 나타나는 현상이므로 귀신병, 마귀역사, 접신 등의 개념으로 소개되는 것도 연구의 한계로 기인한 것이라고 말하고 싶다.

빙의는 '카오스'와 어떤 연관이 있나?

존재를 알려면 '카오스'를 경험해야 한다. 카오스란 말은 후대에 신화로 만들어지고 회자 되면서 사용하는 개념이며 본래는 '땅이 있고, 그 땅이 혼돈하고 공허하며 흑암이 깊음 위에 있고 하나님의 영이 수면 위에 운행되는 상태'로만 표현되어 있다.

이 상태에서 창조를 이루셨다. 이때부터 태초라는 역사를 시작했고, 우주 만물을 조성하셨다. 이처럼 카오스는 존재의 산실이다. **존재가 빚어지고 나타나게 되는 곳이다.** 이 상태에 이르기 전에는 존재가 없고, 이 상태를 통해서만 존재가 된다. 이 상태는 인간이 완전히 이해할 수 있는 영역이 아니다. 어떠한 설명도, 과학적 접근도 이 상태를 온전히 분석할 수는 없다. 그러나 이 상태에서 창조된 모든 존재는 자체적인 파장(Wavelength)을 발산한다. 이를 통해 우리는 존재의 양태를 파악할 수 있다

EBS '닥터 프라임' 프로그램에서 심장박동을 측량한 학자가 있다. 그리고 생쥐의 심박과 코끼리의 심박의 횟수가 같다는 결론을 냈다. 놀라지 마시라. 같은 횟수를 가지고 뛰었다. 심장박동의 횟수는 사용 연한이 있다는 것이다. 10억 번이 주어진 연한이라고 가정하면 이것이 천천히 뛰는 코끼리나, 매우 빠르게 뛰는 생쥐나 박동수는 같다는 것이다.

오래 사는 동물은 심장이 천천히 뛰고, 빨리 죽는 동물은 빨리 뛴다는 것이다. 그렇다면 운동을 적당히 힘들게 하면서 항상 심장과 근육

등에 긴장 주는 일을 꾸준히 하면 건강과 수명을 연장할 수 있다는 결론이 된다. 명제화는 이런 목적으로 연구되고 실험하며 임상하고 규정되는 것이다.

컴퓨터의 발전으로 인해 우리는 과거, 현재, 미래의 해와 달, 별 등의 위치와 움직임을 계산할 수 있게 되었다. 이는 과학적으로 실증 가능한 작업이며, 앞으로 더욱 많은 분석이 이루어질 것이라고 확신한다. '확실한 증거를 보여주라'는 말은 이제 더 이상 추상적인 개념이 아니다. 존재하는 것은 실증될 수 있으며, 누구나 공유할 수 있는 가치로 펼쳐질 것이다.

카오스는 창조의 시작이며, 존재는 그 혼돈 속에서 태어난다.

우리는 존재의 실체를 이해하기 위해 그 과정을 깊이 탐구해야 한다.

자연의 질서와 조화를 연구하며 우리는 창조자의 설계 속에서 살아가고 있다.

존재의 본질을 깨닫고, 그 흐름을 이해하는 것은 우리가 실존을 완전히 받아들이는 과정이다.

이제, 그 실체를 탐구하라. 그리고 창조의 질서 속에서 당신만의 존재를 발견하라.

빙의는 고유명사가 되었다. 학문으로 규정할 수 없어서이다.

학계에서는 '빙의'는 '화병'과 같이 고유명사로 사용되고 있다. 정신질환과는 다른 차원의 것이고 그와 같은 증상이 아니며, 접근 방법과 효과도 전혀 다른 영역으로 구분한다. 이를 해석할 대안이 없다는 결론이다. 학문적인 근거가 없기 때문이다.

다만, 프로이트의 정신분석학 입문(1916-17)이 소개되면서 정신의학과가 생겨난 지 100여 년 지났는데, 그동안 빙의와 비슷한 현상을 경험했어도 이를 무엇으로 어떻게 구분할 것인지에 대한 정리조차도 되어있지 않았다.

빙의는 판단의 기준점이 없기에 학술의 대상이 될 수가 없었고, 비슷한 사례는 조현병 등으로 이미 구분이 되어있기 때문이며, 빙의의 현상은 정신과 심리와 육체를 비롯한 총체적인 변화와 현상이 나타나는 것이기에 무엇 하나로도 특정하여 소견을 낼 수 있는 병이 아니었다. 병이 아니니 의학에서 주도적으로 규정해야 하는가에 대한 회의[懷疑:doubt (about), skepticism]도 있었다. 입증이 어려운 신학이나 불교학에서 다루는 자료는 공론화할 수가 없는 것이었다. 신비이거나 그들만의 리그로 이해되곤 했다.

그러나 정확하게 규정할 수가 없어서 다른 분야에 있는 다른 기준으로 연구하면 같은 기준에 의한 공평한 소견인지에 대해서 등치의 효과를 기대할 부합한 판단 기준이 없기 때문에 열띤 토론과 연구가 중단된 상태로, 다른 범주라는 잠정적 결론을 내고 진전이 없는 상태다. 공론화할 수도 없다.

그 이후로 '빙의'는 '존재하고 있는 것'으로 인정하고 있으며, 정신과 의사들도 무당을 찾아가 조언을 듣는 경우가 있다는 무당의 이야기가 방송을 탔던 일이 있다. 목사며 장로 권사도 그렇다고 한다. -다른 종교의 사람들은 언급하지 않을 것이다.- 이 말은 과학적으로 접근해도, 정신의학적으로 접근해도 그 원인을 알 수 없으며, 어떤 다른 기준으로도 그것을 평가할 수 없다는 의미다.

현재까지 과학과 의학에서는 빙의를 '이것이다' 혹은 '저것이다'라고 정의할 수 있는 명확한 근거를 발견하지 못했다. 따라서 빙의와 관련된 현상과 반응, 해결책을 논의하는 것은 전통적인 과학과 의학의 영역에서 벗어나 있다. 만약 빙의된 사람이 정신의학적으로 이상이 있다면 그와 정상적인 대화가 이루어지지 않아야 한다.

그러나 빙의된 사람은 일상생활에 문제가 없으며, 정상적인 의사소통이 가능하다. 이러한 이유로 빙의를 진단할 수 있는 과학적 도구나 방법이 존재하지 않으며, 현재까지 정신과, 심리학, 상담학 등의 진단 기준을 적용해도 이 현상을 설명할 수 없는 상태라는 결론이 도출되었다. 결국, 빙의는 '알 수 없는 것'이며, '알 수 없는 상태에서 나타나고 있는 현상'이라는 결론에 도달했다.

빙의는 신병과 유사한 특징을 보이며, 사람이 죽음의 문턱을 넘기는 강렬한 경험을 하면서 나타나는 경우가 많다. 빙의 상태에 놓인 사람은 비몽사몽의 상태에서 자신, 세상, 사람, 우주, 만물 등에 대한 인식을 달리하며, 자신이 생각하는 귀신(예: 일찍 죽은 아기, 처녀, 할머니, 장군 등)이 세상을 떠도는 존재라고 인식하는 경우가 많다. 그들은 이러한 존재를 숭배하고, 빌고, 경배하며, '그들이 지혜를 주고 깨닫게 하여 인생의 방향을 알려준다'고 믿는다.

결국, 그들이 원하는 것은 부유함, 건강, 좋은 배우자, 자식의 행운과 경제적인 축복을 바라는 것이다. 이 과정에서 법적으로 합당한지, 가정을 파괴하는지 여부와 관계없이 정욕을 좇아 원하는 바를 기도하고 의식적으로 강하게 원한다.

빙의는 정신의학이 발달하기 이전까지 오직 종교에서만 다루던 영역이었다. 이 현상은 모든 종교에서 다룰 만큼 중요한 문제였으며, 종교의 본질이 '확신하고 따르는 것'이기 때문에 빙의는 종교성의 중요한 요소로 자리 잡았다.

사도 바울은 이에 대해 "종교성을 버리라"고 경고했다. 그가 강조한 것은 "입증하라"는 것이며, 이는 창조의 질서를 따르라는 의미였다. 그러나 많은 종교에서는 주술, 굿, 퇴마 등의 방법을 통해 이러한 빙의를 떨쳐낼 수 있다고 주장한다. 이는 심신미약에서 나타나는 현상이라는 것을 인정한 것이며, 각 종교는 이를 마귀, 귀신 등으로 명명하며 그 존재를 달래거나 쫓아내려는 다양한 의식을 수행하고 있다.

빙의는 인간이 경험하는 심리적 착란과 육체적 고통이 결합 된 상태이다. 그러나 이것을 단순한 정신질환으로 규정하기에는 과학적으로 입증할 수 없는 영역이 많다. 또한, 이 현상은 존재와 파장이 결합하는 과정에서 형성되는 심리적 상태이므로 이를 일반적인 질환과 동일시할 수 없다.

결국, 우리는 존재의 본질을 더 깊이 이해해야 하며, 정확한 연구와 접근이 필요하다. 빙의 현상을 분석하는 과정은 단순히 초자연적인 현상을 논하는 것이 아니라, 인간의 심리와 존재의 본질을 탐구하는 과정이다.

이제, 그 실체를 탐구하라. 그리고 창조의 질서 속에서 진정한 존재를 발견하라.

4장.
천재는 어떻게 탄생하는가?

천재는 '하늘이 만들었다'라는 뜻이다.

아마데우스는 4살에 작곡을 했다고 하여 천재 중 천재 음악가로 분류하는데, 요즘은 한 돌이 안 된 아기가 엄마 품에 안겨 피아노를 치는 영상이 올라온다. 유창하지 않지만, 코드를 잡을 수 있고 화성을 알고 있었다. 음악을 하는 엄마, 아빠가 가르치면 따라 하면서 감각을 익히고 있었다. 유튜브에 소개된 영상이 여러 편이니 참고 바란다. 엄마 아빠가 코드를 잡으면 다음 화성을 진행하기도 했다. 코드 진행을 알고 있는 것이었다. 이것을 어떻게 볼 것인가? 태어난 지 불과 몇 개월인 아기였다.

이것이 교육의 결과라 생각하는가? 명백히 아니다. 교육 기간이 따로 있는 것이 아니었다. 교육이 되지도 않는다. 학문이란 총괄하는 개론적인 개념으로부터 시작해 대상이 되는 그것의 범주를 정하고 개념을 정하고 효과를 정해서 그것의 자료를 모아 통계를 만든다. 그리고 명제를 만드는 작업을 한다. 논문으로 치자면 '논지'다. 이것은 이것이다. 이것은 이러하다. 등의 명제가 만들어진다.

이것은 여러 통계를 전제로 해야 학문적인 효과가 있어 여러 표본을 모으고 합리적인 결론을 전제로 결론을 낸다. 그리고 대립되는 두 가지는 지식, 심리 등은 교육인가 유전인가이다. 환경인가 의식의 파장인가는 논할 수가 없다. 보편타당한 표본 집단의 범주에 들어가는 것이 아니기 때문이다. 그리고 자주 등장하는 것은 늑대 소년과 쌍둥이 자매의 이야기다.

실제로 영국의 한 가정이 여행하다가 비행기가 추락하여 모두 사망한 상태에서 한 남자 어린아이만 남았는데 늑대가 키워 청소년기가 된 것을 발견하여 문명사회로 데려와 교육했다는 것이다. 썩은 음식만 먹었고, 으르렁거릴 뿐, 말을 할 수 없었고, 아이큐가 떨어져 공부를 시킬 수가 없었으며, 정상적인 음식을 먹으면 탈이 났고, 네발로 걷는 것을 금하고 두 발로 걷게 했더니 극심한 스트레스를 받았으며, 이러한 정상 교육하는 과정에서 스트레스로 죽게 되었다는 것이다. 본성은 인간인데, 자라는 과정에서 늑대들에게 생존 교육을 받았더니 늑대처럼 되었다는 것이 결론이다. 이런 자료들이 모여 '교육이 인성, 심성, 지능을 발전시키는 역할을 한다'라고 결론 낸다.

학문적으로는 '스트레스'가 맞으며, 순교도 스트레스로 견딜 수 없는 자들이 자기를 불편하게 한 자를 '졸(쭈)'로 보고 죽이는 것이다. 스트레스는 그렇게 강력하다. 이것을 이겨내지 못하면 이것으로 인해서 사고도 나고 자기를 해하기도 한다. '나는 이런 가치관으로 살고 싶은데, 왜 그것을 강요하고 믿어야 한다고 하며 미풍양속을 해치며 이단 사설을 설파하여 고통스럽게 하느냐?'라는 것이다. "넌 그렇게 살아. 나에게는 그렇게 살라고 하지 마!"라는 강력한 선언을 하는 것이 바로 '선교사 살해' 곧 '순교'다.

그 반면에 어려서 입양 보낸 쌍둥이 자매가 세월이 지나 중년이 되었을 때 서로가 알아보고 만나게 된 기사의 경우는 또 한 번 유전자와 이끌림에 대하여 반응하는 결과가 어떠한가를 여실히 보여주는 기사도 있었다. 탄생하고 몇 개월 되지 않아 입양이 보내져 서로 다른 지역에서 다른 부모와 형제들과 다른 교육을 받고 다른 환경에서 살아왔던 그들이었는데, 놀랍게도 36년이 지난 다음에 그들을 보니 서로의 헤어스타일을 비롯해 취미, 관심, 신체적 특징, 의상의 취향, 식성 그리고 고양이를 키우고 있다는 점 등, 한 집에서 서로에게 영향을 주며 살아온 자매의 모습과 거의 같았다. 텔레파시가 통한다는 것이 입증되었으며 대부분 경우가 그렇다는 것을 알게 되었다.

심지어 미국 예능 프로그램에서는 두 쌍둥이를 비교하기 위해서 서로 다른 장소에 있는 상태에서 실험하는 장면이 방영된 바가 있다. 한 사람은 방송국에 있었고 한 사람은 집에 있었다. 이것을 이원 생방송으로 진행하는 방식이었다. 그리고 아나운서가 질문을 하고 두 쌍둥이가 다른 장소에서 미션을 수행하는 프로그램이었다. 아나운서가 물었다. '지금 취하고 싶은 자세는?' '지금 가장 먹고 싶은 음식은?' '지금 마음을 색으로 표현한다면?' '좋아하는 음악 장르는?' '가장 좋아하는 의상은?' '가장 좋아하는 헤어스타일은?' 등 십여 가지를 조사하니 거의 같은 것을 지목했다. 이것은 유전이라는 것이고 이끌림이라는 것이다.

그런데 질문이 있다. 같은 유전자를 가진 친족에게서 같은 취향과 지향점을 가진 가족이 얼마나 있을까? 흔히 하는 말로, '한 날 난 손가락도 크기가 다르다'라는 말이 있지 않은가? 그런데 쌍둥이는 텔레파시가 통한다. 같은 취향과 지향점을 공유한다. 의식의 파장이 비슷하기 때문이다. 모습도 그렇다. 태도도 그렇다. 자세도 그렇다. 취향이며 미래 지향점이며 모두가 그렇다. 그리고 함께 있으면 서로 힘을 의지하고 시너지가 나온다. 그래서 군대에서도 쌍둥이를 같은 부대, 같은 내무반에서 근무하게 하도록 하라는 지침이 내려와 있는 상태다. 그렇다면 그것은 어떻게 가능한 것인가? 물론 이것을 주제로 연구한 자료도 없고, 결론을 얻은 바도 당연히 없다.

존재를 모르는데 그것을 다룰 수가 있을까? 심지어 이런 질문도 할 수가 없다. 존재를 알아야 비집고 들어갈 수 있는 질문이다. 다만, "쌍둥이라서 그렇다" 정도만 말할 수 있었다. 왜인지 모르면 발견한 것에 불과하다. 원인도 밝혀야 하고 그 루틴이 왜 있는지도 알아야 한다. 그것이 안 되면 지나가는 소리며 바람이다. 누구나 알 수 있는 현상을 보고 있을 뿐이기 때문이다. 이는 존재와 존재의 파장에 관한 원리와 현상을 알아야 이해할 수 있다. 이렇게 접근한 학문이 세상에 존재한 일이 없기에 한계로만 느꼈다.

한 살이 안 된 아이의 재능은 교육인가 유전인가?

교육과 유전의 차이점을 논하는 것은 한계다. 견해이며 주장으로는 논쟁만 야기(惹起)9)할 뿐이다. 소모전이며 해답이 없다. 이는 존재론에서만 다룰 수 있는 세계이다. 현재까지의 학문은 학습과 유전뿐이었다. 그래서 숨어 있는 존재의 세계를 몰랐고, 모를 수밖에 없었다. 그러나 유전과 교육의 관계는 구분된다. 부모의 탈랜트가 발현될 때, 그 의식의 파장이 아이가 가지고 있는 의식의 세계에 접목되면서 그 방향으로 타고 가는 것이다. 그것을 보고 경험하면서 그것을 발전시키거나 유지하고픈 마음이 들었다면 학습된 것이며, 기관에서 이것을 체계적으로 가르치며 훈련했다면 교육이 된다. 그것은 교육과 재능의 관계성을 서술한 것에 불과하며 본질이 아니다. 그것으로 어떻게 되었다는 증거가 있어야 통할 수 있는 논리가 된다. 예를 들겠다.

부모가 음악을 전공했고 그것이 직업인 가정이 있다. 아기를 임신하고 출산도 했다. 늘 그래왔듯이 부부는 음악을 했고, 태교는 음악이 제일 좋다는 것을 알았기에 음악 활동을 더 열심히 하면서 자연스럽게 아기가 음악을 듣도록 했다. 아이의 정서가 바르게 되고 심성과 음악적 재능과 사회성도 좋은 아이가 된다는 것이 정론이다. 왜일까? 음악에는 여러 파장이 있다. 감정과 정서는 물론이고 연주하는 속도, 박자, 장르, 강약과 부드럽고 거칠고 크고 작은 것, 끊고 연결하는 등의 여러 방법으로 표현하는 기법이 태교하는 과정이 반복된다. 음악이라는 장르가 그렇다. 아기가 태교하는 과정에서 이 모든 것을 듣게 되고 그런 모든

---
9) 일이나 사건 따위를 불러 일으키다.- 네이버

감성과 정서를 훈련한 과정에서 탄생하는 것이다.

  이 부부는 아기를 돌보는 과정에서도 피아노 위에 올려놓고 피아노를 친다든지 무릎에 올려놓고 건반을 만지도록 했다. 아기는 자연적으로 코드를 잡는 것을 보았고, 손가락이 움직일 때마다 들리는 소리를 구분하게 되었다. 이 소리는 때로는 자장가처럼 달콤하고 평안했다. 재미있고 흥미롭기도 했다. 발랄하고 맑을 때도 있었고, 부드럽고 달콤할 때도 있었다. 아기에게는 음악이 자신이고, 자신의 마음이고 정서이며 감정이고 표현 방식이었다. 물아일체(物我一體)라고 하던가! 이런 경우라면 음아일체(音我一體)가 된 것이다.

  임신 되었을 때도, 음악에 탈렌트가 있는 부모로부터 유전자를 받고, 태교하는 중에도 언제나 연주를 하면서 음악적인 감성을 갖도록 했고, 출산 후 육아할 때도 계속 음악으로 감정과 욕구와 소통의 수단이 음악이었으니 음악은 의식과 정신과 감정과 소통의 접촉점이 된다.

  이런 것은 필자도 실험한 일이 있다. 채플 시간에 강사의 설교를 종이에 낙서처럼 그려서 여러 차례 룸메이트에게 보여주었다. 지렁이가 종이 위를 기어다니는 듯한 모양을 하고 있는 종이였다. 그리고 설교 내용을 그 종이를 보고 그대로 카피해서 복기했었다. 룸메이트는 그것에 흠칫 놀랐고, 나는 그것이 좋아서 몇 번을 계속했다. 흥미롭게 여겼으면 계속했을 것이나, 몇 번을 하니 긴장도하고 시키지 않는 짓을 왜 하느냐는 표정이어서 멈췄다. 속기사가 말을 하나의 묶음으로 보고 글을 만든다고 했는데, 내가 그것을 했던 것이었다. 언어의 묶음을 하나의 기호로 만들면 된다. 그것은 가능한 일이며 얼마든지 가능하다.

  아기가 학습하는 것은 공부가 아니다. 연구도 물론 아니다. 자아 형성의 과정이며 연속성이다. 음악의 파장이 주는 안정감, 감성, 흥미, 즐거움, 명랑함, 안정감 등을 듣고 느끼고 체험한 것을 엄마, 아빠가 번갈아 가면서 눌러주는 건반을 보면서 음악과 손동작을 동일화10)하는 것이다.

　그렇게 감정을 손가락이 누르는 건반과 연계되면서 감정이 손가락이 되고, 손가락의 운동이 감정이 되는 과정을 겪으면서 연계되는 것이다. 흐르는 것이다. 파도를 타는 것이다. 이렇게 나타나는 것이다. 이것이 천재성이다. -음악의 분야만 있는 것이 아니다. 여러 과정을 설명할 것이다.-

　손가락과 감정과 소통의 의지가 융합하는 것이다. 언어가 아직 없는 아기가 서로 말이 아닌 소리를 내면서 까르르 웃는 동영상을 보았을 것이다. 언어라는 수단이 형성되어 있지 않지만, 의식의 파장이 서로에게 흘러 파도를 서핑하는 것이다. 언어는 훈련을 통해서 가능하나, 간신히 서 있는 정도의 어린 아기들이 언어 없이 소통하는 것이 의식의 파장을 통해 나타나게 되는 것이다.

　음악이라는 수단으로 자신의 감정과 생각을 표현하는 과정이 자연스럽게 그에게서 나타나는 것이다. 그리고 이것에 이력이 붙으면 자신의 또 다른 역량을 나타내고 싶은 본성이 그를 이끈다. 창작이 시작되는 것이며, 학습과 상관이 없는 자기가 표현하고 싶은 감정과 느낌을 표현하는 것이 자연스럽고 자유롭게 나타나게 된다. 이미 그 파도를 타고 있는 것이다. 인생 전체가 온전히 음악인 말 그대로 천재다. 하늘이 만들어 준 인재라는 의미이며, 부모가 그 유전자를 물려주고 그 환경과 상황에서 그에 맞게 해석하고 표출하도록 하여 얻게 된 천재성이다. 그런 유튜브 동영상을 한번 보시면 좋겠다. 그가 10개월짜리 인생이다. 파도를 타고 흐른다는 말이 매우 적절한 표현이다. 흐름을 탄다는 말이 정확한 표현이다.

---

10) Identification 論-동일화 현상이라는 심리학적 개념이다. 동질의 것은 부담없이 작용하고 받아들이는 정신적 심리전 현상을 말한다. 이 상태에서 변화의 방향으로 서서히 이끌어가면 변화되어 고쳐지고 바뀌는 현상을 말한다.

엄마의 뱃속에서 자라나고 있는 아기의 상태는 카오스의 상태다. 이 상태에서 아기가 나온 것이다. 아무것도 없다. 그래서 무언가 찾으려 한다. 자연스럽게 자신을 안아주고 젖을 주며 포근하게 감싸고 있는 사람이 있고 그들을 통해서 소통의 수단인 피아노로 음악이라는 세계를 접하였다. 매우 자연스럽게 자신의 표현하고 싶은 것을 피아노라는 수단을 통해서 하려고 노력했고, 10개월여 되면서는 조금씩 그 표현을 할 수 있었다. 음악이라는 아름다움과 순열(純烈)[11]한 세계의 표현이 아기가 경험한 세계의 전부다. 엄마 아빠가 그런 음악을 들려준다. 아기에게는 이것이 자신의 정체성이며, 카오스에서 세상으로 나와 접하는 세상과 연관성을 지으려는 열정으로 추구하고 찾고 구하는 것이 음악이었으니 이것이 음악의 천재성이 발현하는 과정이다. 이것이 카오스와 현상세계의 관계성이며 이것이 그 아기의 실존이다.

　그리고 자신이 엄마 아빠의 손가락으로 건반을 치면 자기가 느끼고 체험하고 생각하고 알고 싶었던 소리가 나온다. 자신의 표현 방식이 음악이었기에 손가락이 좀 더 자유롭게 움직일 만큼 자라나면서 표현을 좀 더 구체적으로 할 수 있었다. 엄마나 아빠가 코드 잡는 것을 보고 일시에 여러 건반을 눌러 음의 합성(하모니)을 경험하고는 음의 조합으로 표현의 방식을 넓히기도 했다. 이 모든 것이 태어나서 10개월간에 겪은 그의 인생 여정이다. 우리는 이런 상태를 천재라고 부른다.

　인생 초반에는 엄마나 아빠가 기뻐하고 웃고 좋아하는 일을 하는 정도이지만, 음악을 통해서 엄마 아빠와 소통의 수단이 되면서 음악을 더욱 찾게 되고 음악을 하려고 하며 음악으로 만나는 엄마와 아빠와 자신의 하모니를 경험하며 자신을 찾게 된 것이다. 자신이 소리로 소통을 하고, 부모가 음악으로 소통하고, 자신이 음악으로 감정과 정서를 표현하는 방식으로 자기의 정체성을 만들어가는 것, 이것이 음악 천재의 탄생 과정이다.

---

[11] 순수하고 열렬하다.- 네이버

자기가 무엇인지도 모르고, 누구인지도 모르고, 자신이 있는지 없는지도 모르는 그야말로 아무것도 없는 상태의 태아가 엄마의 뱃속에서 세상과 자신과 부모의 관계성을 음악으로 여는 열린 세상을 경험하기 위해 세계로 나오는 것이다. 이것이 탄생이며 이렇게 연관되는 것이 천재성이다. 불교에서는 이것을 '비어 있는(空)' 상태에서 '나타나는 것(色)'이라 하였다. 비존재가 존재로 나타난다는 것이다.12) 이것이 존재가 나타나는 과정이며 여러 형태로 입증이 가능한 개념이다.

　숨겨져 있던 세계가 사람을 통해 나타나는 접촉점은 여러 가지다. 하늘의 것이, 땅의 것이 되는 과정, 그것이 천재성이다. 그리고 원인은 유전적인 것도 있고, 환경적인 것도 있다. 여러 수단으로 그에게 나타난 카오스의 세계가 발현되는 것이다. 충분히 이 세계에서 '홀로 있음'을 경험하고 극복하는 과정에서 '일정한 루틴을 가지고 있는 것(미술, 수학, 과학, 언어 등)이 나타나는 특이점이 있다. 그 루틴을 보면 방법이 보인다.

　루틴이 보였다면, 대화를 수학(숫자, 기호 혹은 공식)으로 표현할 수 있다. 수학은 질서에 나타나는 루틴이 있기 때문이며, 공식의 루틴을 수단으로 사유를 표기하는 것이다. 언급한 대로 설교도 함부로 만든 낙서로 풀었다고 언급한 것을 기억하실 것이다. 루틴을 만들고 적용하면 된다. 암호가 이것이다. '언어의 뭉치'를 언어 구도에 연결하는 것이다.

　오사마 빈 라덴의 암호문 전달이 방송에 소개된 일이 몇 차례 있었다. 그가 메시지를 전달할 때, 벽에 무엇을 걸쳤는지, 터번은 어떻게 말아 올렸는지, 벽에 기대 놓은 총의 탄창이 어디를 향해 있는지, 어디를 만지면서 어떤 단어를 사용했는지 등을 그의 암호로 파악해서 그의 메

---

12) 色卽是空 空卽是色- 있는 것이 곧 없는 것이며, 없는 것이 곧 있는 것이다. 존재는 비존재로부터 오는 것이며, 비존재는 곧 존재의 양태이다. 서로가 원인이 되며, 결과가 된다. 있는 것도 의미를 두지 말고, 없는 것도 의미를 두며, 있거나 없어도 의미를 두거나 두지 말아야 한다. 우주 만물의 존재의 양태는 이런 관계성으로 형성되고 보완되며 존재한다. 필자 주.

시지를 파악한 것이 뉴스에서도 방영한 일이 있다.

철학자의 논리에는 수학과 기호로 설명하는 자료가 많다. 언어의 개념과 설명하고 입증하려는 자료가 가지고 있는 루틴이 있으니 가능한 것이다. 많은 의미와 원칙을 가지고 있는 개념을 단어로 규정한 것이 철학이다. 그래서 철학적 용어에는 이미 입증된 자료와 개념이 포함되어 있어 이것을 규정하고 개념을 파악하게 된다면 철학보다 명쾌하고 선명한 개념이 없을 것이다. 고대로부터 철학이 학문의 본질이 되었던 이유는 이것 때문이며, 이 철학적인 개념을 명제화한 그 학자와 사상가가 지금까지도 회자되는 것이다. "내일 지구가 멸망해도 한 그루의 사과나무를 심겠다", "네 자신을 알라!", "나는 생각한다 고로 존재한다!" 심지어는 "우물쭈물하더니 내가 이렇게 될 줄 알았어!"라는 명제를 비석에 세우라고 유언을 남긴 학자 등의 개념에는 많은 정신과 이론과 명제가 내포되어 있다.

이 철학 개념들이 서로 연결되며 의식을 나열함에 있어, 존재의 파장이 연결되고 융합하고 분열하고 장을 만들고 새로운 존재가 되는 이 존재의 신비를 수학으로 표현하는 것은 어떤 의미에서는 당연하다. 루틴이 있기 때문이다.

여기에 '필요'를 위해 집중하면, 연속성을 따라 그것이 표현된다. 과정이 보이고 결과를 향해 전개되는 논지를 볼 수 있기 때문이다. 음악 등 예술 분야가 그것이다. 언어도 그렇고, 그 외에 여러 분야가 마찬가지인데, 이 루틴을 이해하면 설명이 쉬워진다. 그 상태 곧, 실존이 될지 안 될지는 알고 모르는 것과는 상관이 없다. 그런 존재가 되기 위해서는 '행하는 것'이다.

'행함이 없는 믿음은 죽었다'라는 사도 바울의 가르침은 교훈이나 훈계나 견해가 아니다. 실존이다. 믿음이라는 개념이 바로 이것이다. 실존은 행하여 나타나게 되는 그 사람의 정체성이며, 인식과 감성을 말하는 개념이 아니다. 행함으로 나타나지 않는 그것은 무엇이 되었든 허구다. 존재하는 것이 아니다. 그러므로 그것으로 인해 나타나는 것은 아무것도 없다.

그러므로 누구라도 천재다. '하늘의 것'을 '땅의 것'으로 만들어 낼 권리를 가지고 태어난 존재이기 때문이며, 그것이 무엇이 되었든 몰입으로 열고, 관심으로 소통하면 가지고 있는 천재성이 나타나게 된다. 하늘의 것이 땅의 것이 되도록 준비된 것이 우주와 만물이며, 그 목적을 위해서 창조가 진행되었고 지금도 그 루틴으로 항존하고 있는 것이 우주와 만물이며 존재의 세계이다. 어떤 분야든 가능하다. 그러므로 행하라. 하면 된다. 그냥 하는 것이다. 원하는 그것을 이루기 위해서 하는 것이다. 그것으로만 자신을 표현할 수 있다. 나타낼 수 있다. '행함이 없는 믿음은 죽었다.' 아무것도 없는 것이다. 그러다가 마는 것이다. 말과 생각이 아무런 도움을 주지 않는다. 본인이 몸으로 행하고 이룬 그것만 자신이다.

'어느 한 분야에서 정점을 찍은 사람은 다른 분야에서도 정점을 찍을 수 있다!'라는 말은 고전이다. 그리고 입증이 가능한 명제다. 바로 카오스로부터 나타내려는 것이니 그렇다. 이것이 탤런트의 개념이다.
피아노와 천재 아기의 이야기에 이어 최근의 동영상에는 태어난 지 몇 주 안 된 아기에게 발성을 연습시키는 아빠가 등장했다. 고성을 내는 것을 보여주고 따라 하라고 하니 따라 했다. 그러면서 자신도 놀랐다. 교육이 가능한 것이다. 이런 교육은 본성을 좇는 교육이다. 경험과 상관이 없고, 지식과 정보와도 상관이 없다. 나타나는 그것을 느끼고 본성적으로 그것을 좇는 삶이다.

우리나라의 전통 소리인 '창(唱)'은 전적으로 스승의 스타일을 그대로 따라 하는 것이 잘하는 것이다. 모든 클래식이 그렇게 전수된다. 어릴수록 더 잘 본받고, 더 잘 흉내 낼 수 있다. 그렇게 시작하는 것이다. 거기에서 감각이 나오고 느낌이 나온다. 전적으로 스승이 보여주는 그것을 내 정신에 박아 넣는 것이다. 발음이 정확하지 않은 흑인, 백인 전수자들이 아무리 탤런트가 있어도 그것을 해낼 수가 없는 것은 어려서부터 하지 않아서이다. 다른 것은 없다. 전제가 스승과 닮아야 하는 것이기에 그렇다.

연구란 이런 것이다.

극도로 가난한 대장장이의 아들로 태어난 한 소년이 있었다. 그는 가난해 제대로 된 정규교육을 받을 수 없었다. 문자를 겨우 깨우칠 정도였고 문법에 맞는 글을 쓰거나 읽기에도 어려웠던 시절을 보냈다. 그는 병약한 아버지 밑에서 어린 나이에 가족의 생계를 위해서 일해야만 했다. 그러나 대장장이 기술이 없었던 그는 누군가의 소개로 제본소에서 일하게 되었고, 그 덕분에 많은 책을 접할 수 있었다. 언문을 겨우 깨우친 그는 공부를 하지 못했다는 결핍으로 언제나 공부를 하고 싶었는데, 이번 기회는 그에게 더할 나위 없이 좋은 기회가 되었다. 그는 책을 제본하는 과정에서 거의 출판되는 책의 대부분을 읽었다. 그의 학문에 대한 결핍이 그를 일깨워 많은 책을 섭렵하도록 이끌었다. 학문에 대한 열망을 독서를 통해 대리 만족을 해야 했다. 그러던 중 출판을 위해 늘 찾아오던 단골 음악가인 '윌리엄 댄스(William Dance :20 December 1755 – 5 June 1840)'의 눈에 띄었다. 그의 눈에는 틈틈이 과학책을 읽고 있는 그가 지식을 갈망하는 소년이라는 것을 대번에 알게 되었다.

어느 날 그는 화학강연 초청장을 그 소년에게 건네주었다. 그는 그 큰 모임에 참여할 기회를 가졌는데, 그 강연의 강사는 '험프리 데이비(Humphry Davy:1778년 12월 17일-1829년 5월 29일-향년 50세)'라는 영국 최고의 과학자였다. 그는 전구를 최초로 개발한 사람이다. 소년은 그의 강의를 열심히 들었을 뿐만 아니라 강의 내용을 낱낱이 적었다. 받아쓰기를 한 것이다. 그리고 그 자료를 데이비에게 보냈다.

이 자료를 받아본 데이비는 그의 재능을 한눈에 알아보고 1813년 그를 왕립연구소 연구원으로 취직을 시키게 된다. 정규교육을 받아본 일이 없는 제본소의 일꾼에 불과한 소년을 소개한 데이비를 주변에서는 비웃었다. 그러나 그런 것에 아랑곳하지 않고 그를 강력 추천 했고 그는 채용되었다. 그곳에서 얼마나 열심히 연구하고 개발했겠나! 그리고 18년이 지난 이후에 놀라운 일이 발생한다. 그 소년은 인류 최초로 전기를 만들어내는 방법을 찾아낸 것이다.

누구도 관심 가져주지 않을 때, 그는 자기만의 우주인 가상공간에 들어가 여러 가지를 상상하고 그것들의 본성을 찾으려고 노력해 왔던 사람이었다. 아이러니하게도 그는 고독했기에 '홀로 있음'의 상태에 거하게 되었고, 아무런 동기 없이 주어진 과제와 새로운 도전에 몰입할 수 있었다. 전기에 대한 궁금증과 열정으로 전기의 본성을 찾고 두드리고 구했다. 그리고 마침내 그 존재의 본질, 근본을 발견해 낸 것이다. 그는 1831년 '전자기 유도법칙($E=-d\Phi B/dt$)'을 만들었으며, 오늘날 모든 전기의 기본 원리가 되었다. 그가 없었으면 테슬라(세르비아어: Никола Тесла, 영어: Nikola Tesla, 1856년 7월 10일~1943년 1월 7일)도 없고 에디슨(Thomas Alva Edison, 1847년 2월 11일 ~ 1931년 10월 18일)도 없다. 인류는 전기를 먹어야 발동하는 전자제품을 사용할 수 없었을 것이다.

그의 이름은 '마이클 페러데이(Michael Faraday, FRS, 1791년 9월 22일~1867년 8월 25일)'이다. 그는 평생 학위가 없었다. 어떤 사회적 지위를 갖지도 못했다. 원하지 않았기 때문이다. 당시 빅토리아 여왕이 직접 '기사 작위'를 주려고 했지만 페러데이는 '나는 과학을 섬기는 사람'이라며 어떤 직위도 갖지 않았다. 몰입의 힘이며, 홀로 있음을 통해 자신의 우주인 가상공간에 들어가 존재의 본질을 찾고 구하고 두드려 발견해 낸 사람이다.

5장.
텔레파시-존재의 파장을 나누는 쌍둥이

취향과 스타일까지 똑같은 쌍둥이의 상봉

잠깐 언급했던 한국계 미국인 쌍둥이 자매를 소개한다. 36년 전 미국의 서로 다른 가정으로 입양됐던 한국계 일란성 쌍둥이 자매가 우연히 비슷한 시기에 유전자 검사를 받았다가 극적으로 상봉하는 영화 같은 일이 일어났다. 미국 ABC방송 아침 프로그램 '굿모닝 아메리카'에 등장한 한국 출신 입양아 이야기다. 그녀는 플로리다에서 살고 있던 '몰리 시너트라'라는 한국인 입양아 출신의 36세의 여성이었다.

그녀는 얼마 전 DNA 검사를 받았다가 자신과 DNA 검사 결과가 49.96% 일치하는 11세 소녀가 발견됐다는 소식을 들었다. 병원에서는 검사 결과로 보아 누군가 자신과 유전자가 같은 사람의 딸로 추정된다고 알려온 것이었다. 매우 궁금증을 자아내는 결과였다.

그 소녀는 필라델피아에 거주하는 '에밀리 부슈널'이라는 여성의 딸이었다. 호기심이 생긴 그녀는 소녀의 어머니에 관해서 관심을 가지고 만나기로 하고 연락을 취했다. 그리고 여러 자료를 교환해 보니 자신과 이 에밀리라는 여성이 일란성 쌍둥이 자매지간이었다는 것이 밝혀졌던 것이다.

부슈널의 딸 '이사벨'은 "엄마가 입양됐기 때문에, 엄마 쪽의 가족이 혹시 더 있는지 알아보고 싶어서 DNA 검사를 해봤다"고 했다. 인프라가 잘 갖춰진 미국에서 일어날 수 있는 놀라운 기적이었다.

부슈널은 딸 이사벨이 자신에게 먼저 DNA 검사를 받아보라고 권했지만, 썩 내키지 않아 대신 딸이 검사를 받게 했다고 했다. 하지만 마치 운명처럼, 비슷한 시기에 '시너트'도 DNA 검사 결과를 받게 되었고, 시너트와 부슈널 모두 검사 결과에 충격을 받을 수밖에 없었다. 이것이 기적이 아니고 무엇이란 말인가?

한국서 태어나 미국의 다른 가정으로 각각 입양된 두 사람은 36년 동안 서로의 존재를 전혀 모른 채 지내왔다. 부슈널은 "내 마음속 구멍이 갑자기 메워진 것 같았다"라고 말했으며 "난 나를 사랑해주는 가족이 있고, 멋지게 잘 살았지만 늘 무언가 단절된 느낌이 있었다"고 털어놨다. 그것이 무엇일까? **이끌림**이다. 그 이끌림의 본성은 무엇인가? **동류 파장**이다. '가재는 게편'13)인 것이다. 왜 그런 것이 주어졌고 이끌릴까? 파장이 나타나 융합하는 것이 본성으로 주어진 정신적 유전자적 이끌림이기 때문이다. 영구 자석이 있어서 언제나 무언가를 당기려는 본성이 남아 있는 것을 예로 들겠다. 자체로 존재하지만 무언가를 끌어당기는 본성을 가지고 있는 자석이 그리워하는 것은 당길 수 있는 철재들이다. 그것이 자석이 존재하는 이유이기 때문이다.

쌍둥이들이 늘 갖게 되는 허전함이 있다. 함께 하는 것이 안정적이고, 의존적이며, 상호 보완적인 느낌을 가지고 살아가는 존재가 바로 쌍둥이다. 일반인도 외롭지만, 그들이 가진 외로움은 근본적인 것이며, 허전함의 단계가 아닌 생존과 연관 된, 이른바 호흡이 한 번 덜 쉬어지는 듯한, 뭔가 헛헛한 듯한 심정적으로 겪는 근본적인 외로움이다.

쌍둥이였다는 것을 알지 못하고 지냈을 수는 있다. 그러나 쌍둥이가 재회하여 서로 마주하게 되는 순간 다른 무엇과도 바꿀 수 없는 이끌림에 곧바로 한 사람이 되고 만다. 그 놀라움은 말할 수가 없을 만큼 경이로운 것이다. 애인을 만나는 것이 이보다 더 좋을까! 쌍둥이는 정신적 신체적으로 부족한 그것을 서로에게 보완하고 충족시켜 온전함에 이르게 되는 존재와 같은 정신적 신체적 심리적 존재이다. 과장하면, 좌

---

13) 모양이나 형편이 서로 비슷하고 인연이 있는 것끼리 서로 잘 어울리고, 사정을 보아주며 감싸 주기 쉬움을 비유적으로 이르는 말- 네이버.

심방 우심실과 같은 존재다. 그리고 뭐라 말할 수 없는 이끌림으로 서로에게 힘이 되고 위로가 되며 용기가 되고 완전체가 된 것 같은 느낌을 받게 된다. 왜 그럴까?

　서로의 존재를 알게 된 두 사람은 즉시 문자 메시지와 사진을 주고받기 시작했는데, 그 과정 또한 놀라움의 연속이었다. 서로의 외모는 물론 옷차림, 스타일, 포즈 고양이를 좋아하는 등 모든 것이 마치 '도플갱어' 같았기 때문이다. 입고 싶고, 먹고 싶고, 스타일을 정하고 싶고, 하고 싶고 싶은 것을 같이 느끼고 있다는 것이다. 욕구도 같고, 필요도 같고, 원하는 것도 같다. 취미도 같다. 심지어 스타일까지 같다니 믿을 수 없는 일이 벌어진 것이다.

　부슈널은 "고등학교 졸업 무도회 때 찍은 사진 속에서 우리는 똑같은 스타일의 드레스, 헤어스타일을 하고 있었다"라며 놀라워했다. 이후 온라인으로 만남을 이어온 두 사람은 36번째 생일날 처음으로 대면 상봉을 했다고 한다. 부슈널은 "내 인생에서 가장 행복한 순간이었다. 36년간 내 쌍둥이 자매와 지낼 수 있었던 시간을 잃어버리긴 했지만 앞으로 펼쳐질 시간에 너무 감사하다."라는 소감을 밝혔다고 한다.

　그녀들은 같은 지역, 같은 공간에서 살면서, 보고 듣고 배우고, 먹고, 마시며, 같은 부모로부터 같은 영향권에 살면서, 습득한 공통된 일이 전혀 없는 쌍둥이 자매였다. 태어난 날만 같다. 그리고는, 곧바로 입양되었고 전혀 다른 곳에서 살았다. 전혀 다른 가정으로 전혀 다른 지역에 각자 입양된 상태라면, 영향을 받을 일이 후천적으로는 아무것도 없는 상태다. 게다가 자라나면서 부모의 의식과 형제의 관계와 환경과 배움, 특히 건강 상태 등 수십, 수백 가지의 다른 조건들이 산재해 있기에 후천적인 학습과 욕구가 그들을 끌어당겼다고 하는 것은 어리석고 무리한 가정이다.

쌍둥이지만, 서로 보고 느끼고 다투고 사랑하고 울고 웃고 놀고 배우고 교감을 나눈 일이 없다. 영향을 받을 조건을 전혀 갖추지 않고 있었다는 의미다. 그녀들은 갓난아기였을 때, 입양되었으니 그런 조건들은 연관성이 없다. 36년 만에 만난 것이다.

그러나 같았다. 외모도 같고, 스타일도 같고, 신체 조건도 같고, 스타일도 같으며 욕구와 필요, 관심 등도 일치했다. 그녀들은 서로 다른 곳에서 다른 환경과 다른 양부모 밑에서 자랐지만, 후천적으로 만들어진 여러 여건으로부터 받은 영향과 상관없이 본능적으로 이끌리는 같은 성향이 나타나게 되었다.

고양이를 키우고 사랑했으며, '헤어스타일'도 같았다. 긴 머리에 염색도 같고, 공식 석상에서 드레스를 입는 취향과 직업 등 여러 가지가 일치했다. '그렇게 생기면 그런 성향을 갖는다.'라는 일반적인 선입견이 나타나는 기록도 있다. '관상'이라는 것이 그렇게 나타나고 체형 학, 골상학, 체질 학 등도 그렇게 나타난다. '이제마'가 말하는 '사상의학'도 그러하다. 이것이 어떻게 가능할까?

필자는 이것을 '**동류 파장**'이라는 접촉점으로 풀어가려 한다. 이는 여러 분야에서 적용할 수 있는 명제다. 모든 남녀의 사춘기가 비슷하고, 딸이 많은 집이 비슷하고, 군인 아버지를 둔 집이 비슷한 욕구와 필요가 동류들로부터 나타나는 것을 말한다. 시대와 역사와 문명도 그러하다. 아무런 문명의 이기가 없을 때, 사진이 가장 귀중한 자료였다. 먼산을 바라보며 찍는 사진은 그나마 연출된 미학이었다. 이 사진에 빛을 쏘고 녹음기에서 흘러나오는 음악과 나레이션으로도 사람들은 눈물을 흘리고 박수를 치기도 했다. 이것이 영상이 되고, 시간이 지나면서 영화가 되고, 그것이 TV가 되는 과정도 모두가 같은 문화에 살면서 더 나은 것을 개발하려는 욕구가 그 가운데 나타나는 것으로 인한 것이니 필자는 이것을 '동류 파장'이라고 이름지었다.

예수께서 제자들에게 "사람들이 인자를 누구라 하느냐?"라는 질문을 했고, 사람들이 선지자라고도 하고, 세례요한이라고도 합니다. "그렇다면 너희(들은)는 나를 누구라 하느냐?" 정리가 안 된 제자들은 뭐라고 말할 수가 없었다. 도제(徒弟)14)생활이라는 것이 그렇다. 함께 생활했지만, 그리고 많은 가르침과 기적들을 봤지만, 구체적으로 설명한 당신을 선언한 일이 없었고 그것을 반복 학습하지도 않았기 때문이다. 이때, 베드로가 "주는 그리스도시오 하나님의 아들이십니다"라고 말한다.

이 고백의 터 위에 창조자의 섭리와 목적을 얹혀 전할 영원한 기업(eternal enterprise)이 세워진 것이다. 질문의 목적은; 하늘의 것을 땅에서 이루어지도록 그리스도로 통일을 이루는 '상태'가 되었는지 확인해야 했다. 그리고 그 상태가 확인된 것이다. 베드로도 몰랐다. 다만, 본성으로부터 알게 된 것을 입으로 고백한 것이다. 예수께서는 그 고백은 그의 지식이 아니었고, 속사람이 알고 있는 그것이 입으로 고백 된 것이기에, "이것을 네게 알게 한 이는 하나님이시다."라고 선언한다.

그리고 이 고백의 터에서 영원히 전해져야 할 기업을 선언한다. 이 땅에 현현한 이유와 목적이 그것이다. 그리고 그 내용은 이해하기 어려운 것이었다. 창조의 섭리를 전하는 것이었기 때문이다. 곧, '장로들과 서기관에게 고난을 받게 될 것이고 그들에 의해 재판정에 넘겨져 사형선고를 받고 죽게 될 것이며, 이것이 창조 이전부터 가지고 있었던 창조자의 계획'이라고 선언한다.

비밀을 선언한 이유가 매우 깊은 의미를 가지고 있다. 2권에서 설명할 것이다. 베드로에게 묻고 그의 마음속으로부터 나온 대답은 그들의 상태이다. 표본 표출(標本表出)이 바로 이것인데, 콩을 볶다가 몇 알 먹어보고 그것이 익었으면 다 익은 것이고, 안 익었으면 더 볶는 경험을

---

14) 서양 중세(中世)의 수공업에서, 직업에 필요한 지식·기능을 습득하기 위하여 전문적 지식을 가진 스승의 밑에서 일하던 어린 직공.-네이버. 함께 일하고, 먹고, 자며 일거수 일투족을 배워나가는 방법으로 교육했던 전통이다. 장인들이 주로 이렇게 만들어졌다. -필자주

했을 것이다. 의식과 실존이 그런 상태에 있다는 것을 확인하는 방법이다. 이것을 필자는 '동류 파장'이라고 명명했다.

텔레파시도 이에 속한다. 이는 서로 주고받는 정신적인 교감을 말한다. 누가 주고 누가 받는 개념이라면 영향을 미치지 않는다. 거리가 떨어져 있고, 환경도 다르며, 필요를 느낀 일도 없고, 약속한 것도 아닌데, 같은 욕구로 이끌리는 이유가 있다. 그렇게 하고 싶은 이끌림을 받는 것이다. 그 이끌림은 보고 배우고 체험하여 나타나는 것이 아니다. 그에게 주어진 본성, 체질, 체형 등 특질에 필요한 것들이 공급되고 채워져야 하기에 그에 합당한 욕구가 나타나고 그렇게 하고 싶은 이끌림을 받는 것이다. 이에 해당하는 동류는 같은 파장이 나타나게 되어 있는 것이다. 흔히들, "저렇게 생긴 사람은 어떠하다"라는 말을 한다. 관상을 이야기하기도 한다. 체질도 그렇다. 그가 가지고 있는 이념과 신념 등도 영향을 미친다. 결국 그렇게 생각하고 바라고 느끼는 모든 것이 그를 이끄는 원인이 된다. 골상학, 사상의학 등도 참고해야 하며, 체질과 특성에 따라서 먹고 싶은 것이 비슷하고, 체질에 맞는 의상이 그러하며, 운동이며 놀이도 체질, 체형, 골상, 사상의학 등도 같은 동기를 갖기 때문에 같은 범주 내에서 이끌리는 것이다.

'**몽골리안 페이스**'라는 별명을 가진 '다운 증후군'은 체질, 체형, 골상학, 사상의학적으로 같은 욕구를 갖는다. 21번 염색체 이상으로 나타나는 유전질환의 한 종류를 말하는데, 이는 1866년 영국의 의사인 존 다운(John Down)에 의해 최초로 보고되었기에 붙여진 이름이다. 그들에게는 어느 나라에서 어느 음식을 먹고 어떻게 살더라도 비만과 둥근 얼굴, 낮은 코, 좁은 턱, 아몬드 모양 눈 등, 특징적인 얼굴 모양이 나타난다.

염색체가 그렇고 호르몬이 그렇고 신체적 특징이 그렇다. 그러니 그들이 좋아하는 것, 바라는 것, 심리적 정신적 상태 등이 비슷하게 나타나게 된다. 그들의 눈은 소위 '풀린 눈'의 특성이 있어 착한 이미지를 가지고 있으며, 눈을 원하는 방향으로 움직일 힘이 약하다 보니 시력이 나쁜 편이다.

그들의 상당수가 심장 및 순환계의 선천병을 안고 태어난다. 의료 기술의 발달과 사회적 지원으로 과거에 비해 수명이 증가하고 있긴 하나, 유전자 이상인 만큼 심장과 식도 등 장기에서 이상이 발생할 확률이 높아 평균수명은 짧다고 전해지고 있다.

이 증상은 '천사 병'으로 불리기도 하는데, 그들은 '인내심'이 강하며 '이타적인 성향'으로 봉사 정신을 가진 경우가 많기 때문이다. 나경원 의원의 딸도 다운 증후군이다. 선거 운동할 때 춤도 추고, 전단지도 돌리고 어떨 때는 단상에서 투표를 호소하기도 하는 봉사를 하는 것을 보았다. 부부가 모두 서울대 법대를 졸업하고 남편은 판사, 아내는 정치인으로 인정받는 사람들임에도 어쩔 수 없는 경우다. 그들은 천사처럼 착하게 생긴 얼굴을 하고 있지만 어떤 경우에는 고집이 센 사람도 많은데, 한번 하기 싫다고 마음먹으면 엄청난 힘으로 버티고 앉아서 기분이 풀릴 때까지 그 자리에 있다고 한다.

호르몬과 염색체의 변형 등으로 인해서 그들은 흡사한 욕구와 특징을 보인다. 봉사 정신, 고집은 거의 모든 다운 증후군 환자들이 공유하는 특징으로 볼 수 있다. 일반적으로 식욕 억제가 힘들어서 나이 들수록 체질이 거의 같은 모양이다. 운동신경이 둔해서 쉽지 않고 포만감을 느끼는 기능이 현저히 떨어지기 때문이다. 음식으로 욕구를 해결하려는 증상도 나타난다. 이렇게 나타나는 것은 호르몬, 체질, 염색체 등이 영향을 미친다. 같은 파장이 나타나는 것이다.

일란성 쌍둥이는 거의 '동일한 DNA'를 가지고 태어난다. 한 배에서 함께 자란 형제이기 때문이다. 성장하면서 다른 환경에 접하게 되면서 서로 다른 성격을 소유하게 되는 것이 일반적인 특징이다. 이것은 '후성학 변이'라고 불린다. 3세부터 74세 사이의 쌍둥이 80쌍을 연구한 자료에 따르면 어릴수록 후성학(epigenetics)적 차이가 적게 나타나며, 나이가 들수록 커진다. 50세의 일란성 쌍둥이와 3세의 일란성 쌍둥이 사이엔 3배 이상의 후성학적 차이가 나타났다. 성장하면서 환경과 전문성, 건강과 신앙, 사건과 사고 등에 의한 심리적 정신적 반응 등이 여러 원인이 작용하기 때문이다. 적응하는 존재이기에 영향을 미치지만, 일반적인 일상이 이어질 경우는 어릴 때와 큰 차이가 나타나지 않을 가능성이 더욱더 크다.

연구에 의하면 일반적으로 서로 다른 부모에게 입양된 쌍둥이는 후성학적 차이가 매우 컸다. 그러나 'IQ'나 '성격' '취향' '스타일' '성격' 등은 나이가 들어감에 따라 더욱 비슷해졌다. 이러한 현상은 인간의 성격과 행동이 많은 부분에서 '유전적 영향'을 받고 있다는 것을 잘 설명해준다.

동일한 유전자를 물려받은 쌍생아가 되었다는 전제로 접근하면, 이끌림이 비슷하다. 마음과 이성, 감성, 정신 등은 유전자에 의해서 형성되는 것이며, 언어, 태도, 매너, 지식 등은 환경에 영향을 쉽게 받을 수 있는 동기가 된다. 사건 사고, 건강 상태 등 기타 원인에 의해서도 영향을 받을 수 있다.

36년 만에 만나게 된 이 쌍둥이 자매는 고독과 허무에 빠지지 않았다. 매우 다행스럽게도 쌍둥이였다는 것을 몰랐고, 좋은 양부모를 만나 행복하게 살았으며, 자신의 재능과 역량을 맘껏 발휘하며 살 수 있었다. 간혹 허전함과 고독감을 느꼈지만, 자신의 영혼의 파트너인 쌍둥이 자매가 있을 것이라고는 생각하지 못했다. 우울에 빠지지 않은 것은 감사한 일이다. 쌍둥이였지만 형제를 잃은 **엘비스 프레슬리**같이 허무함과 고독함이 대중문화와 예술로 승화되는 경우와 그 반대로 고독과 허무에 빠져 갈등하는 등의 문제가 발생하기도 한다. 성공한 사람이 허무한 것 등이 동일한 원인인 것과 같다. 허무를 극복하고 이겨내는 접촉점으로 삼은 사람은 그 보상이 더욱 크다. 남들보다 더 다른 감각과 결핍으로 정상적인 삶을 추구하는 과정에서 한 가지 이상의 프리미엄을 이미 가지고 출발하는 것이기 때문이다.

다행스럽게도 그녀들은 누구를 의지하거나 함께 하려는 생각을 한 일이 없었다. 그러나 그녀들이 서로 만나 서로 찍은 사진을 보면 몸이 합체될 것 같이 서로를 사랑하고 행복해하는 것을 알 수 있다. -방송에서 후문을 다룬 보도가 있는데, 그녀들은 서로 사랑을 나누기 위해서 서로가 각자 이혼하고 둘이 생활하고 있다고 했다. 그 정도로 끌어당기는 힘이 강한 것이 본성을 좇고자 하는 이끌림이다. 너무했다고 생각된다.- 그래서 DNA와 마음과 정서, 감정, 이성 등에 변형이 올 만한 다른 원인에 영향을 받지 않았다는 것이 두 사람이 자연인으로서의 특성이 나타나게 되는 원인이 되었다.

한 사람이 역도와 같은 운동선수였다면 홀몬의 변화를 겪게 되면서 목소리며, 근육의 양이며, 몸가짐 등이 달랐을 것이고, 악마에게 어려서 납치되어 앵벌이를 했더라면 몸도 맘도 정신도 스타일도 현저히 달라졌을 것이라는 말이다.

존재가 어떻게 발현되는가?

존재의 명제는 '파장'이다. 존재 양태를 말하는 것이고, 존재를 구성하는 원인이 파장이라는 것이다. 파장이 있으면 존재하는 것이고 파장이 없으면 존재하는 것이 아니라는 것이다. 창조의 본성이 '존재의 나타남'인 것이 바로 이것이다. 파장과 파장이 결합하고 융합할 수 있고, 장(field)을 가지고 긴장을 유지할 수도 있으며, 주종의 관계로 나타나기도 한다. 그래서 존재하는 모든 것이 존재로 유지되는 원인이 무엇인지를 알려고 했다면 그것이 달라졌으리라고 생각되었고, 존재가 존재되도록 하는 원인은 존재가 가지고 있는 파장이 발현되어야 한다는 것을 가정하였고, 그것이 2020년 1월 17일에 입증되었던 것이다. 그 결과로 얻어낸 명제는 '**존재는 파장(wavelength)**'이라는 것이다.

학문은 보편타당한 논리의 어필이다. 입증할 자료가 편향되지 않게 일관성 있게 나타나는 것을 전제로 한 자료가 제시될 때 명제로 인정된다. 객관적인 현상과 근거를 넘어서거나 처지는 등 견해나 선입견에 근거한 이론은 자료가 될 수 없다. 입증이 가능하고 언제나 같은 결과를 얻을 수 있으며 누구에게나 동일하나 나타나는 현상과 결과가 입증될 자료로 사용되어야 한다. 그러나 한 측면과 목적에 합하게 사용되는 자료나 통계가 참고 자료로 제시되는 것이 태반인 책자로, 학문성으로 인정받고 정론화되는 것은 어쩔 수 없는 현실이며 한계다. 보편타당한 학문과 정보를 통해 일반적인 시민을 만드는 것이 교육의 목표이기에 어쩔 수가 없는 것이다.

실존에 대한 '연구'가 연구되지 않았으나 그동안의 자료를 모아놓은 것을 암기하는 '공부'보다 더욱더 필요하다. 그러나 존재를 모르는 상태에서 그나마 'course work'을 통해서 여러 통계와 자료와 특이점 등을 연구하는 과정은 유의미한 결과를 제공한다. 미국의 학습법이 유럽보다 늦게 발전했어도 인정을 받는 이유가 코스웍을 철저하게 관리했기에 유럽의 학문보다 더 생명력을 갖고 실제로 더 유익한 영향을 미친 것이 사실이다. 코스웍을 이수하는 과정 중에 조금씩 얻게 된 지식과 논지를 효과 있게 사용할 수 있을 것이기 때문이다. 그만큼 공부로 알 수 있는 것은 한계가 있으며, 연구를 통해서 공부의 한계를 넘어서는 과정이 얼마나 필요한지를 어필하는 내용이다.

  여러 자료를 단계적으로 계속 연구하고 만들어 놓은 통계와 자료를 다른 학문과 접촉하고 콜라보하여 연구하는 등의 과정을 겪는 훈련이 '코스워크(course work)'을 통해서 단계적으로 리스크를 극복하는 과정을 거치면서 학문의 진보를 이뤄가고 있다. 존재를 모르니 이렇게 학습하는 것은 그야말로 합리적이다.

  존재의 개념을 이해하려고 수천 년 전부터 묵상, 기도, 참선, 수행 등의 개념이 행해져 왔다. 존재를 신비로 보았기 때문이다. 소원을 위해서, 문제 해결을 위해서, 개발과 발명을 위해서, 고난과 고통과 육체의 질병으로 인해서, 고난받는 것들을 해결하기 위해서 '홀로 있음'의 과정을 통해서 창조자와의 소통을 끊임없이 이어왔다. 그 일들이 종교에서만 다뤄졌던 이유는 존재하는 것이 분명하나 원인을 모르고, 나타나는 것은 확실하나 근원을 모르는 존재의 파장은 신비였다.
  그 신비를 맞이하기 위해서 성결하고 정결한 자세로 무념무상 하는 것이 신비의 존재를 모시는 것이라는 생각에 도달한 결론이다. 그러나 그 결론은 심정으로 마음으로 생각해도 창조자가 있고, 그 손길이 미치고 있다는 것을 알 수 있기 때문에 나타나는 현상이라 할 것이다. 카오스를 설명하면서 언급한 것은 '카오스에 접하지 못하면 존재를 깨달을 수가 없다'라는 언급을 했었다.
  실존을 이해함에 있어서 파장으로 나타나는 창조의 질서와 이끌림, 파장을 느끼고 체험하고 받아들일 그릇이 되어야 한다고 보아, 몸과 맘을 정결하게 하는 의식을 가지려는 본성이 나타나게 된 것이다. 모든 민간신앙이 그렇게 전파되었고, 무당 등 주술사를 포함하여 불교, 이슬람, 기독교를 포함한 종교에 수도사가 존재했던 것은 창조자의 뜻과 섭리를 전달하고자 촉매자, 매개자가 필요했기 때문이었다. 결국은 존재하는 창조물의 이끌림과 연합, 융합이 나타나는 과정이었다.

　이러한 신비의 세계를 이론으로 객관적인 자료로 연구하는 학문은 철학과 심리학이었다. 인식의 범주에서 존재의 본질을 이해할 수밖에 없는 한계를 가지고 접근하는 것이다. 이 또한 존재에 대한 본질을 알 수 없다는 한계 때문이었다. 정신적, 심리적으로 나타나기에 연구의 자료가 되었지만, 과학적으로 측량할 기준이 정해진 것이 아니기 때문에 아무런 결론을 내리지 않고 접어놓은 상태이다.
　학문이 더 발전하면 다시 점검하려는 것인데, 심리학은 발견된 현상, 과정, 결과 접근 방법, 결론 등을 연구하는 자료로 사용될 것이기에 부담 없이 연구할 주제가 되었다. 종교인들이 기도하고 묵상, 관상기도, 참선, 수행 등을 하면서 경험한 그 세계가 실존과 연관되는 것은 신비이다.
　이러한 현상에 관심을 가졌던 사람은 폴란드계 유럽인이며 미국에서 심리학 교수를 하면서 이것에 대한 논문이 세계적인 선풍을 일으킨 일이 있는 **'미하이 칙센트미하이'**라는 심리학자다. 존재를 규명하려는 고대로부터 있었던 방법은 묵상기도, 참선과 같은 방법으로 생각의 끝을 잡고 흘러 존재의 본질에 도달할 수 있다는 사실을 알게 된 그는, '존재의 본성'이 나타날 때까지 '몰입'하라고 한다. 그리고 몰입을 'flow' 곧, '흐름'이라는 개념으로 존재를 추적하고 의식의 파장을 좇아 몰입해 가면 결국 '존재의 본성'에 닿을 수 있다는 주장을 한다. 계속 단서를 찾아 몰입해 들어가는 과정을 교육학적으로 심리학적으로 다루고 있다.
　우리말로는 몰입이지만 영어로는 'flow' 곧, 흐름이다. 존재의 본질을 찾기 위해, 자기에게만 주어진 우주, 그 공간으로 흘러 들어가는 것이다. 이 과정을 계속 진행하면서 그 본질을 만날 수 있도록 해 놓은 것이 창조이고 창조의 섭리이며 목적이기에 누구에게나 '홀로 있음'을 통해서 이 공간으로 진입해 들어갈 수 있다. 누구도 빼앗을 수 없는 그

공간에서 존재의 본질을 만날 수 있게 된다. 이것이 이 책자의 본론이고 결론이다.

  필자가 '존재는 파장이다.'라는 명제를 제시하기 위해서 사용되었던, 서핑, 흐름, 파도, 파장, 존재 양태, 파생에너지 등의 개념과 같은 개념으로 존재의 본질을 찾으려는 노력을 했다는 점에서는 같다. 이것이 본질을 찾으려는 노력이었다.

  존재와 존재의 파장이라는 개념으로 접근하면 창조자의 이끌림, 존재로부터 파생하는 에너지, 발현하는 것으로 유지되는 존재의 유기적 현상, 존재의 나타남 등에 대한 이해가 생길 것으로 본다. 필자의 존재론인 '홀로 있음'을 잘 참고하시기를 당부드린다. 오프라인을 통해서 이것을 입증하고 설명해 나갈 것이다.

  한국에서는 황농문 박사가 이것에 관해서 책도 집필했고 여러 실험도 성공적으로 했다. 2024년에는 은퇴하여 학생들의 학습지도를 돕는 전문적인 사역을 하고 있다. 학생들의 학습효과를 위해서 이 방법으로 접촉점을 삼은 훌륭한 체험자이고 성직자에 맞먹는 훈련을 쌓아온 사람이라고 생각한다. 교육학적인 견해는 보편타당한 이론의 결집체(結集體)이다. 여러 자료를 연결하여 논지를 정하고 몰입해 가면 얻을 수 있는 결과가 나온다.

  존재에 관한 연구는 한다고 알 수 있는 분야가 아니었다. 고대로부터 계속 시도했지만, 같은 결론을 얻었다. 필자는 카오스의 상태에 접한 일이 없다면 알 수가 없는 것이라고 본다. 인류에 단 한 사람, 사도 바울만 존재를 설명했다. 그러나 존재를 설명하는 것을 오로지 창조자의 섭리와 계획을 입증하는 도구로서만 일생을 모두 바쳤던 사람이었기에, 존재의 본질은 무엇이고, 목적은 무엇이며, 창조의 섭리와 어떤 연관이 있고, 그리스도의 나타나심과는 어떻게 연관 지을 수 있다는 것인지 등에 대해서는 설명할 필요가 없었다.

   그는 단지 창조의 섭리에 그리스도가 개입되어 있다는 이해하기 어려운 말로 존재의 본질을 설명했고, '예수가 그리스도가 되었다'라는 말을 전도 표제(copy)로 하여 평생을 이 사실을 전하는 일만 했다. 언약을 받아 그것을 위해 생명을 바쳐온 이스라엘 백성을 먼저 깨우고, 그들이 돌이키기를 위해 삶을 드렸지만, 그 장벽은 높고 높았다. 실상은 그가 존재에 대한 모든 것을 설명했고 입증했지만, 가톨릭이라는 전체주의의 시녀 노릇만 하던 학자들은 누구도 그것을 입증하지 않았거나 못했다. 종교가 통치 수단이어야 했으니 안타까울 뿐이다.

   사도 바울이 전한 창조의 섭리와 존재에 대한 개념을 해석하고 조명하는 학문적 노력은 없었다. "'하늘의 것'이 '땅의 것'이 되도록 그리스도로 통일하려 하심(빌1:10)"이라는 이 놀라운 사실을 언급하지 않고 창조의 섭리를 논한다는 말인가? 사도 바울은 언제든지 이 사실을 선언했다. 그러나 이 사실을 깨닫지 못한 학자들은 사랑이라는 결론을 말할 뿐이었다. 아름다운 귀결이다. 그러나 그 본질을 이해하지 못하는 자들에게는 매우 아전인수적인 해석이 될 뿐이었으니 고린도 전서 13장의 사랑에 대한 해석을 다시 줄 수밖에 없었다. 실존적으로 행하고 열매 맺는 그 삶을 접촉점으로 창조의 섭리에 대한 존재론적인 해석을 했던것이다. 수천 년 신학의 역사에서도 다루지 못했다. 이것은 아이러니라 하겠다. 못한 것일까? 안 한 것일까?

6장.
풍수는 종교인가? 인식인가? 존재인가?

풍수는 종교가 아니다.

풍수(風水:feng shui, geomancy)는 삼국시대부터 민간에 유행하던 풍습으로 신앙처럼 여겨졌던 기록이 있다. 풍수란, 말 그대로 '바람과 물'을 아울러 이르는 말이다. 바람과 물이 주는 아늑함과 평안함이 있고 그런 곳이 명당이라는 것이다. 사람들이 그곳에서 안정도 찾고, 평안도 느끼고 정서와 심리적으로 도움이 되니, 이런 곳에 집을 짓고 살면 자손이 잘되고, 무병장수하며 일이 잘 풀려 입신양명한다는 곳이다. 이곳은 농사도 잘되고 가축들도 잘 자라며 이곳에 묏자리를 삼으면 극락왕생한다는 것이 민간신앙으로 이어져 내려왔다. 먹고 마시는데, 지장이 없고 마음과 정신도 평안하니 극락왕생만 남은 것이다. 그래서 그것까지 해결하면 이러한 장소를 찾으라는 바람이 이어져 내려왔던 것이다. 물론 사실이 아니며 풍수는 종교가 아니다.

여행 하다가 평안한 쉼을 주는 그런 곳을 만날 때가 있다. 그런 경험이 있는 사람은 다시 그곳을 찾고 싶다. 사람이 줄 수 없는 그런 힘이 작용한다는 것을 느끼기 때문이다. 힘든 것을 잊게 하고, 어렵다가도 용기를 받게 되는 자연에 심취하게 된다. 헤밍웨이가 쿠바의 한 시골에 머물면서 노벨상에 빛나는 '노인과 바다'를 썼다. 낚시하는 사람들을 보면서 연상한 '노인' 그리고 사투를 벌이며 청새치와 혈투를 벌여야 하는 광활한 '바다'에서 배에 묶어야 할 만큼 큰 고기를 잡은 영웅에게는 살이 다 발라진 뼈만 남은 상처뿐인 영광을 운명처럼 들고 돌아온 보람과 허무가 엇갈리는 노인의 알 수 없는 미소를 그려냈다.

내일의 조업을 위해 돛대를 어깨에 메고 언덕을 오르는 어부와 자기 십자가를 지고 골고다 언덕을 오르는 예수를 대비하는 그 장면은 영화보다도 더 선명하게 기억에 남아 있다.

이런 곳에서 쉬면 자연스럽게 '홀로 있음'의 상태가 된다. 자신도 돌아보고, 창조의 질서에 대해서 생각하게 된다. 이런 과정은 누구에게나 적용되고 누구에게나 필요한 과정이다. 누구라도 '홀로 있음'을 경험하지 않고 무언가를 이룬 사람은 없다. 단언하거니와 없다. 그러니 풍수는 대단히 좋은 접촉점이 된다. 그런데 이것이 엇나갔다. 정욕이 이런 길흉화복의 지표로 해석하려는 풍속으로 자리 잡았고, 집터와 묏자리의 좋고 나쁨의 기준이 생기게 되었다. 우리의 경우에 이런 민간신앙은 조선 시대에 크게 자리 잡은 민속이다.

소원 하나는 무조건 들어준다는 소문이 있는 사찰 한 곳이 있다. 그럴만한 지역으로 보인다. 전남 구례에 있는 사성암이라는 곳이다. 이곳은 원효대사, 의상대사, 도선국사, 진각국사 등이 수행했다고 하여 '사성암'이라고 한다. 사대 성인이 이곳에서 도를 닦았다는 의미이다. 오산이라는 531m의 작은 산꼭대기에 절이 있는데, 산 모양이 큰 자라(soft-shell turtle)가 물을 먹으려고 강가에 엎드려 있는 모습이라고 한다. 옛날에는 '오산사(寺) 자라 산 절'이라고 했다고도 한다.

이 언덕에서 보면 섬진강이 둥그렇게 절을 감싸고 돌아가는 형상을 하고 있다. 풍수에서 말하는 '금성수'라고 말하는 최고의 명당 조건을 갖추었다. 절도 거대한 바위가 숲처럼 감싸고 있는 곳에 지어졌다. 이곳에는 고압선이 흐르는 것과 같은 기운이 흐른다고 전해진다. 그래서 고수들이 이곳에서 수행을 했다는 것이다. 도선국사는 이곳에서 풍수를 배웠다고 하며, 구례 사도리에서 모래에 산과 강을 그려가며 풍수를 배웠다고 한다. 이 지역은 지리산 자락에 있는데, 지리산이 이 절을 호위하는 형국을 하고 있어 소원 성취에 특별한 힘이 있다는 곳이다.

  풍수가 좋다는 것은 '좋은 기운'이 있는 지역을 말한다. 산이 가지고 있는 기운이 있다. 들과 논과 나무와 바다와 강이 가지고 있는 기운이 있다. 그것이 내뿜는 파장이 내게 들어온다. '내가 원하고 내가 바라던 그것이 갖춰졌으니, 기분이 좋은 것'이 아니다. 내게로 파장이 밀려 들어오는 것이다. 파장은 나타남이며 건강과 안식(安息)을 제공한다. 산의 모양, 땅의 모양이 가지고 있는 에너지와 파장이 사람에게 나타나는 것이다.

  소위 '있는 집'에서는 왜? 예술품을 집에 놓으려고 할까? 부자일수록 많은 예술 작품을 집에 놓아두려고 한다. 왜일까? 물론 상속 등을 고려하는 지혜도 있다. 그러나 그것을 놓음으로 인해서 품격을 높이려는 의도가 있는 것이다. 그것들로 인해서 품격이 높아지는 건 분명하다. 차원이 다른 정신적 파장이 나타난다. 보이지 않는 가치와 이미지가 나타나고 있다는 정신적 만족감이 함께 나타나기 때문이다.

  값으로 먹일 수 없는 역사와 스토리를 가진 귀중한 작품으로부터 의식과 정신에도 시공간을 초월한 만남이 이루어지고 있는 것이다. 그래서 품격이 생긴다. 이것이 품격이다.

  이런 가족은 가능하면 고전을 접하도록 교육을 받는다. 음악도 예술도 그렇다. 그리고 형식을 중요하게 여긴다. 사회 구조를 배워가는 것이다. '7막 7장'의 저자 홍정욱씨는 남궁원 배우의 아들이다. 하버드에서 최고 명예의 논문상을 받은 사람이다. 외모며 매너며 더 이상 좋을 수 없을 정도의 신사도가 넘치는 사나이다. 어떤 이는 더 좋은 성적을 받은 사람이 있다며 그를 거짓으로 몰아 언론에 이를 입증한 일도 있었는데, 그가 받은 상은 '최우수 성적'이 아닌 '최우수 논문상'이다. 초등학생 고학년이 되면서 그는 어머니로부터 양복을 입으라는 훈련을 받으며 자랐다. 억압받는 느낌이고 고통스럽고 부자연스러워 그것이 힘들었지만, 그러나 그 반대로 그것이 주는 효과는 대단히 컸다고 한다. 어른스럽고, 예절 바르며, 경망스럽지 않게 자신을 간수 할 수 있게 해 주었다고 고백했다. 이것이다. 이것이 형식을 몸에 익혀 사회성을 높이고 정신과 이성을 올바로 잡아가는 역할을 하기 때문이다. 철학 등 인문학을 공부하라는 말은 늘 있었다. 의사이든, 군인이든, 장인이든 고전을 공부한다는 것, 인문학을 읽는다는 것은 하나만 주장하고 고집하는 그 사람과는 어마어마한 차이로 되돌아온다. 지혜 얻기를 축복한다.

가풍이라는 것이 있다. 지켜야 할 무엇이 분명히 있는 그런 집이 있다. 이것이 가풍이다. 품위란 이렇게 만들어진다. 그러면서 자유가 있고 형식이 있다. 가진 것이 없으면 어떠한가! 상관이 없다. 가진 것이 없어도, 곧 죽어도 양반이라고 체면과 품위를 지키려고 했던 이유가 무엇인지 생각해야 한다. 꼭 지키는 가족의 일상이 품위를 높여줄 수 있다.

이 모든 것이 의식을 바로 잡기 위한 과정이다. 스며드는 것이며, 그렇게 형성되는 것이 사회성의 기초가 된다. 사회적인 관계성을 만들어가는 중요한 이끌림이 된다. 매너를 보는 것이고 의식을 보는 것이 사회다. 그것을 바로 잡아줄 접촉점이 바로 이러한 것들이다. 사회성이란 이러한 현상이며, 반응으로 만들어진 실존이다. 이것이 나타나는 것이다. 의식과 마음과 행동 습관 등에서 나타나게 된다. 이것이 품격이 된다. 이것이 실존이 된다. 이렇게 보고 느끼고 생각하고 경험하고 습관된 일들이 나를 가르치게 되는 것이다. 다음 스텐스로 이끄는 것이다. 이런 파장은 어느 개인, 단체, 국가에도 적용된다. 노는 물이 다르다는 말은 이럴 때 하는 말이다. 명문 고, 명문대가 있다. 명문초, 심지어 명문 학원도 있다.

한반도는 지리적으로, 북으로는 중국, 러시아 그리고 남으로는 일본으로부터 1,000회에 해당하는 침략을 받은 민족이 5,000년을 이어왔다면 그 내공은 말할 수 없이 강력하다. 바다가 있으니 흩어지지 않았고 이 강토를 지키기 위해서 최선을 다했지만 소멸하지는 않았다. 그 정도의 힘은 갖춘 민족이었기 때문이다. 바다가 없었다면 오래전에 지리멸렬했을 수도 있다고 본다. 그러나 우리는 도망하기는 불가능한 여건이었다.

열정을 불태우고, 생명을 바쳐야 했던 수많은 날이 있었다. 때로는 비굴하기도 했고, 당당하기도 했다. 그러나 전쟁이 끝나면 곧바로 우리가 하던 일은 풍류를 읊고, 시를 지으며, 노래로 한과 아픔을 승화하며 곧바로 일상을 회복했다. 왜인지는 알 수 없지만, 우리 민족은 무엇보다도 문화를 지키려는 강력한 이끌림을 가지고 있었다. 한글을 비롯한 여러 문화 강국이 되도록 이끄는 DNA가 있었다고 생각된다.

굶주려도 공부해야 한다는 생각이 민족에게 있었고, 그 흐름은 지금까지도 이어지고 있다. 그리고 세계에 앞서가는 여러 장르의 현상들을 보라! 세계가 우리의 문화에 열광하고 있지 않은가! 21세기에 들어서는 모든 분야에서 두각을 나타나게 될 것이다. 환경의 영향이며, 이것에 적응한 실존이 그런 의식의 파장을 만들어 내는 것이다. 바다가 없었다면, 북에서 중국과 러시아가 누르고 있지 않았다면 흩어졌을 것이 너무도 명백한 역사가 우리에게 있다. 부정할 수 없는 현실이다.

땅의 모양이 주는 기운이 있다. 산천초목이 가지고 있는 기운이 있다. 그런 곳에 가보았다면 느낄 수가 있을 것이다. 필자는 그런 곳에 가본 일이 있다. 충청도 모처에 있는 곳이다. 약간의 언덕으로 이루어진 넓은 밭이 있고, 높지 않은 산에 나무 등이 푸르게 심겨있고, 언덕 아래쪽에 농가들이 있으며, 더 아래는 호수나 강, 개천이 흐른다. 마을을 지나가는 버스 정류장이 가까운 곳에 있다. 이 마을을 산과 산이 크게 병풍처럼 배치된 곳이다.

풍수가 좋은 곳은 엄마 품에 안겨있는 아기의 마음이라고 해야 할 것이다. 이런 곳이 명당 자리다. 장소를 숭배하는 어리석은 미신에 빠지지 않기를 바란다. 여러 곳을 경험해 보라. 명당이라는 곳을 다녀와 보라. 무엇을 말하는지 알게 될 것이다. 충청도 모 지역에서 그런 곳을 발견했었다. 나는 그곳에서 한 달 조금 넘게 지냈었다.

저절로 쉼이 주어진다. '홀로 있음'의 상태로 자연스럽게 빠져드는 곳이다. 화려하고 바쁜 곳이 아니다. 누구나 찾을만한 멋진 곳이 아니다. 놀만한 곳도 없다. 놀 것도 없다. 그냥 평온한 곳이다. 언제까지나 기다려줄 고향의 느낌이다. 재촉하지 않는 곳이다. 시간이 멈춰진 곳이다. 폐교된 초등학교가 있고, 더덕과 양배추 농사를 크게 짓는 곳이었다. 15도쯤 기울어 있는 넓은 언덕이 모두 양배추밭이었다.

굵은 도라지를 달여 기침약으로 파는 집도 있었다. 이발소가 하나 있는데, 그 동네 아저씨들이 모두 같은 스타일의 머리를 하고 있었다. 조금 더 가면 슈퍼가 있었다. 가끔 과자를 사러 가곤 했는데, 아줌마는 자신을 도시로 데려가란다. 부부싸움을 했는지 귀여운 넋두리로 보였다. 시골이 싫다고 했지만 그래 보이지는 않았다.

전국의 산을 거의 다 다녀본 나로서는 산이 주는 이끌림에 대해서 어느 정도 알 수 있었다. 산을 좋아하는 사람, 여행을 좋아하는 사람은 이것을 느끼기에 산행을 하는 것이다. 내 경우는 체력 보강을 위해서 6개월에 걸쳐 전국의 산을 100번 오른 일도 있다. 한 주에 5번 다닌 주간도 몇 주나 된다. 아프리카의 가나와 라이베리아에 태권도 선교로 가기 전에 몸을 수련하려고 다녔던 것이었다.

산에 가는 사람은 건강만을 위해서 다니는 것이 아니다. 그곳에 가면 얻고 오는 것이 얼마든지 있기에 그곳에 가는 것이다. 맘속의 울화도 풀어내려는 것이고 아름다운 산이 반겨주기 때문이고 좋은 공기가 있기 때문이다. 여름에는 하산하던 중에 냉탕을 한다. 찬물에 발을 담그는 것인데 재미가 쏠쏠하다.

세계적인 등산가 영국의 산악인 조지 맬러리(George Herbert Leigh Mallory·1886~1924)는 왜 산에 가느냐는 질문에 "산이 거기 있어서"라고 대답했다. 간단명료한 명제다. 산이 주는 파장을 느끼고 체험하기 위해서 산에 가는 것이다. 산이 주는 것이 없다면 그런 경험을 할 수가 없는 것이다. 고통만 있고 고행만 있는 산행이 될 것이기 때문이다.

과거로부터 풍수를 종교적으로 이용하려는 자들이 있었다. 풍수가 주는 신비가 있기 때문이다. 그러나 풍수가 가치 있는 것은 풍수를 종교화해서 이득을 보려는 자들에 의한 것이 아니다.

산과 들과 나무와 언덕과 바다와 강이 주는 에너지가 있다. 파장이 있다. 그 파장을 타고 내가 느끼고 배우고 경험하는 것이 있다. 그것이 대를 이어 쌓이고, 일상이 되어 삶에 나타나면 그 사람이 좋은 성품의 사람, 인성의 사람이라는 평가를 받는다. 위에서 말한 품위, 가풍 등도 같은 기운을 준다.

풍수는 자연이다. 창조자께서 만들어 놓은 존재들이며, 존재가 가지고 있는 파장을 통해 창조의 신성을 느낄 수 있다. 가풍이 있고 품위가 있는 집안일수록 이렇게 '잔잔하게' 퍼져 나오는 존재의 파장을 선호한다. 급하지 않고, 정서적 영향을 주며 퍼져 나오는 파장을 선호하는 것이다. 고풍스러운 나무와 돌이 비싼 가격에 팔리는 이유가 그런 이유이고, 집에 분수대나 연못 등을 만드는 이유도 그렇다. 풍수가 가지고 있는 에너지와 파장은 모두 창조된 존재들이며, 안정과 평안과 쉼을 통해 천하 만물이 발산하도록 파장을 주어 창조자의 이끌림에 도달하도록 하려는 목적이 숨어 있는 것을 발견하게 되는 것이다.

평안하고 안정적이어서 무언가를 꾸준히 노력하고 진행하는데 방해되는 스트레스 등의 요인이 현저히 적게 작용한다. 그리고 이런 곳에서 자라난 사람은 가장 중요한 '인성' 부분에서 큰 점수를 딸 수 있는 장점이 있다. 급하거나 당황하는 기색은 별로 찾아볼 수 없다.

그런 기운에 영향을 받으며 살아온 정신적 흐름이 있기 때문이다. 이곳에 사는 사람들은 전통을 이었으면 좋겠다는 암묵적인 욕구가 흐르고 있기도 하다. 그렇게 차분하게 이어오는 족보와 관계성을 경험한 결과다. 이것이 그곳의 문화고 정신이다. 그런 의식의 흐름이 흐르는 곳이다. 그 기운은 오랫동안 이어오면서 자신도 그 흐름의 일부가 된다. 그곳에서 먹고 마시며, 착실함과 성실함을 키우고, 자연과 더불어 그것을 확인하며 하루하루를 살아온 것이다.

이런 이끌림과 근면 성실한 그의 토양 위에 무어라도 하나 얹히면, 폭발적으로 성장한다. 이미 준비된 상태이기 때문이다. 밭이라고 표현된 사람이 이런 종류의 사람이다. 자갈밭도 있고, 가시와 엉겅퀴밭도 있다. 그러나 그것도 개간(開墾)할 수 있고, 그것으로 옥토가 될 수가 있다. 하면 된다. 인위적(人爲的)으로 그런 환경에 노출되면 된다. 그것은 독서이고, 지루하고 힘든 고전과 만나는 것이다. 박물관 관람, 클래식 음악회, 고전 등 전시회, 발레 공연 등 고전을 참고 견디며 그것의 의미를 느끼고 이해하려는 노력을 계속 가하는 것이다. 개간하는 것이니 엉겅퀴와 자갈을 밀어내는 것이다. 압력으로 밀어내는 것이다. 그리고 그런 고전이 편해지는 상태에 이르면 극복이 되어가고 있다는 증거가 된다. 말씀드린 대로 파장이 있다. 받아들이려고 하면 그 파장이 내게로 들어오는 것이다. 그것을 받으려는 그 마음이 밭이며, 개간될 주체이다. 이것이 없이 종교에 빠져드는 것은 모순을 일으킬 수 있다. 교회에서 각종 행사를 하는 것을 보셨을 것이다. 부활절 칸타타, 성탄절 칸타타, 매주 성가 합창, 매 예배에서의 찬송, 예배 전과 후에 흘러나오는 전주와 후주, 행사 때마다 펼쳐지는 청소년 행사 등이 밭을 갈아주는 가장 중요한 접촉점이 된다. 언젠가부터 불교에서도 찬불가를 부르고 합창도 한다.

풍수가 좋은 곳에서 살아왔던 그를 알고 경험한 사람들로부터 긍정적인 평가와 이끌림의 파도를 타고 흐르는 것이다. 이것이 그가 가지고 있는 가장 큰 경쟁력이다. 그를 보면 좋고 평안하다. 그가 경험한 세계를 간접적으로 경험하고 있음에도 그렇다. 성실함과 좋은 심성으로 누구보다 좋은 사람이라는 선입견을 프리미엄으로 갖게 된다. 거기에 최소한의 전문성만 있어도 성공하는 사람은 얼마든지 있고 그것은 당연할 결과다. 얼마나 중요한 것인지 깨닫게 되기를 축복한다.

그리고 그는 기대와 관심에 부응(副應)하기 위해서 최선을 다하고 의리를 지키려고 노력한다. 이것이 그가 가진 장점인데, 기풍 있는 가정이나 풍수가 좋은 지역의 사람이 그런 인물이 될 가능성이 월등하다는 통계가 있다. 당연한 것이 아닌가! 그의 실존이 이미 그런 사람이 되어 있는 것이니 선택적으로 무엇을 행하는 사람과는 다른 존재인 것이다.

우리나라에서 삼성, LG 등 회장들이 한 마을에서 자라났다고 해서 방송에 방영된 곳이 있다. 그들은 서로 사돈 관계도 되었다. 허경영씨도 그 마을에 살았다고 호소한다. 사실인지는 아무도 모른다. 경상도 모처에 있는 이곳은 정말 좋은 터전으로 느껴졌다. 온화하고 평온한 산세와 논과 밭을 가졌다. 완만한 산과 약한 비탈을 가진 밭과 평지가 잘 어우러진 곳이었다. 급한 경사가 없고, 깎아지른 낭떠러지가 없으며, 하늘을 온전하게 볼 수 있도록 낮은 산들이 둘러싸고 있는 지형이었다.

이 대목에서 궁금증이 생길 것이다. 누군가가 잘 되려고 그리로 이사하면 좋은 품성을 갖게 될까? 그럴 수도 있고 아닐 수도 있다. 어려서부터 마을에서 적응하면서 살아가려는 마음으로 사람들의 인성을 본받고, 어른들의 전통을 이어받아 칭찬받은 어린 시절을 거쳐 성년으로 성장해 간다면 급하게 그 인품이 형성될 수가 있다.

 그러나 어려서부터 그런 부모와 친척과 이웃과 어른들을 보면서 보고 배우고 묻고 따르고 존경하고 예의를 갖추며 인성에 뿌리 박은 그 지역 사람과는 다를 수가 있다. 그것도 개인차이다. 정신을 본받으려 하여 적극적으로 파장을 받아들이려는 노력을 한다면 비슷한 파도를 탈 수가 있다. 그러나 그 정도로 필요를 느끼고 변화의 주체가 자신이라고 깨닫는 사람이 있다면 그런 노력을 하려고 그곳을 찾지 않아도 되는 사람이다.

 '의식은 실존이다.' 풍수를 찾아 자연적으로 서서히 젖어 드는 삶은 디테일에서 다르다. 이것이 풍수다. 종교가 아니다. 미신도 아니다. 존재이며 존재의 파장이다. 이것을 종교적인 양태로 이해하려고 하니, 그것이 우상이 되고, 그것이 권위가 된다. 이것이 정욕이다. 그런 의식을 갖는 것 자체가 사람을 옭아매는 것이다. 스스로 정한 정욕에 스스로가 권위를 주어 스스로가 끌려다니는 것이다. 이것이 '우상'의 정의다. 묫자리가 어떻고, 제사가 어떻고, 조상신이 어떻고, 천지신명이 어떻고 등등 이야기를 하는 것이 그것이다. 위에서 말한 의식의 파장에 대해서 풍수가 정리되었음에도 종교성을 가지고, 숟가락을 얹으려 하니 문제라는 것이다.

 그런 좋은 장소가 사람의 정서와 감정과 기운에 영향을 미치는 것은 좋은 현상이고 프리미엄이나 그것이 영적인 범위의 것이라며 주장하는 것은 거짓되고 악한 누룩인 것이다. 미신으로 전락하는 것이기 때문이다. 모든 것이 존재의 본성을 알 수 없기에 나타난 하나의 헤프닝으로 이해하기를 바란다.

성공한 사람은 이러한 풍수를 극복한 사람이다.

　성공한 사람은 풍수를 극복한 사람이다. 대부분이 그렇다. 성공한 사람은 "상대가 있고 그 상대가 나에게 무엇을 주기에 내가 어떻게 될 수 있다"라는 생각을 하지 않는다. 그렇기에 극복되었다는 것이다. 그러나 풍수를 인정하지 않는 사람은 없다. 누구라도 그렇다. 극복되었을 뿐이다. 그리고 극복은 얼마든지 가능하다. 그러나 어떤 분야가 되었든 성공한 사람은 당연히 풍수에 관심이 많다. 지금 설명한 풍수와 실존적인 존재의 이끌림에 대해서 이해 못 하는 성공자는 없다고 단언한다.

　현대의 정주영 회장은 무슨 일이 있어도('하늘이 두 쪽이 나도') 제사는 한 명도 빼지 말고 참석하라고 명령했고, 그것이 살아 있는 동안 계속되었으며, 그가 사망한 이후인 지금도 그렇게 하고 있다. 모이도록 하는 것이며, 가풍을 만들어가는 것이 합당하다는 결론을 내렸기에 가능한 일이었다. 그는 생전(生前)15)에 매일 새벽 5시에 아들들과 며느리들과 손자들을 데리고 오라고 하여 모든 가족이 함께 아침 식사를 하고 걸어서 출근한다. 손자들은 아버지를 배우고, 그 아버지는 그의 아버지인 할아버지의 리더십을 보고 배우도록 하는 것이다. 이 모든 것을 보고 듣고 경험하며 세계를 만들어간다. 이것이 가풍이다.

　의식의 파장을 느끼고 경험하고 깨달으라는 가르침이다. 어떤 주제로 이야기를 나누고 해결 방법은 무엇으로 정하는지 그 과정을 듣고 느끼고 체험하라는 것이다. 그 목적을 위해서 매일 모여 밥을 먹게 하고, 새벽부터 출근하게 하고, 경조사에는 모든 가족이 무슨 일이 있어도 모이게 하고, 특별히 '머리가 두 쪽이 나도' 제사에 참여하라는 말을 남긴 이유가 있다. 마치 종교처럼 행해지는 제사는 이스라엘이 율법이나 율례를 행하는 것처럼 생각하도록 하였으며, 가족들이 단단하게 결속하는

---

15) 살아있는 동안을 말하는 한국어다. 내세를 말하는 것이 아니고, 태어나기 전의 일을 말하는 것이 아닌 토종 한국어다.

접촉점을 제사라고 보았기 때문이다. 개신교만 빼면 민속신앙은 어느 나라에나 있다.

　명망가의 집안은 세대 간에, 가족 간에 이렇게 서로 영향을 받게 한다. 화합과 연합을 강조하는 것이며, 서로의 위치에서 협력하고 동역하되, 모두가 혈족이라는 것을 기억하라는 가르침인 것이다. 여기에 '종교예식'으로 신성화 되면 더욱더 결속력과 '당위성'이 생겨날 것이기 때문에 그것을 '종교성'으로 엮은 것이다. 그것보다 가족을 엮을 더 큰 명분이 없다고 여겼기 때문이다. 그래도 다른 확신을 가지고 살아가는 사람은 어쩔 수가 없다. 어려서 자기를 돌보지 않은 원망을 죽기까지 신앙처럼 가지고 가는 사람은 얼마든지 있다. 바람피우느라 그랬다면 합당하다. 잘 못 된 흐름을 받지 않으려는 노력으로 받으면 되니까. 그러나 그 반대로 나타나는 일은 옳은 결론을 맺지 못한다.

7장.
빙의와 디스오더를 바로잡는 루틴이 존재한다.

의식의 흐름을 보면 빙의의 근거를 찾게 된다.

빙의를 설명하기 위해 필자가 경험한 것 중에서 빙의와 상관되는 에피소드 하나만 소개하겠다. 대학원을 다니던 중에 단기사병으로 근무를 마쳤다. 대학원 시절, 단기사병으로 복무를 마친 나는 다른 이들보다 2년의 시간을 번 셈이었다. 세상 경험을 쌓고자 주저 없이 휴학하고 취업에 뛰어들었다. 여러 회사에 지원해 세 곳에 합격했고, 고민 끝에 '경제뉴스社'의 기자직을 선택했다. (현재는 법경신문으로 제호가 바뀌었으며, 면접 때의 재미있는 일화는 다른 자리에서 밝히겠다) 회사는 종로5가 대학로에 있었다.

당시 어머니는 명동역 입구 근처에 '명동 찹쌀순대' 가게를 운영했었다. 인근 남산동 입구에는 극장식당 '홀리데이 인 서울'이 있었는데, 그곳에서는 당대 코미디의 황제 이주일이 매일 쇼를 펼쳤다. 덕분에 여러 연예인을 보았고, 가수 양수경의 실물은 참 아름다웠다. (이곳에서 명동 깡패들과 얽혔던 사건이나 그 일이 극적으로 타결된 후 정치인들에게 발탁되어 여러 일을 경험하게 된 이야기도 기회가 되면 전할 것이다.)

내가 경제 뉴스 기자가 되기로 한 것은 세상을 경험하며 실력을 시험해 보고 싶었기 때문이다. 수습 기간에는 기자증을 받기 위해 정시 출근해 교육을 받고 취재를 다녔다. 늦게까지 연구하고 새벽에야 잠드는 습관 탓에, 오후에는 식당 2층에서 잠시 눈을 붙이다가 퇴근 전 종례를 마치고 집에 돌아와 집안일을 돕는 것이 일과였다. 어린 시절부터 글 쓰는 작업을 계속해 왔기 때문에 낮에는 쉬어야 했다. 몸을 상당히 키웠으니 잠을 줄이는 일은 문제가 아니었다. 그 이유가 무엇인지는 밝힐 것이다.

어느 날 2층에서 누워있는데, 어머니가 미안한 기색으로 올라왔다.
"나 어쩌면 좋지?, 내가 잘 못 한 것 같아~"
"무슨 일인데요?"
"조금 있으면 한 사람이 올 거야, 그 사람이 아들을 보자고 해서, 낮에 쉬러 올 때 혼자 있으니 오라고 했어. 오지 말라고 할까?" 약속해 놓고는 곤란했던 모양이었다.
"아니에요, 오라고 하세요" 잠시 후 어머니가 올라오더니 양보살 이라는 사람을 소개하고 내려갔다.

그녀는 방에 들어오더니 무릎 꿇고 앉아서 묵상기도를 했다. 그리고는 말했다.
"안녕하세요. 미스터 서, 갑자기 찾아와서 미안합니다. 양보살이라고 합니다."

귀부인 상이었다. 하얀 피부에 복스러운 얼굴과 고급 안경, 미스코리아 스타일의 사자머리를 하고 있었다. 차분한 맏며느리 같은 인상을 주는 인상이었다. 나이는 50대 중반으로 보였다.
"지금 기도하신 겁니까?"
"네, 그럼요, 우리도 묵상기도가 있고, 방언도 합니다"
처음 듣는 이야기였다. 그래서 놀랐다.
"그래요? 처음 듣는 이야기네요."
마음이 급했는지 곧바로 질문을 던졌다.
"그건 그렇고 단도직입적으로 이야기하겠습니다. 미스터 서는 사람을 한 번에 보고 알 수 있는 분이시죠?"
진지하고도 경청하는 자세로 물었다.
"네"

간단하게 대답했다. 그러자 그녀는 심각한 눈빛으로 물었다.

"그럼, 저를 봐주세요"

나는 서슴없이 말해 주었다. 그래도 될 사람이라는 생각이 들었기 때문이고, 그가 겸손하게 앉아 내게 간구하는 모습을 보였기 때문이었다.

"보살님의 남편은 대기업의 임원이었습니다. 그런데 갑자기 사망했습니다. 그 충격 때문에 슬퍼하고 고통스러워하다가 접신하여 무당이 되셨습니다"라고 말해 주었다.

그녀는

"맞습니다. 우리 남편은 어디라고 말하면 누구나 알만한 대기업의 임원인데, 임원 회의에서 프레젠테이션을 주도하다가 회의 중에 넘어져 3년간을 앓다가 사망했습니다. 뇌졸중으로 알고 있습니다. 그때 제가 혼절하고 깨어나기를 여러 차례 하다가 병들었고, 병이 나으면서 신접하게 되었고 지금까지 왔습니다"

신중하게 대답했고 마치 간증하듯이 담담하게 말했다.

그리고는, 알고 싶은 것이 많았는지 연이어 질문을 던졌다. 궁금했던 모양이었다.

"그런데, 미스터 서는 사람에게 손만 대면 병이 낫는 사람입니다. 그런데, 왜 지금까지 아무 일도 안 하고 가만히 계셨어요? 한국에서는 보기 힘든 분이세요. 그거 아세요?"

이상하다는 듯이 물었다.

"네 압니다. 그러나 저는 학문을 해야 합니다. 사명을 받았고 그것 때문에 꼭 해야 할 일이 있습니다" 그는 나의 신앙 배경에 대해서는 알지 못했다. 어머니도 그런 말을 한 일이 없다고 하셨다.

지금의 '홀로 있음'이라는 창조의 질서와 이끌림, 파장이 존재하는 이유와 그 목적하심 등을 연구하며 작업을 계속하던 시기였다. 짧은 군

생활로 세이브 된 시간을 효과적으로 사용하기 위해 이 당시에는 신문사에서 잠시 기자를 하던 시기였다. 그러나 일이 끝나면 작업이 계속되었다. 스물에 써 놓은 논문 '항존성에 관하여'의 정리를 마치고, 우주론적인 접근으로 신 존재 증명을 받아 적어 오던 시기였다. 받았다는 표현은 '홀로 있음'을 이해하면 깨닫게 될 것이다.

양 보살은 계속 대화를 이끌어갔다. 하고 싶은 이야기가 많아 보였다.

"내가 알고 있는 사람 중에 천신을 받은 사람이 세 명 있습니다. 그중 한 명은 성철스님이시고, 다른 한 사람은 공주에 있는 도사님이시고, 그다음은 미스터 서이십니다"라며 나를 지목했다.

"그런데 미스터 서가 제일 강한 천신을 받은 분이십니다"라고 말하는 것이었다. 다음 이야기는 뻔한 것이었고 대화를 나눌 필요가 없었다.

"공주에 있는 그분을 한 번 뵐 수 있을까요? 대화를 나누고 싶습니다."

"그러시겠어요?"

반색하면서 대답했다.

"좋습니다. 미스터 서가 만나고 싶다는데, 시간을 당연히 내야죠."

무언가 나타날 것에 대한 기대를 가지고 하는 이야기로 느껴졌다. 무슨 콜라보가 나타날 것을 기대한 것으로 보였다.

"그럼 다음 주쯤에 가기로 하고 오늘내일 중에 연락드리지요"

"그렇게 하십시오."

여기까지 대화를 마치고 헤어졌다. 공주의 도사는 지금 만날 수 있다니 기대가 부풀었다. 왜냐하면, 나를 알아볼 수 있다면, 그에게 장학금 대라고 할 것이었기 때문이었다. 우습지 않은가!

연락이 오고 한 주간이 지났다. 봉고가 섰는데, 5명이 탔다. 모르는 사람들과 함께 가는 여행길이었다. 아침도 굶고 5시에 길을 떠났다. 아침은 중간에서 해결할 수 있을 것이기 때문이었다. -이후 이야기는 생략하겠다.-

잠시 지금까지의 배경을 설명하자면 이렇다. 어머니는 몸이 커서 사우나를 좋아한다. 그러던 어느 날 주변에 사우나에 갔더니, 사우나 통 안에 있던 사람들이 웅성웅성했다. 한 사람이 들어왔기 때문이었다. 어머니는 '잘 생겼다'라는 생각이 들었다고 했다. 그녀는 유명 인사처럼 느껴졌다고 했다. 찜통에 들어온 양 보살은 사람들을 한 사람 한 사람 점을 봐주더란다.

"아줌마, 팔지 마!, 이직은 아니야! 내년 봄에 사람이 나타날 거야"

"아이고 감사합니다. 안 팔려서 싸게라도 내놓을까 하고 있었는데, 잘 알겠습니다."

그리고는, 다음 사람에게 시선을 돌리고는 말했다.

"아줌마는 남편 관리 좀 잘해. 여자가 셋이네"

무당이라는 것이 이건가 싶었다고 한다.

"어떡하면 좋을까요?"

"부적을 써 줄게 그거 베개에 넣으세요"

'누드 점 방'이 열린 것이었다.

"네 감사합니다."

이윽고 내 모친에게 시선이 모였다. 그러더니 긴장한 얼굴로 한마디 했다.

"아줌마는 돈 내!"

그 말이 떨어지자, 어머니는

"알았어. 기다려"

하고는 5천 원짜리를 가져와서 줬단다. 87년이었으니 작은 돈은 아니었다. 모친은 이런 일이 하도 많이 경험한 터라 이상하지도 않은 일이었다.

"자! 받아"

돈을 건네자 진지하고 다정하게 말을 이어갔다고 한다. 급 겸손해진 것이었다.

"아줌마, 아들 하나 있죠?"

"그래, 하나 있지!"

"그 아들 보통 사람 아닙니다. 아세요?"

반문하자 늘 듣던 이야기여서 간단하고 자부심이 넘치게 한마디 했다.

"그럼 알지, 정말 대단한 사람이지"

그 말이 끝나자마자 부탁하듯이 말했다.

"나 아들 한 번 만나면 안 될까?"

질문이 떨어지자, 입장이 바뀌었다. 이젠 모친이 그녀에게 물었다.
"왜? 뭣 좀 묻고 싶어서?"

어깨가 으슥해진 모친은 그 자리에서 좋다고 확신을 주고 낮에 취재하지 않고 낮잠을 자러 오는 시간이 있으니 만나러 오라고 했다는 것이다.

다음날부터 그녀가 명동 근처에서 유명한 사람인 이유를 알게 되었다고 한다. 내가 알지 못하는 일이지만 시간이 한참 지난 다음에 동생이 내게 해 준 이야기다.

엄마, 누나, 여동생 등 가족은 내게 숨기고 있었지만, 양보살이 나를 만나기 전에 몇 번이나 동네 사람들이 가게에 몰려와서 나를 만나게 해 달라면서 아우성을 치는 등 난리가 났다고 한다. 내게 직접 만져달라고 하려는 것이었다. 내 이야기가 양 보살을 통해 지역 일대에 흘러 다니고 있었다는 것이다. 사실 나는 중3부터 고2 초까지 병을 고치는 등 많은 사역을 한 경험이 있었고, 특별한 경험으로 내가 받은 사명이 있었기에, 고2 중순부터는 논문 쓰는 훈련을 해오고 있었다. -그것이 무엇이었고 어떻게 된 것인지는 서서히 논할 것이다.- 그 이후의 이야기는 생략하겠다.

존재가 있고, 그 존재가 가지고 있는 파장이 있으며, 그 파장을 따르는 사람이 있다. -삼축(三軸)16)구도를 생각하시기 바란다.- 모든 존재는 파장이 있고, 파장이 없는 것은 존재가 아니다. 파장을 통해서 카오스의 세계를 경험하는 것이다. 모든 존재의 보고에서 흘러나오는 파장을 통해 존재의 본질을 알게 되는 것이기 때문이다. 존재의 본성을 느끼지 못하는 것은 단 하나의 조건을 갖추지 못했기 때문이다. '홀로 있음'이다. 나타나려는 것이 창조의 목적이고 존재의 본성이기 때문이다.

육체의 고통으로 인해 세상의 것들을 즐기지 못하며 이르게 된 비자발적 '홀로 있음'은, 역설적으로 존재의 세계를 들여다보는 창이 된다. 어느 단계에 이르는 그 무엇이라도 몸의 고통과 극복할 수 없는 한계에서 철저하게 '홀로 있음'을 경험한 사람에게 주어진 그것이 예술이 되고, 과학이 되고, 학문이 되고 기업이 된다. 문화와 문명은 이렇게 '하늘의 것'이 '땅의 것'이 되었다. 그리고 이것이 '역사'가 되는 것이다.

우주 만물에 존재하는 모든 존재가 이렇게 땅에 나타났다. 우주와 만물이 그렇게 되려고 조성되어 있는 것이 창조의 섭리이며 비밀이다.

존재는 카오스로부터 그렇게 파장을 발현하며 항존(恒存)한다. 시간과 공간에 제한을 받지 않고 나타나는 루틴이다. 태초부터 그렇게 만들어 항존하도록 섭리하고 있기 때문이다. '홀로 있음'에 대해서 불교에서는

---

16) 활동이나 회전의 중심.- 네이버

'참선'이라고 했고, 기독교에서는 '묵상', '기도'라고 했으며 다른 종교도 다르지 않다. 통념적으로 '염력'이라는 개념도 쓰이고 있다. '홀로 있음'으로, 존재의 파장을 따라 의식과 정신을 몰고 가면 본질을 볼 수 있게 되어 있다. 존재는 내가 만드는 것이 아니며 발견하는 것이고, 찾은 것이다. 그것이 무엇이 되었든, 상상 이상의 것이 이미 존재하고 있기에 가능한 것이다.

비디오아트를 창시한 백남준씨가 죽을병에 걸려 7년간 사경을 헤매다가 살아났을 때 인터뷰했던 말이 있다. 무엇을 생각했고 느꼈는지를 묻자; "하나님은 있는 것 같다. 그런데 진화론은 이해하기가 어렵다"라고 말했다. '홀로 있음'으로 인해 자신의 실존을 돌아보게 되어있다. 그리고 존재하는 세상의 모든 것과 '질서'에 대해서 고민하며 존재의 본성을 찾아 파장을 타고 흐르면 존재의 본성을 만날 수 있는 것이다. 그것을 목적으로 만들어 놓은 천하 만물이고 우주 만물이기 때문이다. 그것은 언약이며 그 증거가 오늘날의 문명이며 문화이고 역사이다.

빙의도 신병도 카오스도 '단절'부터 시작된다. 세상과의 단절을 말한다. 필자가 경험한 카오스는 '이것이 무엇인가?' 이외의 아무런 생각도 동기도 목적도 없는 세계다. 너무도 허무하고 두렵고 고통스럽고 깜깜하여 아무것도 보이거나 들리지 않으며 계속되는 추락으로 인해 아무것도 느낄 수 없고, 눈을 떴는지 감았는지 자는지 깨어 있는지, 심지어 살았는지 죽었는지도 알 수 없는 상태로 밤을 지새웠다. 그런 중에도 의식을 찾으면 다시 하루를 시작하는 방식으로 생존해 오던 시기가 있었다. 태어나면서 20년이다. 그 과정과 원인의 일부를 소상히 밝힐 것이다.

이 상태에서는 동기가 없고, 욕구가 없으며, 정욕이 없는 상태에 있다가 정신을 가다듬는 과정에서 주어진 생각과 '이것이 무엇인가?'가 계속되는 존재에 대한 갈구가 있을 뿐이다. 다시 reset 되고 reboot 된 상태에서 다시 대하는 일상과 현상은 매우 민감하게 그리고 근원적으로 느껴지고 나타나게 된다.

다른 동기(動機)17)가 있는가 아닌가로 정욕인가 아닌가를 가늠하는 기준이 된다. 여기에서 차이가 난다. 인**정**, 사**정**, 감**정**이 **정**욕이라는 것을 깨닫지 못하면 창조의 섭리에 합당한 열매를 맺을 수가 없다. 그리고 그 열매가 실존을 가늠하는 기준이 된다. '하늘의 것'이 '땅의 것'이 되는 것을 '그리스도 안에서' 통일을 이루려 한다는 사도 바울의 가르침을 깨닫기 바란다.

확신하고 고백하는 것과 연관된 창조의 섭리는 없다. 인식이기 때문이며, 실존이 아닌 것으로는 가치를 먹일 수가 없다. 판단할 근거가 되는 그 무엇이 특정되지 않았다면 평가는 없다. 해도 가치가 없다. 내가 아침 컨디션이 좋다는데, 그것을 나빠, 좋아할 수가 없는 것이다. 술을 잘 마시는 것과 창조의 질서가 상관이 없다. 여자를 잘 꼬시는 것과도 상관이 없다. 기준은 정해져 있다. 실존이다. 우주와 만물의 나타남의 목적과 원인과 현상을 어떻게 받아들이고 어떻게 적응하였는가만이 당신의 실존을 좌우한다.

필자는 동료들의 요청으로 대학 2학년 시절부터 연구모임을 가졌었다. 비밀모임이었지만 아는 사람은 알았고 몇몇 교수들도 그 모임에 대해 궁금해했다. -대학원 입학 구두시험에 심사관으로 참여한 다섯 분의 교수들은 이 모임에 대해서 이미 알고 있는 분이셨고 그중 故천병욱 박사의 질문이 주어졌다. "서창수식 존재론이라는 것이 있다면서요? 그것

---

17) 어떤 일이나 행동을 일으키게 하는 계기-네이버.

이 무엇인지 말씀해 주시겠어요?" 30분간의 양해를 구하고 '가치'라는 주제를 미학적인 접촉점으로, '아름답다고 하는 것(The Beauty)'에 대해서 어필한 일이 있었다. 재미있는 추억 중 하나이다.-

이 모임에는 대학원생들도 몇 분 참여했었다. 하루는 서울대 윤리학과를 졸업한 대학원생이 참석한 일이 있었다. 그가 누군가의 초대로 내 강의에 관심을 갖게 되었다고 했다. 그 후 그는 독일에서 윤리학 학위를 마치고 우리 학교의 교수가 되었다. 강의 중에 '칸트라면 이렇게 말했어야 합니다'라고 말하고 그것을 설명하는 내용이 있었는데, 그에게는 이것이 중요하게 들렸던 것 같았다. 전공이었으니 그랬을 것이다. 열심히 재미있게 듣고 적기도 했다.

번데기 앞에서 주름을 잡은 것이다. 강의가 끝나고 그는 '그 이야기, 책에 나옵니다'라며 다음 날 책을 가져왔던 일이 있다. 밑줄을 노란 형광펜으로 그어 내게 보여준 내용은 내가 강의한 명제가 거의 한 글자도 빼지 않고 적혀 있었다. 그 책은 내가 본 책은 아니었다.

책의 제목은 기억이 나지 않는다. 남의 자료를 볼 시간이 없던 시기였다. 내가 경험하고 깨닫게 된 것을 적기에도 하루 20시간이 부족했던 시기다. 이것이 파장이다. 의식의 파장이 나타나는 것이다. -이 모임에서 주로 언급된 주제는 존재였으나, 수사적인 강의였고 언젠가 정리해 둔 자료를 모아 '수사학 개론'을 출간할 것이다.-

총장 조교 당시의 경험을 소개한다. 학교에서 토플 시험을 치르면 나를 불러 감독을 하도록 했다. 일종의 특혜였다. 교무처에서 봤을 때는 1등이면서 총장 조교라면 명분이 충분했다. 영어를 잘할 것이라는 선입견이 있었기 때문이다. 그리고 일당은 시험 접수비에 해당하는 일당을 받았다. 일당으로는 꽤 짭짤했다.

당시에는 시급이 천 원대였다. 학비가 100만 원이 안 되었고, 대기업 초봉이 또한 그랬던 시절이다. 시급이라는 개념도 없을 때였다. 토플을 보셨겠지만, 당일에는 신분증을 가지고 입장해야 한다. 그런데 유독 예쁘게 생긴 여학생 하나가 숙대 학생증을 보이면서 간절하게 사정을 했다.

신분증을 가지고 오지 않았다는 것이다. 그러나 교무처에서 내게 부탁한 조건에 의하면 이것은 통과할 수 없는 조건이었다. 그러나 그녀는 간절했다. 그녀의 사정은 이랬다. 연기자가 꿈이어서 뉴욕의 모 대학에 이번 성적으로 입학할 것인데, 그 이전에 연기학원에서 연기를 조금 공부하고 입학하려고 학원에 이미 등록해 놓은 상태이고, 이번에 성적이 좋게 나오면 더 좋고 그렇지 않으면 지난번 성적으로 입학하기로 했는데, 학원 입학 기간이 2주 후라는 것이다. 그녀는 간절했고 진실로 간청했다. 시험 마치면 가족과 한 주간 여행하고 곧장 뉴욕으로 날아가야 하는데, 시험을 못 보면 답이 없다는 것이다. 그녀는 예뻤다. 배우가 되려는 학생이니 얼마나 예뻤을까? 그래서 입장을 허용했다. 미인계라는 것은 내가 허용하는 것이다. 상대를 아름답다고 느끼지 못하면 그런 것은 없는 것이다.

이 시험 감독권에 있어서는 내가 권한자니 내 맘대로 하는 것이다. 아무도 관여하지 않았다. 학생과장도 사무실로 돌아갔다. 학생증을 가지고 오지 않았다면 모를까, 같은 학생으로 이해할 수 있었다. 시험 끝나고 가려는 그녀를 붙들고 잘 봤는지 물었다. 한 번 더 보고 싶었기 때문이었다. 잘 봤다면서 몇 번 문제에 나오는 문제에서 궁금했던 것을 물었다. 마침, 알고 있는 단어였다. 'floriferous'[18] 토의했고, 결국 그녀가 정답이라는 결론을 냈다. 토의란, 말을 길게 유지하는 것이다.

다음 행보는 어떻게 되냐고 물었더니, 혼자서 해운대에서 1박 하고 집으로 가족에게 돌아갈 거라고 했다. 한 주간은 가족과 여행 할 것이고 곧바로 뉴욕으로 갈 계획이라고 했다. 잘 가라고 했다.

---

18) [flɔːrífərəs] a.꽃이 피는, 꽃이 많은.- 네이버

그런데 일을 마치고 집에 있으려니 그녀의 얼굴이 떠올라서 해운대까지 가야겠다는 생각이 들었다. 잘하면 여자 친구가 될 가능성도 있었으니까. 결혼은 늦게 할 것이었으니 좋은 친구가 맞을 것이다.

곧바로 부산으로 향했다. 칼을 뽑았다. 최소한 할머니 사과라도 깎아야 사나이가 아닌가! 제일 큰 호텔을 찾았고, 그녀의 이름으로 호실을 찾았다. 이 호텔을 찾은 이유는 그녀의 심성에 작은 곳에 머물지는 않을 것이라는 생각을 했기 때문이었다. 그렇다고 바닷가가 보이지 않는 뒤편 호텔에 머물 것 같지도 않았다. 저녁을 먹자고 할 것이었다. 당사자의 이름으로 호수를 찾는 것은 문제가 되지 않았던 시대다. 전화해보니 없었다. 12층까지 올라가서 바닷가를 보았다. 그녀가 어디로 갔을지 그녀의 '의식의 파장'을 좇는 것이다.

바닷가의 좌편엔 공연이 있었다. 무엇인지는 몰랐다. 퍼포먼스 같았는데 재미는 없었다. 중간엔 어린 친구들이 게임을 하면서 놀았고 사람들이 몇몇 모여 그들의 놀이를 보고 있었다. 오른쪽엔 상설매장이 있었다. 그리고 오른쪽 끝에는 배 같은 모양의 건물이 있었다. 가만 생각했다. 그녀와 가까이서 이야기를 해 봤으니, 그녀의 취향, 성품, 감성, 감각 등을 이해했기 때문이었다. 그녀는 사람이 모여있는 공연 장소를 우선 들렀을 것이다.

연기자가 되기로 미래를 결정한 그녀가 공연장 사람들의 반응을 살피고 연극의 내용을 점검하는 것은 당연했다. 그러나 별로 재미가 없어서 자리를 이동했을 것이다. 잠시만 머물렀을 것이었다. 장소를 동쪽으로 이동하면서 그 중간에 청소년이 노니는 걸 잠시 보다가 상설매장 쪽으로 갔을 것이다. 청소년은 어린아이처럼 귀엽거나 사랑스럽지 않으니 특별한 퍼포먼스가 아니면 흥미로운 모임이 되지 않았을 것이다. 아이들은 컸고, 밝거나 건전한 아이들로 보이지는 않았다. 놀러 나온 동네 불량배 비슷한 아이들이었다.

그리고 그 옆의 상설매장에서 무언가를 살 필요가 없었으니 이것저것 보다가 재미가 없어서 해안의 끝부분에 해당하는 오른쪽으로 더 이동했을 것이다. 그녀가 가진 의식의 파장은 그런 것이었다. 그녀는 상설매장을 지나 오른쪽 끝까지 가보기로 하고 갔다가 별 흥미를 느끼지 못해서, 바닷물에 발을 담그려고 신을 벗고 걸을 것이다.

그것을 느끼며 내려와 나는 동쪽 끝으로 가고 있었다. 그리고는, 바닷물에 발을 적시면서 걸어오는 그녀를 만날 수 있었다. 나를 보고 깜짝 놀랐다. 당연히 그랬을 것이다. 얼마나 무서웠을까? 잘 다녀오라는 말을 남기기 위해서 왔다고 했고, 기다리면 만날 수 있느냐는 질문도 했다. 그 정도로 예뻤다.

아직 남자 친구가 없는 것은 사실이지만 자기는 연기자가 되는 것이 꿈이라고 했고, 돌아올 것인지를 기약할 수가 없다고 했다. 그것 때문에 모든 것을 걸었다고 말했다. 완곡한 거절이었다. 사랑스럽고 매너가 예쁜 여인의 모습을 내 눈앞에서 보는 일도 행복한 추억으로 남아 있다. 다시 한국에는 오지 않을 결심을 했고, 그것 때문에 가족하고 다음 두 주간 여행하려고 한다고 했다. 시험 당일에 했던 이야기 그대로였다.

사랑스러운 여인을 만나는 달콤한 시간을 느끼며 즐거운 추억을 쌓고 싶었던 20대의 추억이다. -그녀에게 물어보니 내가 생각한 것과 완벽하게 똑같은 생각과 동선으로 걷다가 나를 만난 것이었다.-

의식은 실존이다. 의식의 파장이 있다는 것을 알기를 바란다. 존재로부터 시작하는 것이다. 존재하니 나타나는 것이다.

빙의라는 말을 하려다가 이렇게 말이 길어졌다. 카오스와의 관계성을 설명하지 않으면, 빙의를 체험한 사람도 '이것이 무엇인가?'를 알 수가 없다. 다만 그런 현상이 나타날 때, 몸이 감당할 수 없게 아프고 그것에서 벗어나려고 노력해도 안 되어서, 벗어나는 수단으로 신접하기로 했다는 식의 발언을 하게 된다.

다른 동기는 개인 가족사와 연관이 있다. 억울하거나 서럽거나 고독하거나 남들과는 현저하게 달라서 겪게 된 우울함과 못다 핀 꽃 한 송이가 되어버린 추락하는 별똥별로 느껴졌던 어린 시절이 동기가 되어 카오스와 같이 물리면서(overlap) 나타나는 한을 간직하고 있으니 그런 것이 사람을 자유롭게 할 수 없게 한다는 것을 공감한 자들끼리의 리그가 바로 점보는 일이며 굿하는 일인 것이다.

이처럼 점보는 사람들의 동기는 현저하다. 목사를 비롯한 종교인이 무당을 찾는 원인도 다르지 않다. 배운데로 계속 말하고 그 범주에서 생각하는 것이 지루하고 현실감이 없다고 느낀 자들이 어디에나 존재한다. 그리고 그가 그것을 어떻게 써먹어도 동기는 같다. 그래서 예수께서는 삯꾼 목자(월급쟁이, 사명으로 사는 자가 아닌)가 되지 말라고 분명하게 선언한 것이다. 동기가 있다는 것은 그것 자체가 정욕이며 과녁에 합당한 사람이 될 수 없다는 증거가 된다. 그래서 창조의 질서와는 상관없는 결론을 휴머니즘으로 풀어보려는 노력을 기울이게 된다.

사람들이 이것을 거부감 없이 받아드리는 것은 인**정**, 사**정**, 감**정**, 동**정**에 기인한 것이기 때문이다. **정**과 **욕심**이 정욕(情欲)이며, 이것 자체가 삶의 목적과 본질인 과녁에서 벗어난 것이라고 하며, 과녁에서 벗어나는 그것을 '죄'라고 명문화한 것이 창조의 질서다. 민법, 상법, 형사법 등을 말하는 것이 아니다. 물론 포함될 수도 있지만 본래의 정한 이치가 아니다. 명제가 아니라는 것이다. 그것은 과정의 일이다. 재판에서 무죄가 나왔으니 결백할 수 없고, 유죄가 나왔어도 죄인이 될 수가 없는 이유다.

법이 정한 잣대로 보면 어떤 것은 오히려 성스러운 일이고 휴머니즘이 살아 있는 친근한 동기로 볼 수 있으나 창조의 질서와 상관이 없는 그것은 창조의 루틴, 섭리와는 상관이 없는 과녁에서 벗어나는 것이니 정과 욕심을 전제는 창조의 섭리와는 상관이 없는 것이다. 허구다. 거짓이다.

'홀로 있음'을 통해 카오스의 세계를 느끼고 깨닫게 되었어도, 정욕을 위해서 이것을 사용하는 것이 문제가 된다. 신병이라는 접촉점을 경험했어도, 나면서부터 카오스의 세계를 경험했어도 동기를 갖게 되는 그것은 언제나 잘못된 파도를 타고 잘못된 방향으로 가는 것이다. 시작부터가 다르다. 과녁에서 벗어났기 때문이다. 그 과정은 여러 원인이 있을 것이고 특히 한을 극복하려는 의도가 작용했으며, 고통으로 얻은 그 신비(?)를 남을 위해 헌신하겠다는 당위성과 함께 나타나는 현상인 것이다. 어떤 동기라도, 어떤 의도라도 창조의 본성을 '홀로 있음'으로 다 내려놓고 좇는 것 말고는 만날 수가 없다. 동기를 버려라. 홀로 있어라. 그것부터 시작하라.

디스오더에 빠진 친구를 만나다.

필자가 경험하여 바로 잡은 실례를 소개한다. 대학원 재학 중에 방위로 근무했다. 본래대로라면 5대 독자여서 1개월 훈련으로 병역을 마칠 수 있었다. 그러나 4대 독자인 아버지는 함경남도 원산 출신으로 해방 전에 학교를 마쳤고, 철도청에서 근무하다가 인민군이 되어 남침한 인민군이었으니 호적을 지니고 전쟁에 임할 수는 없는 일이었다. 어머니는 황해도 해주 분이시니 나는 실향민의 후손이다.

전쟁이 끝나고 대한민국에 남아 생활하면서 후손을 위해서 호적 관계를 정리해야 했던 아버지께서는 법으로 정한 대로 고향 사람 몇 사람이

보증하여 독자임이 인정되었으나 4대 독자까지는 신원을 인정해 주지 않았기에 본래 5대 독자인 내 호적은 2대 독자가 되었고 방위로 근무해야 했다. 통일되어 북한에 남아 있는 호적을 갖기까지는 그렇다.

보병 17사단에서 4주간 훈련했다. 노란 딱지(이름표)를 받았는데, 파란색, **빨간색**, 흰색, 초록색 명찰을 단 훈련병들이 같은 연병장에서 훈련을 받았다. 기관병도 있었다. 각 부대에는 짬밥을 배식하고 설거지하는 인원이 있었는데, 키 큰 순서로 17명씩 뽑혀갔는데 그중에 뽑힌 나는 나이가 제일 많고 가방끈이 길다고 짬장을 시켜 주었다. 훈련하던 중 호출하면 열심히 뛰어가 배식을 받아다가 훈련 끝나기 전에 배식 준비를 마치고 훈련이 끝나는 즉시로 동기에게 배식을 해 주는 임무였다. 우리는 배식을 마친 후에 남는 음식으로 밥을 먹는 것이 임무였다.

훈련받는 동안 짬장으로 4주간 내무반 생활을 했다. 짬장이라 불침번도 안 섰다. 아무런 신경도 쓰지 않고 훈련만 받고 있었던 터라 주변 환경에는 아무런 신경도 쓰지 않았었는데, 그러던 언젠가부터 내 옆에 있는 동기가 이상하다는 느낌이 들었다. 자세히 보니 지진아였다. 이X수라는 친구였다. 그는 18번 나는 17번이었다. 아마도 집에서 장가보내려고 방위를 보낸 것으로 보였다. 가뜩이나 어리석어 보이는데 방위도 안 다녀왔다고 하면 그나마 장가도 못 갈 것 같아서 보냈다는 생각이 들었다. 돈을 썼다는 생각이 들었다.

역시나 매일, 이 녀석은 이상한 짓을 쉬지 않고 했다. 양말을 접어서 여기저기에 쑤셔 넣기도 하고, 자다가 일어나 공중에 대고 헛소리를 하고, 손을 내저으며 노래도 부르기도 했다. 눈이 마주친 적이 몇 번 있다. 그러면 배시시 웃고는 자리에 다시 자리에 누웠다. 하여튼 이상했다. 워낙 이상해서 모두가 관용하고 덮어주는 분위기였다. 나만 신경을 쓰지 않고 있었던 것이었다. 훈련병일 때는 번호로 상대를 부르는 것이 원칙인데, X수에게는 모두가 다른 이름을 불러 주었다. '또라이'였다.

자신도 알고 있고 친근하게 느끼는 것 같았다. 이대로 그 친구를 그냥 놔두는 것은 옳지 않다는 생각이 들었다. 어떤 식으로든 도움을 주고 싶었다. 그 친구는 늘 친절하게 대하는 내게는 자신의 속마음을 보이기도 했는데, 나를 '25시'라고 불렀다. 대학원 재학 중에 입대한 때여서 내 나이가 25살이었기 때문이었는데, 아마도 '게오르규'의 책을 읽은 듯했다.

　두 주쯤 지난 어느 날부터 그에게 다른 세계를 보여줘야 한다는 생각이 들었다. 그리고 이때부터 이상한 짓 할 때마다 무섭게 눈을 뜨고 아주 작은 소리로 야단을 쳤다. 눈으로 야단친다는 말이 이것이다. -과거에 미군교회에서 예배드릴 때, 자기 아기가 부산하게 장난을 치자 옆에 앉혀놓고 눈을 부라리며 들리지 않는 소리로 야단치던 미군 병사의 모습이 이런 것이었을 것이다. 아이는 울 것 같았지만, 울면 죽는다는 듯한 표정을 지으며 그 큰 눈을 부라리며 다그치는 것이었다. 아이가 울려는 표정을 버리고 잔잔해지는 순간 바로 다정한 아빠가 되어 안아주고 머리를 쓰다듬는 것이었다. 그들이 사회성이 좋은 이유는 바로 이것이다. 한국은 "놔둬라. 크면 다 좋아진다!" 이랬기 때문에 말이 안 통하는 사회가 된 것이라고 나는 확신한다.

　소리는 매우 작았지만 자기가 의지하는 형님이고, 늘 돌봐주고 챙겨주던 형님인데, 갑자기 그러니 긴장할 수밖에 없었다. 좋은 사람 코스프레(costume play)하고 싶은 미련이 남은 사람은 이런 용기를 내지 못한다. 어리석고 잘못된 의식 체계다. 심지어 사랑하는 가족 중에 그런 사람이 있어도 그렇다. 그런 심약함은 상대를 존중하거나 사랑하는 것이 아니다. 그러나 사랑한다면 용기를 내라. 익숙하지 않더라도 사랑한다면 넘어야 할 산이다. 그가 자녀가 되었든, 사랑하는 제자가 되었든 그를 돌볼 마음이 있다면 그래야 한다.

　이상한 짓 할 때마다 공포가 들 정도로 눈을 부라리며 작은 소리로 말했다. 눈으로 욕하는 것이다. "너 일부러 그러는 거지? 계속 이러는 이유가 뭐야? 이렇게 안 해도 되잖아! 계속 이럴 거야?"라면서 격려와 야단을 섞어가며 야단을 쳤다. 매우 작은 소리지만 눈을 부라리며 말했다. 때로는 "야 이 자식아, 왜 이렇게 했어, 다시 해봐!" "이건 뭐야 다시 해!" 이런 식으로 그를 흔들어났다. 자기가 하려고 하는 것이 잘 못된 것을 알아도 방법이 없었을 그였다. 누가 가르치지 않았을 테니 말이다. 자기 감정만 중요하고, 자기 감정표현을 했을 뿐이지, "이렇게 해, 이건 이렇게 하는 거야, 이것은 이렇게 하면 이런 식으로 잘 못 되는 거야"라고 가르치는 수고를 하지 않았기에 문제가 생기는 것이다. 상대가 어렵고 힘든데, 자기 감정이 무슨 가치가 있다는 말인가! 잘 못된 인간이라는 뜻이 되는 것이다. 방법을 가르치지 않아서 하던 식으로 했을 것이다. 대안을 찾지 못했기 때문이다. 스트레스를 폭발할 능력이 안 되니 안으로 싸이고 감각을 관장하는 기관에 하자게 생기게 되어 더욱더 증상이 나빠지는 것이다. 그런 그를 흔들어 자기가 타고 온 파도에서 내려놓기 위한 작업을 했다.

무섭게 하지만 늘 친절한 좋은 형님이니 이 형에게 마저 소외되지 않으려면 말을 들어야 한다는 생각이 들었을 것이고, 나 또한 그것을 의도한 것이다. 눈을 부라리니 공포가 밀려오는 데다 긴장을 하니 근육도 긴장하고 심박도 빨라지면서 긴장하기 시작했다. 그러나 잘한 일이 있으면 매우 기뻐하면서 잘했다고 하고 머리도 쓰다듬었다. 순간마다 그랬다. 코미디 같았을 것이다. 웃고 미소를 짓다가 다시 작은 눈을 부라리며 뭐라고 하고, 머리를 쓰다듬고 잘했다며 등도 다독거리는 경험을 하게 되면서 그의 의식이 널뛰듯 방황하는 그 패턴에 쐐기를 하나씩 박아나가는 것이었다. 감정과 느낌과 인식의 연결이 짧은 특성을 가진 상태였기 때문이다. 그래서 단타로 가야 했다. 미안한 표현이지만 개를 훈련 시키는 모습 다르지 않다. 칭찬과 긴장과 대안과 벗어날 수 없기에 계속되는 습관은 야단을 쳐서 긴장시키고 대안을 다시 보여주고 설명하며 이끌었다. 반응을 보면서 접근해 가는 방식이었다. 긴장, 방향

제시, 보상, 칭찬, 설명 등의 과정을 반복적으로 가져가야 했다. -추후 오프라인에서 설명할 것이다.- 흐름을 보라. 파도를 타라.

연기자가 따로 없었다. 화내다가 웃어주고 머리를 쓰다듬고, 엄지척도 해주고, 반복되는 어리석은 일은 곧바로 지적해 주고 방법을 정해주는 등의 방법을 썼다. 에너지 소모가 상당했지만 그래도 내게 그를 돕고자 하는 마음이 생겼으니 따르는 것이다. 창조의 질서를 좇는 자는 누구라도 '사명'을 받은 자이다. 무엇을 받아서가 아니다.
"잘하네!, 할 줄 알았구나!"
계속 격려했다.
"멋지다. 그렇지!"
격려는 계속되었다.

곤란할 때 나타나는 것이 잠재의식이다. 하던 일을 계속 하는 것은 새로운 자극과 학습에 노출된 일이 없기 때문이다. 그래서 그 잠재의식까지 깨우는 것은 중요하다. 사랑스러운 자식에게 부모는 그렇게 하기 어렵다. 그러나 용기를 내라. 연기라도 해라. 그것이 바로잡는 방법이다. '금쪽같은 내 새끼'라는 프로그램에서 오은영박사가 하는 것을 참고하라. 사랑하지 않으면 할 수 없다. 나무에 가위를 대는 사람은 나무를 사랑하는 사람이라는 훌륭한 고전을 잘 기억하기 바란다.

그녀는 전문의다. 그것을 전공하고 그 분야에서 늘 활동해 온 전문인이다. 그녀는 늘 다정하고 부드럽고 차분하고 작은 소리로 말하지만, 삐뚤어진 아이는 기선제압을 해 놓고 다룬 다음에 원하는 것을 할 수 있는 길을 열어주지 않는가! 긴장이라는 과정이 없다면 하던 짓을 계속하게 되어 있다. 누구라도 그렇다. 이것이 연속성이고 동일화론이다. 이것이 의식의 파장이며 파도다. 이것이다. 이것이 기본적으로 필요하다. 첫 단계가 되어야 한다. 깡패들이 기선 제압하려고 상대를 억압하는 것을 보라. 격투기 경기 전에 오픈세리머니 할 때 서로가 업신여기는 등 자신이 이긴다는 행동을 하는 것을 보라. 흥행을 위해서 그런 시간을 가지만 예고편이 오픈된 것이다. 이런 행동으로 자신의 정신과 마음을 가다듬는 것인데, 그랬거나 말았거나 이것을 이겨낼 힘이 있다면 상관없지만, 비슷하다면 이것으로 경기의 성패가 갈리기도 한다. 이것에 대한 반대급부도 있다.

여기까지는 가야 다음 스텝으로 갈 수 있다. 질서가 있고 그것으로부터 파생하는 파장을 타고 흐르는 것 말고는 없다. 그에 합당하게 서핑하도록 이끄는 것이 자율과 무슨 상관이며, 인권과 무슨 상관인가? 자신의 신념을 창조의 질서에 적용하려는 악한 의도를 버려라. 창조의 질서에 순응하려는 용기를 내고 당신의 신념과 프라우드는 빼라. '정욕'이기 때문이다.

이때부터 눈치를 보면서 조심했다. 그러나 하던 짓은 계속하려고 한다. 당연한 것이 아닌가! 습관을 이기는 것은 없다. 그래서 성실한 사람이 성공하는 것이다. 하지만 이상한 짓을 하려다가 경직한 상태로 나를 본다. 그것이 이상한 짓이라는 걸 모를 수가 없다. 나를 만나지 않았다면 그냥 지났을 것이다. "이것이 내 정체성이라고~"라고 주장하려는 시도가 있는 것이다. 그것은 고집도 아니고 신념도 아니며 사상도 아니다. 다른 대안이 없어서 하던 일을 계속하는 것이다. 그러니 야단을 치려면 나쁘다고만 해서는 해결이 안 된다. '이렇게 해!'라고 해야 한다.

"이렇게 해!"가 없으면 아무것도 하지 말라. "어쩌라고?"라는 말을 하게 될 것이다. 당연히 그렇지 않겠나! 그런 식으로 해결책이 나오지 않으면 더 비틀어지고 더 꼬이게 된다. 나쁜 놈이라고 결정 내리기 위해서 알리바이를 모으는 것이 아니고서야 대안을 줘야 한다. 상대는 그렇게 느낄 수밖에 없는 것이 아닌가! 그것은 서로의 미래가 암울해지는 결정적 단서다. 대안 없이 야단치는 자가 자기감정을 쏟아 놓으면 상대가 어떻게 할 수 있을까? 그것이 야단을 맞은 일인가? 상태가 그렇지 못하고 따를 수 있는 능력이 안 되는 것이다. 상식은 그에게 통할 수가 없다. 그 수준이 안되지 않는가! 누구에게든지 당신의 감정 쓰레기통으로 삼지 않았다는 증거를 가지고 창조자 앞에 서라! 대안을 주고, 방법을 제시하라.

긴장을 시켜놨으면 그다음부터는 대안을 줘야 한다. '이렇게 하는 거야, 이건 잘했어, 저건 이렇게 해야지, 그건 좋아!' 등의 피드백이 반드시 함께해야 한다. 당신의 감정 노출이 그에게 무슨 영향을 미친다는 것인지 생각하라. 알지 못하고 할 능력이 안 되는 자를 다그치며 "나는 잘났는데 너는 못났다. 너를 모욕할 능력이 내게 있는 것이다!"라고 선언하는 것이 아니면 그것이 무엇이란 말인가? 그것 가지고 되는 일이 없다. '어쩌라고?'라며 분을 키울 것이다.

존재론자인 사도 바울은, 자녀 관계에서; '아비들아, 너희 자녀를 노엽게 하지 말지니 낙심할까 함이라(골3:21)' 자녀 관계가 아니라면; '헛된 영광을 구하여 서로 노엽게 하거나 서로 투기하지 말지니라(갈5:26)'라고 선언했다. 우주와 만물과 인생은 그런 파장을 전제로 그렇게 만들어진 존재이다.

이상한 행동이 나오기 전까지는 자상한 눈으로 쳐다보며 "이렇게 하는 거야! 잘했어. 훌륭하네"라며 그를 격려하는 것도 잊지 않았다. 이것이 방향을 정해주는 가장 중요한 다음 단계다. 이때가 다른 파도를 타는 시작점이다. 며칠이 지나는 동안, 이 훈련을 계속했다. 2주가 되었다. 훈련하는 과정에서도 기회가 닿는 대로 계속 돌보며 함께 했다.

처음 경험해 본 것이니 당황했을 것이고 새로운 방법이니 어느 정도 해야 적응한 것인지 알 수 없었기에 눈치를 많이 보고 있었다. 교육학의 명제 중 **'교재가 아니고 교사다!'**라는 명제가 있다. 한다고 되는 것도 아니고 안 한다고 되지 않는 것도 아니며, 시간의 문제, 관계성의 문제 등을 넘어 모든 것이 교사(직)에게 달렸다. 개인의 역량이다.

동수는 이렇게도 해보다가 저렇게도 해보았다. 그것을 보고 있을 형님이 있으니 해보는 것이다. 매우 좋은 현상이다. 안심하고 자신을 조절해 가는 과정이다. 지켜보고 있다는 것을 알고 있고, 간혹 나를 쳐다보지만, 잘못된 행동으로 이어지지 않으면 고개를 끄덕이며 격려했다. 무슨 행동을 해도 일반적이지 않은 행동을 했다면 그동안은 또라이라며 비웃음과 모욕을 하거나 야단만 맞았을 그였다. '어떻게 하는 것인지?' 주도적으로 해본 일이 없었을 터였다. 그것을 자상한 눈으로 바라봐 주었다. 나쁜 행동을 하다가도 나를 쳐다보았다. 아무 표정을 짓지 않으면 천천히 하던 행동을 계속했다. 그 그림을 상상해 보라. 아이가 성장하는 과정 같지 않은가! 웃어주면 행복해하고 노려보면 멈추고 눈을 부라리면 머리를 꾸벅이며 미안하다는 행동도 한다. 그리고 바로 잡는다. -그것이 중요하다. 그런 눈이 아니면 눈을 감아라! 당신의 속에 있는 그 무엇이 나타나기 때문이다-

매일 반복되는 행동을 살피며 그의 변화를 살펴주기로 했다. 이상한 행동을 하면 그때마다 무섭게 뜬 눈으로 다시 하라고 말했고, 잘하면 머리를 끄덕이며 잘했다는 사인을 줬다. 엄지척도 해 주었다. 그리고 칭찬의 횟수가 많아지면서, 이제는 무언가 되어가는 것이었으니 행복해하는 모습을 볼 수 있었다. 아마도 그런 경험은 없었을 것이다. 이런 가르침은 책에 나오는 것이 아니다. 당연히 알 수 없는 일이었을 것이다.

자신의 행동이 어떠한 것인지 평가해 주는 과정을 거쳐야만 인성이 형성된다. 이른바 '피드백'이다. 잘한 것이 무엇인지 알지 못하는 일반 사람은 그를 객관적으로 관찰할 수가 없었을 것이다. 순간순간 이런 표정으로 말하게 되니, 잠들기 전까지 꼼짝없이 훈련을 받는 것이었다. 어린아이가 새로운 사람을 만났을 때, 엄마의 눈치를 본다. 엄마와 친하다고 느끼거나 반가워하면 안기고 경계하면 울거나 도망을 친다. 강아지도 그렇다. 주인이 경계하면 짖고, 반가워하면 만져도 허락한다. 특수한 아이들은 **빼라**.

　X수는 계속 눈치를 보면서 필자의 피드백을 요구했다. 그때마다 피드백을 주었다. 언제나 그랬다. 그가 피곤해했을까? 아니다. 그는 매우 행복한 표정으로 미소를 짓기도 했다. 그들이 가지고 있는 고유한 표정을 넘어 표현이 들어있는 표정도 지었고 물론 혈색도 달라졌다. 그전처럼 행동도 굼뜨지 않았다. 달라지고 있는 과정 중에 있었다. 의식은 실존이다. 교사나 자연 만물이나 교사는 접촉점일 뿐이다. 그 파도를 타고 흘러가도록 돕는 수단일 뿐이다. 이것이 창조의 질서에 적응해 가는 과정이다. 마음에 밀려오는 평안을 체험하는 듯한 모습을 볼 수 있었다. 어느 순간에는 공감하여 같이 웃기도 하는, 의식의 파장이 교차하는 순간도 몇 차례 있었다. 아름다운 추억이었다.
　이것을 2주가 조금 넘었다. 그리고 이제 마지막 주가 되었다. 이번 주말에는 퇴소식이다. 마지막 주간에 오전에는 유격, 오후에는 PRI 훈련을 했다. 매우 힘든 커리큘럼이 잡혔다. 누가 방위를 신경 쓰겠나? 지도부에서 그들의 필요에 따라 돌려가면서 훈련하는 것이다. 군가도 하나 딱 배웠다. '멋있는 사나이'다. 다른 색 명찰을 가진 훈련병들은 이동하면서 여러 노래를 불렀는데, 우리는 아쉬웠다. 방위에게 스트레스를 풀도록 하는 행동도 있었는데, 내가 있는 한 어림없는 일이었다. 모두 혼내주었다. 책에서 그것을 말하기는 어줍다.
　사격장에서 PRI[19]를 하다가 5분간 휴식 시간이 주어졌다. 꿀맛 같은 휴식이었다.

---

19) 사격술 예비훈련(PRI, Preliminary Rifle Instruction) → 영점사격 → 실거리 사격 순으로 진행된다. PRI는 실제 탄을 쏘는 과정은 아니고 영점사격부터 실탄을 수령하여 사격한다. PRI에는 별도의 합격-불합격 같은 것은 없고, 영점의 경우에는 영점획득 판정을 받으면 합격, 실사격의 경우에는 20발 중에서 12발을 맞히면 합격이다.(나무위키) 필자는 17발을 맞혔다.

"노래할 놈 없나?"

구대장이 말하자, X수가 손을 들었다.

"제가 하겠습니다."

"또라이, 야, 또라이가 왠일이냐?"

박수를 치고 소리를 지르고 휘파람을 불고 난리가 났다. 재밌어 죽을 놈들처럼 환호성을 부르고 있었다. 재밌는 현장이었다. 팔짝팔짝 뛰는 놈들도 있었다. 너무 웃기지 않은가? 말도 제대로 못 하는 놈이고 올바른 자세로 제대로 서 있지도 못하던 놈이었으니 말이다. 기대 만발이었다. 담배도 피우고 공연도 보는 시간이었다. 무대 앞에선 X수가 말했다.

"저는 노래는 못합니다. 노래 말고 웅변을 해보겠습니다""와~ 또라이, 또라이~"를 연호했다.

웃어 죽는다고 난리가 났다. 구대장의 허락을 받고 X수가 나섰다. 구대장도 웃었다. 평온한 모습이었다. 다들 아시겠지만, 그들이 가지고 있는 고유의 표정과 제스쳐(gesture)가 있다. 그런데 그 시간은 그런 것이 없었다. 올바로 서 있었다. 그리고 준비를 하더니 웅변이 시작되었다.

"만장하신 여러분, 저는 오늘 여러분과 함께, 우리의 미래를 이야기하고자 합니다. 오늘날 우리의…"

연설이 이어지면서 한 손을 올리고 두 손을 올리고는

"힘주어 외칩니다"까지 마쳤다.

제대로 했다. 집에서 여러 가지 공부를 시킨 것 같고, 성실하게 원고를 외우고 있었던 것 같았다.

"와!~ 또라이, 또라이~"

난리가 났다.

동기들은

"저놈 또라이 아니었나 봐!"

"일부러 그랬던거 아냐?" "왠일이니..."

그러는 와중에 몇 놈이 나를 쳐다보았다. 나는 다른 곳을 바라보며 모르는 척했다. 나도 놀랐다. 정말 멋진 공연을 본 기분이었다. 동수는 웅변을 마치고 정상적인 소리로

"감사합니다"

꾸벅 인사를 하고는 자리에 정상적인 자세로 앉았다. 처음 보는 태도이고 목소리였다. 거수경례를 했다면 완벽했을 것이다.

그리고 그날부터 퇴소하는 며칠 동안은 내게 늘 감사하다는 말을 했다. "25시~ 감사합니다"라는 말이었다. 정상적인 목소리였다. 정상적인 태도였고 정상적인 발음이었다. 예의도 갖췄다. 군대에서는 존댓말 쓰지 못한다. 그런데 이 녀석은 그렇게 인사를 했다.

X수의 당시 상태를 보면, 순진하다는 느낌은 들었지만, 지진아, 박약아라는 생각이 들지 않을 정도였다. 변모한 모습을 갖추고 있었다. 의식은 실존이기 때문이다. 그 주에 퇴소하였고, 몇 주 뒤에 X수와 같이 근무하던 동기들에게 소식을 전해줬다. 나이키 방공포에서 근무하던 시절이었다.

"형님, 동수네 엄마가 되게 고맙다고 전해 달랍니다"

"나도 감사하다고 전해드려" 그리고 몇 달이 지났을 때 동기 중 한 명이 또 다른 소식을 전해왔다. 형, '예전과 같이 다시 또라이 짓을 한대요'라며 연락이 왔다. 그 녀석 때문에 비상도 두 번이나 걸렸단다.

훈련이 부족했기 때문이고 누군가가 그를 계속 돌봐야 할 상황이었다. 최소 그가 살아온 삶의 1/10 정도는 필요한 삶이다. 2년은 걸릴 것이었다. 그러나 시간이 없었고, 그를 받아 줄 수가 없었으니, 방법이 없었다. 그의 앞길을 돌봐주실 줄 믿는다.

8장.
'나만의 우주', '가상공간'은 존재의 보고(寶庫).

공부로는 안 되는 시대가 도래했다. AI의 시대다!

　뉴스에 따르면, 2025년 현재 중학생 절반이 앞으로는 전공을 살려 직업을 갖기 어려운 세대에 돌입했다. 시대가 바뀌었기 때문이다. 타자, 주산, 부기 학원이 사라진 것과 같다. **스티븐호킹** 박사가 한국을 1주간 방문하고 떠나면서 사자후(獅子吼)[20]를 남겼다.
　"한국은 이상하다. 곧 사라질 학문에 주력하고 있다"
　고정관념에 묶여서 미래를 준비하지 못하고 있다는 것이다. 공부하되 미래를 준비했어야 한다는 말이다. 제3의 물결(The third wave)의 저자인 **알빈 토플러**도 우리의 교육 현장을 다녀보고는 같은 말을 하고 떠났다. 호킹이 다녀가기 30년 전의 일이었다.

　공부한다는 것은 누군가가 연구해 놓은 자료들을 학습하여 원리와 과정 등 공학적인 문제와 연구 실적과 결과 등을 통해 같은 아류의 연구를 더 깊이 할 수 있도록 자료를 제공하는 기능을 말한다. 변하지 않는 질서이니 상당한 진보가 있었고 지금도 그것을 근거로 많은 것들이 이루어지고 있다. 그런 것을 전제로 한다면 세상없이 잘 이해한다고 해도 초일류는 될 수 없을 것이다. 아류가 전부인 구조다. 기초 학문에는 매우 중요한 요소가 될 수는 있다. 그것은 중요하다. 그러나 그것으로 없는 새로운 개념이나 연구를 해내는 데는 한계가 있다. 연구하는 능력이 더욱더 필요하다고 할 수 있겠다.

---
20) 크게 부르짖어 열변을 토함- 네이버.

1993년 6월 7일 삼성의 **이건희 회장**은 비행기를 전세 내어 세계에 퍼져있는 모든 사장단과 임원들을 독일 프랑크푸르트의 캠핀스키 호텔로 불러 모아 사즉생의 각오로 남긴 어록이 있다. 그리고 그가 남긴 어록은 삼성 60년사에서 가장 중요한 순간으로 꼽히는 연설이 되었다. 이 회장은 이 자리에서 우리는 "죽느냐 사느냐의 갈림길에 서 있다"라며, 삼성 제2의 창업을 선언했다. 그가 남긴 말은; '마누라와 자식 **빼고** 다 바꿔봐!'였다. 고정관념에서 탈피하라는 말은 아무나 하지만, 그것을 구체적으로 표현한 것은 이 회장다운 연설이었다. 나는 그 연설을 지금도 거의 암기하고 있다. 사즉생의 각오로 일하고, 물품의 질을 개발하고 불량을 현저히 줄이되 생산량을 혁신적으로 줄이라는 취지의 명연설을 남겼다. 그분을 만났으면 좋았을 것이었다.

공부는 유전이 96%이고 노력은 4%다. 유전이 아니면 아무리 열심히 해도 안 된다는 뜻이다. 20여 년간 연구한 하버드 대학교의 발표라며 국내 여러 방송에서도 여러 차례 방영된 공증된 자료다. 공부 능력은 유전이라는 것이다. 아무리 열심히 해도 공부에는 영향을 미치지 못한다. 현저히 그렇다. 운동은 77%, 예능은 88%, 게임 능력은 78%가 유전에 영양을 받는다. 그러나 질병 등 유전병, 체질 등의 장, 단점도 그렇다. 최소 25% 이상은 무조건 유전된다. 그러나 성공은 재능으로 하는 것이고 열정으로 하는 것이며 관심과 발견으로 시작하는 것이다. 결핍이 원인이고 접촉점이라는 의미다. 그러니 관심을 가져라. '홀로 있음'을 집필한 것도 그것을 입증하려는 시도로 봐 주기 바란다.

부모가 제대로 학업을 하지 않았더라도 그 머리가 영향을 미친다. 생각하는 방법과 논리 구도가 작용하는 것이며, 더 깊게는 뇌의 기능이 그렇다. '공부 머리'는 유전이다. 환경이 받쳐주지 못해서 공부를 못했더라도 유전인자를 가지고 있는 사람은 하면 된다. 어찌 되었든 공부는 유전이다.

생활이 어려워 막노동하던 사람이 조카들이 놀아달라고 아우성치는 집에서 밥상에 앉아 늦은 나이에 공부했어도 서울대 법대에 합격하고 현재로는 변호사로 일하고 있는, '공부가 제일 쉬웠어요'의 작가 **장승수** 씨 같은 사람도 있다. 부모가 공부를 안 했어도 유전이 있다는 말이다.

그러나 성공 여부는 지혜와 재능으로 된다. 관심과 열정으로 된다. 결핍으로 된다. 그래서 보통 사람에게도 희망이 있다. 성공은 공부와는 다른 영역이다. 그러나 교육의 의무인 학창 시절의 아이큐와 학습성취 능력으로 사람의 실력을 평가하는 것은 가장 합리적이고 객관적인 판단 기준이며 아울러 학교의 순위는 사회적 욕구에 부합하는 기준이라 할 수 있다. 공부가 필요 없다고 말하려면 하버드를 졸업한 사람의 입에서 나와야만 가치가 있다.

보통 사람을 특별하게 만드는 방법이 있다. 이것은 머리가 아니다. 관심이다. 그것을 왜 강조하는지 아시기를 바란다. '내가 이것을 왜 해야 하는가?'를 명백히 알면 된다. 그것을 모르면 목적을 성취할 수 없다. 그런데 모르는 사람도 있을까? 없다. 명백히 없다. 그렇다면 그것이 무슨 뜻일까? 간절함이다. 결핍이다. 꿈과 이상을 위해 준비하고 진행하는 것이라면, 반드시 결과를 본다. '왜?'를 모르면 아무것도 성취할 수가 없다. 무엇을 원하는지 알지 못하는데 무엇을 성취한다는 말인가?

우리 속담에 '고생은 사서도 한다!'라는 말이 있다. 그 과정을 통해서 know-how가 생기고 이력이 박히면 부끄럽지도 않고 자존심이 상할 일도 없이 그 목적을 위해서 매진한다. 생각도 간절함도 끈기와 열정과 결핍도 없어서 고생하는 사람은 사지 않아도 그렇게 된다. 걱정마라.

간절히 바라는 그것에 가깝게 나아가게 된다. 간절함이고 결핍이다. 이 상태에서는 '목적'만 남는다. 그리고 그것을 밤낮 마음과 정신에 새기면 반드시 그것이 나타난다. '홀로 있음'은 그것을 설명하는 책이다.

창조는 존재의 나타남이다. 우주와 만물은 나타내려고 만든 것이다. 찾고 구하고 두드리는 일을 계속해 나갈 수 있다면 누구라도, 어떤 것이라도 진보를 이룰 수 있다. 그리고 온전한 의미에서의 성공은 '개발' 하고 '발명'하는 일이다. 그것을 하기를 강력히 추천한다. 문명을 당신이 개발해 낼 수 있다. 누구에게나 나타내려고 준비하고 있는 것이 창조의 섭리다. '홀로 있음'을 통해서 나만의 우주인 '가상공간'으로 들어가라. 그리고 만나라. 찾고 구하고 두드려라 열리려고 주려고 만나려고 준비하고 있는 것이 창조의 질서다. 언약이다. 그것은 내가 하면 되도록 되어 있다. 언약이다. 깨닫기를 축복한다.

'가상공간'에서 만들 수 있는 것은 무한대다. 전기나 TV, 전화기, 원자력 발전, 컴퓨터, 핸드폰, 유전자와 AI 등 모든 문명은 '홀로 있음'을 통해서 가상공간에 들어가서 찾고 구하고 두드려 열린 카오스의 세계에서 만나게 된 존재 본성의 나타남이다.

'하늘의 것'이 '땅의 것'으로 나타나 문명으로 안착한 것은 겨우 0.1%도 되지 않는다. 나머지는 독자께서 만들어 내라. 거듭 말씀드리거니와 창조의 목적은 나타내기 위함이다. 그것을 위해서 우주와 만물을 창조한 것이다. 관심을 가지면 된다. 암기가 아니다. 공부도 아니다. 관심이다. 이제부터는 '홀로 있음'을 경험하라. 로봇이 전쟁을 준비하든, 인공지능이 미래를 예측하든 상관없다. 창조의 보고인 '가상공간'으로 들어가라. 세기를 앞서고 인류를 구해낼 것들이 얼마든지 있다. 독자께서 하면 된다. '창조는 누구에게나 언제라도 나타내는 것이 목적이라는 것'을 잊지 말라. 새로 개발할 것들은 무한대다. 놀랍지 않은가!

그리고 놀라운 보상을 경험하게 된다. 하늘의 것이 땅의 것이 되는 것을 경험하면 세상에서 경험할 수 없는 것들이 위로부터 쏟아져 내려온다. 감당할 수 없는 행복, 평안과 위로와 자유가 내려온다. 세상이 줄 수 없는 것이 그 배에서 흘러나온다. 위로부터 임해 배에서 샘솟게 하는, 마르지 않는 샘을 누가 거절하겠는가!

'홀로 있음'은 '나만의 우주'인 '가상공간'에 진입하는 접촉점이다. 계속해서 존재로부터 파생하는 파도를 타고 진입해 가는 과정이니 몰입해 가는 것이며, 파장을 타고 흐르고 흘러 본성을 만나게 되는 것이다.

'하늘의 것'은 침노하는 자의 것이다.[21] 이렇게 존재의 본성을 좇다가 만나고 경험한 것으로 인해 창조의 본성을 경험하게 되고 그에 합당한 존재가 되려는 이끌림을 받는다. 이것이 파장을 좇아 본성을 만나도록 루틴을 정해 놓은 창조의 섭리이다.

'가상공간'에서 '존재의 본성'을 만나라.

'존재의 본성'을 만나기 위한 기본적이고 본질적인 시도가 '홀로 있음'이다. 잠잠히 바라라! 잠잠히 구하고 찾고 두드려라. 어떤 동기도 버려라. 소위 기도 제목이라는 것을 갖지 말라는 것이다. 문제를 올려놓고 어떻게 할 것인지, 어떻게 해결할 것인지를 잠잠히 좇으라는 것이다. 이것을 어떻게 하면 되는지, 그 문제를 올려놓고 그것을 어떻게 할 것인가를 구하는 것이다. 그 과정에서 창조의 질서를 좇으라. 나타나는 작은 파장을 타고 서핑해 들어가라. 본질을 만나기까지 계속 서핑해 들어가라. 그러면 존재의 본성에 한 발 더 가까이 간다. 이렇게 한 발 더, 한 발 더 가까이 가서 그 본체의 형상을 만나는 것이다. 이 상태에 머물기 위해서 깊은 산으로 들어가도 되고, 드넓은 광야로 나아가도 된

---

21) 세례 요한의 때부터 지금까지 천국은 침노를 당하나니 침노하는 자는 **빼앗느니라**(마 11:12) 왜 세례요한이 등장했는가? 세례 요한은 세례를 받으라는 자이다. 죄를 씻으라는 것이다. 죄로부터 자유함을 얻으면 천국에 입성한다는 말씀이다. 사도 바울은 '하늘의 것'과 '땅의 것'이 그리스도로 통일을 이루려 하신다(빌1:10) 라고 선언했다. 하늘의 것이 땅의 것이 되는데, 왜 그리스도가 개입되는가? '세례요한 이후의 사람이 천국을 침노하여 소유한다는 선언'과 연계하면 답이 나온다. 그것을 풀어내는 것이 '홀로 있음'이다. 계속 읽어주시기 바란다. -필자 주.

다. '골방으로 들어 라가'는 이 말씀에 모든 언약이 있다. 심리적으로 느끼는 평안과 감정도 중요하지만, 본질을 찾기 위해서는 어디에 머물든지 '홀로 있음'의 상태로 들어가면 된다. '골방'이 그것이다. 골방 곧 '홀로 있음'이 모든 것을 시사하는 언약이다.

빌게이츠와 임원들이 각자가 1년에 한 차례 갖게 되는 'thinking weeks'는 신문과 방송과 핸드폰 등의 외부의 정보를 완전히 차단된 곳에서 2주간 보내며 홀로 생각하고 고민하고 침묵하며 몰입하는 경험을 한다. 존재의 본성을 만나는 것이다. 그들은 그것이 자연스럽다. 성경대로 하는 것이다. 그것을 공개적으로 하는 것일 뿐이다. 누구라도 이 상태를 경험하지 않고 세상에 이름을 낸 사람은 없다.

컴퓨터의 기능과 새로운 프로그램 등의 발전을 위해 무엇을 할 것인가 등을 생각하는 시간을 갖는 것이다. 문제 삼는 그것만 생각하면 그것의 본질을 찾게 된다. 그렇게 만들어 놓은 것이 창조이기 때문이며, 이것이 곧 몰입이고, 존재의 본성으로부터 발현하는 파장을 타고 본질을 향해 서핑해 들어가는 것이다.

그 결과로 우리는 편하게 컴퓨터를 활용할 수 있는 시대를 맞았다. 생각해 보라. 맨 처음에 컴퓨터가 나왔을 때, 접속하기 위해서 여러 과정을 거쳤다. hwp를 치고, 어디로 들어가고, 뭘 또 하고, 또 접속하고 많은 시도 끝에 화면에 Windows가 나왔다. 고생이 많았다. 그러나 지금은 마우스도 나왔고, 접속도 쉽고, 검색도 쉽다. 기능은 말할 수 없이 좋아졌다. 그들의 노력이 이렇게 만들어 놓은 것이다.

문명과 문화 그리고 역사가 '홀로 있음'을 통해서 나만의 우주인 '가상공간'에 들어가 맘껏 상상하고 조합하고 실험하여 현실화한 결과물이다. 단언컨대, 가상공간에 들어가지 않고 문명을 이끈 사람은 인류에는 한 사람도 없다. 있을 수도 없다.

존재는 파장이며, 파장을 발현하면서 존재로 항존하는 것이다. 그렇기에 그 파장이 흘러나오게 되어 있다. 꽃이 피면 향기가 퍼지고, 봄이 되어 태양이 가까워지면 땅을 녹이는 열기로 아지랑이가 피어오르는 것과 같다. 존재가 있으면 나타난다. 나타나지 않는 것은 존재가 아니며, 창조 이후에 존재가 아닌 것은 없다. 창조의 세계는 존재의 세계이며, 존재의 세계에 있는 모든 존재는 파장을 가지고 있다. 그래서 **존재의 명제는 '파장'이다.**

문명을 만들어 낸 사람은 찾고 구하고 두드려 존재의 본성을 만나게 된 것이다. 확신과 고백은 그 세계를 알고 접하여 이루어갈 수 있는 접촉점이 될 수는 있다. 그러나 알고, 생각했던 이것이 나타나지 않으면 허구다. 그러다 마는 것이다. 가치가 없는 몽상이다. '행함이 없는 믿음은 죽었다!'라고 단언한 사도 바울의 믿음의 정의는 '견해'가 아니다.

창조의 섭리이고 질서이며 본질이다. 우주와 만물에 '이미 존재하고 있는' 존재의 본성, 질서로부터 발현하는 파장을 좇아 흘러 들어가 결국에 본성을 만나 그것을 현실화한 것이다. 그것이 문명이고 문화이며 역사가 된 것이다.

창조 이전의 상태도 존재다. 창조가 존재의 나타남이라면, 나타나기 이전 즉, **'창조 이전'의 상태**는 어떠했을까? 그 상태도 역시 '존재'였다. - 중세부터 사용하던 '카오스'라는 단어를 사용했으며, 그 개념으로 이 상태를 입증할 것이다.- 그러므로 '존재가 아닌 것은 없다'라는 것이 창조의 비밀이다.

입증되지 않으면 없는 것이다. 창조자께서는 존재의 본성을 나타내려는 목적으로 천지를 창조하셨으며, 사도 바울이 이것을 입증하는 일을 한 최초의 인류이며, 택정(擇定)[22]된 사도이다.

---

22) 여럿 가운데서 어떤 것을 뽑아 정함이라는 의미다.-네이버

육체는 유한하다. 그러므로 '인생'이란 육체가 있는 동안의 삶을 말한다. 그 삶이 창조에 합당한 것이어야 창조에 부합한 실존이다. 육체가 있다는 것은 천국에 합당한 사람이 되기 위한 훈련 기간이며 그에 합당한 존재라는 것을 입증할 기회다. 육체로 하는 것이며, 생각과 확신으로 실존이 바뀌는 훈련을 어떻게 할 수 있다는 것인가?

육체로 내가 행한 내 실존만이 '나'이다. 의식은 곧 나타날 나의 실존이며, **인식**은 그냥 있다가 마는 허구다. 나타나지 않는한 존재하는 것이 아니다. 많은 가치 중에 하나를 생각한 것이 내가 될 수가 없다. 나타나 입증되어야 그것이 나이고 그것이 믿음이다. 그것이 창조의 섭리에 합당해야 천국에서 영원히 살 수 있는 존재가 된다. 그것을 위해 나아가는 삶이 믿음이다. 천국은 그런 사람이 가는 곳이다. 육체가 있을 때만, 훈련이 가능하며, 내게 불어 넣으신 창조자의 영이 창조자의 본성으로 '돌아가실 때' 천국에 거할 존재가 되었는지 그렇지 않은지 즉각적으로 입증된다. 이미 사람의 마음에 창조자의 영이 들어와 있으며, 알도록 이끌고 있었기 때문이다. 나와 상관없이 내 속에 불어넣어 마음에 거하여 '기관'으로 작용하고 있었기에 변명도 소용없고 거짓도 소용없으며 한순간의 표정과 말과 태도로 실존을 논할 수가 없는 것이다.

하나님의 영이 불어넣어져 있는 존재가 사람이다. 살아있는 영적 존재가 사람이다. 마음에 있기에 행하고 결정하는 주체가 바로 심령이기에 변명할 수가 없다. 심령으로 원하고 이끌어 창조의 섭리를 좇을 수 있도록 이끌어도 그것을 저버리고 정욕을 좇는 것을 심령이 어떻게 모를 수가 있을까? 마음으로 결심하고 행동한 그것이 바로 심령을 통해 나타나는 것이니 변명도 거짓도 있을 수가 없다. 냄새를 맡을 수 있는 기관이 코안에 있는데, 숨을 쉬면서 냄새를 맡지 않겠다고 하는 것과 다를 바가 없다. 그 기준은 너무도 명백하고 누구도 변명할 수 없는 상태를 전제로 한다. 이것이 창조의 섭리다.

어린아이를 비유한 이유가 있다. 깨닫기를 축복한다. 아무런 동기도 없고, 아무런 지식도 없고, 경험도 없으며 확신과 고백도 없다. 지식과 경험도 없으니 주장할 것도 없다. 창조자께서 이끄시는 그대로 그에게 창조의 이끌림과 온전하심이 나타나는 것이다. 그대로 따르고 그대로 행하여 그에 합한 열매를 나타내는 삶을 가진 존재가 바로 '어린아이'이다.

확신과 고백이 가치 있는 것이 되려면; 이념과 사상과 같이 그 확신이 마음과 정신에 자리하고 있어서 그에 합당하게 행동하고 생각하고 결국엔 행하여 열매를 맺게 된다면 의미가 된다. 부뚜막의 소금 짠 줄 알면 짜지는가? 옳은 말을 하면 옳은 사람인가? 선택한 것이다. 나타낸 것이다. 그가 그에 속한 사람인가? 그것은 그의 삶으로만 입증되는 것이다. 속지 마라. 인식과 실존은 다르다. 매우 명백하다.

사도 바울이 한 말대로 '너는 확신해라 나는 행위로 내 믿음을 입증하겠다!'라고 선언한 '믿음의 본질'을 깨닫기를 축복한다. 합당한 증거를 보여라. 행하는 것 말고 입증할 방법이 따로 있다면 보이라는 것이다. 그것 말고는 거짓이며 허구다. 말만 있는 것이다.

몸이 움직이려면 '마음'에 열매 맺혀야 한다. 마음에서 결정된 것이 행동으로 나타난다. '결심(決心)'23)이 그것이다. '마음먹음'이라는 개념이 그것이다. 먹으면 그것이 나다. 그것이 몸이 된다. 살이 되고 피가 되고 내가 된다. 결심이 그것이다. 행동은 결심으로부터 시작되고, 훈련된 습관이 나타나는 것이다.

범행한 자들이 굳이 '술에 취했다.' '못 봤다.' '심신 미약이다' 등으로 거짓을 말하는 이유가 바로 결심한 것이 아니니, 사고일 뿐이라고 주장하기 위한 것이다. **마음과 의지에 맺힌 그것이 그 사람의 실존이기**

---
23) 마음을 굳게 정함, 마음먹음-네이버

때문이다. 이것으로 죽고 사는 문제가 결정된다. 성경에서 함무라비법전이 나왔다.

누구도 핑계할 수 없다. 창조자의 '숨(영:靈)'을 사람의 '마음'에 불어넣어 '기관(器官)24)'이 되었다. 몸의 한 기관이라면 먹고, 마시고, 생각하고, 마음먹는 그 모든 것의 통로에 창조자의 숨을 불어 넣었다는 것이다. 숨 쉴 때, 숨구멍 앞에 냄새 맡는 기관을 넣어 놓은 것과 같다.

누구에게라도 판단 기준도 같고 이끌림도 같고 나타나는 현상도 같다. 그래서 '핑계할 수가 없다'고 못 박았다. 이 기관은 눈, 코, 귀, 입, 피부와 같은 '육체의 기관'과 함께 '마음'에 자리 잡아 창조의 질서를 느끼고 깨닫고 이끌린다. 그래서 결심만 남은 것이다. 그리고 창조의 섭리대로 이끌리고 그대로 받아 결심하는 그것을 선한 마음이라고 하며, 선한**량**, 마음**심** 곧, 양심(良心)이다. -양심론에서 밝힐 것이다.-

창조자의 숨이 거하는 모든 존재는 귀하다. 서로가 서로에게 그러하다. 창조자께서 마음에 창조자의 영을 불어넣으셨기에 숨 쉬는 모든 사람은 창조자의 영이 거하는 존재다.

창조자의 이끌림은 창조자의 속성인 심령에서 인지한다. 전파를 잡는 것이 안테나인 것과 같다. 심령으로 창조자의 이끌림을 알도록 하시려고 우주와 만물에 있는 존재들이 파장을 가지고 존재한다. 그 파장을 통해서 그것들이 창조자의 섭리로 존재하는 것들임을 알게 하신다.

우주와 만물만이 아니다. '율법의 마침이 그리스도'인 것과 같이 '창조의 마침'은 천국이다. 천국에서 영원히 살아갈 존재가 되는 것이 육체가 있는 동안에 준비해야 할 사명이다. 목적을 위해서 과정을 주신 것이니 육체가 있는 동안에 천국에 합당한 '내 실존'을 '내가' 정해야 한다. 그것을 믿음이라고 하며 행함으로 입증되어야 실존이다.

---

24) 일정한 모양과 생리 기능을 갖는 생물체의 부분- 네이버.

확신했더니, 확신한 '언젠가의' 그 경험을 전제로 견인해서 천국까지 가도록 했다는 망상을 버려라. 견인론의 하자는 말로 못하게 위험한 결과를 초래했으며, 모든 교리가 전체주의인 가톨릭이 세상을 지배할 무렵부터 활성화된 학문적 견해일 뿐이다. 통치 수단일 뿐이다. 웨슬리는 '교리는 학문적인 견해'라고 말했으며, 확신과 고백은 온전한 실존을 위해서 날마다 고백하고 확신하며 마음에 새겨야 할 귀중한 접촉점이나 그것 자체가 실존이 아니다. 고백하고 확신했으니 '그 고백과 확신에 합당한 존재가 되었다!'라는 그런 일은 발생할 수가 없다. 그런 것은 창조의 섭리가 아니며, 거짓되고 악한 사단의 누룩일 뿐이다.

확신과 고백이 실존이라는 생각은 미혹이다. 논리에 맞지 않는 주장일 뿐이다. 확신하면 다음 것은 당연히 행함으로 나타날 것이라는 기대는 망상이다. 실존을 보라! 악을 행하는 기준도 확신했기 때문이다. '대부(Godfather)'를 보았을 것이다. 범죄 하기 전에 기도하고 거사를 치르러 간다. 성호도 긋는다. 범죄 하는 악한 일을 하는 자들이 왜 교회에 숨어들었는가? 확신과 고백이라는 면죄부를 줘서이다. 그것이 맞는가? 양심이 있으니 알게 되어있다. 깨닫기를 축복한다.

문명의 탄생- '하늘의 것'이 '땅의 것'이 되었다.

문명은 창조 이후부터 계속 발전해 왔다. 문명의 이기를 만들고 적응하며 문화와 역사로 이어지는 것이다. 예를 들면; 영국이 산업혁명을 주도했다. 직조 기술에 의한 것이다. 먹고 마시는 농수산 산업이 충족되면 다음 산업에서 부가가치가 생긴다. 그것이 의복이다.

의복도 일상복을 넘어 사교계에서 사용하는 고급 의복은 양털로 만든 것이다. 추위에서 꽁꽁 싸매지 않아도 멋지게 표현할 수 있는 의상을 입고 다닐 수 있다는 것은 일차산업으로 부유하게 된 사람이 추구하는 사치이고 차별화된 부의 상징성이었다. 누구라도 그렇게 했다. 그것이 본성이다.

영국이 목양 사업을 통해서 부유해지면서 이것을 시도했다. 우리가 어렸을 때까지만 해도, '영국식 양모'라는 소재로 양복을 만들었다고 하면 상당한 고가였다. 그전에 입던 양복과는 비교할 수가 없이 비쌌다. 영국이 이것을 시작했고, 2세기 동안은 이 산업이 온 세상의 경제를 이끌고 가는 산업의 중심에 있었다. 이것이 바로, 산업혁명이다.

산업혁명의 문을 연 것은 영국이고 이것을 발전시킨 것은 바로 미국이었다. 미국이 노예를 해방할 것인가 말 것인가로 고민한 이유도 목화솜으로 옷을 만들어 세상에 수출하는 일을 해서 부를 창출해 왔던 것이 원인이었다. 명분이냐 실리냐? 그것이 문제였다. 그 상태에서 부가가치가 높은 양모가 옷으로 만들어지고 상당히 부가가치가 높은 품목이 되면서 경제적인 흐름이 일차산업에서 가공과 직조 기술 등의 산업으로 발전해 가는 시기가 도래한다.

농사보다 목양을 통해 부를 쌓아온 영국의 바통을 이어받아 이를 연구하여 미국이 직조기계를 만들어냈다. 미국이 영국의 바람을 가장 구체적으로 완성한 나라다. 문명의 번성은 미국에서 나타났다. 직조기계는 개발품이다. '하늘의 것'이 '땅의 것'이 된 발명품이다. 이렇게 문명이 진보를 이루었다. 개발은 존재의 보고인 가상공간으로부터 시작된다.

모든 연구는 가설로부터 출발한다. 그리고 그것을 입증하고 현실화하는 것, 곧 적용하는 것으로부터 문명의 문이 열린다. 그것이 문화가 되고 역사가 되는 것이다. 홀로 있음을 통해서 '가상공간'에 들어가 이것을 연구하고 생각하고 고민하고 실험하고 이것을 기록하고 다시 접근하는 방식으로 계속 업그레이드를 한 것이다. 그렇지 않은 문명은 없고, 창조 이후 오늘날까지 이렇게 문명이 발전했다. 문화로 이어졌고, 그것이 역사가 되었다.

그중 하나가 직조기계다. 음식과 집은 크게 혁명을 일으키기는 어렵다. 그러나 의복은 다르다. 산업혁명을 폭발적으로 주도한 것이 바로 이것이다. 문명이 탄생한 것이다. 산업화를 이끄는 주역이 되었다. 기술이 모이고 돈이 모이고 산업이 형성되었으며 부가가치의 개념이 확연히 드러나는 대사건이 발생한 것이다.

직조산업은 200여 년간 산업을 주도했고 세계가 모두 직조산업으로 돈을 모았고 부자가 탄생했다. 이것이 문명이고 문화의 흐름이며 역사는 이렇게 만들어지는 것이다.

그리고 기술과 기능을 제3 국가에서 제작하면 값싼 노동력을 통해 부가가치를 높이는 일들이 나타났다. 산업의 규모가 달라지고 유통의 수단이 달라졌으며 이것을 전문으로 하는 학문이 발달했고 산업은 눈부시게 발전하며 3차 산업에 날개를 달아주었다. 샤넬, 루비통 등을 비롯한 세계적인 브랜드는 '패션쇼' 등을 하면서 새로운 산업을 만들어냈고, 주요 소비층인 부자들을 위한 퍼포먼스를 하고, 더욱더 부가가치를 키워 패션이 세계적인 이슈가 되는 '문화'를 낳았다.

산업혁명으로 인해 세계는 급속도로 부유하게 되었다. 양모 산업이라는 고부가가치 산업과 문화가 두 세기를 넘도록 고공행진을 해 왔고, 현재, 세계 제1의 기업은 패션가가 주도하는 산업이 차지하고 있다. LVMH가 그 회사이며 그 집의 막내아들 '프레데릭 아르노'와 블랙핑크의 '리사'가 연인이 되었다는 소문은 세계 모든 젊은 여성들의 신화가 되었다. 문명이 문화가 되고, 역사가 되는 과정이다.

문명이 발달하면서 우마차가 자동차로 발전하고, 오토바이를 개발했다. 교통의 발전을 짐을 실어 나를 수단으로 생각한 사람과 부가가치를 높여 부자를 실어 나르는 수단으로 나뉘면서 상상을 초월하는 가치로 변모되어 갔다. 무엇에 관심을 가질 것인가가 미래를 결정한다.

두 명 타는 승용차가 10억이 넘는 단계로 발전했다. 70억이 넘는 승용차도 있으며 그 이상도 얼마든지 만들 수가 있는 단계에 이르렀다. 이것이 문명에서 문화로 변화 되어가는 과정이다.

그 외의 과학과 국방 등의 문명이 발달하면 그것으로 인해 나라와 나라 간에 긴장을 갖게 되고, 무역 불균형을 초래한다. 이것이 나라가 추구하는 것이다. 다른 나라로 많은 것을 팔아서 돈을 쌓는 것이다. 로열티를 받기도 한다.

개인은 부와 명예를 갖고 국민은 그 관계되는 일을 하거나 세금을 거두어 보다 적은 세금을 내는 등 그것이 국가가 살고 국민이 사는 방법이다. 이것이 잘 되면 부유해지고 그렇지 않으면 가난해진다. 힘의 불균형이 극도에 달하면 복속국이 되기도 한다. 전쟁으로 이 일을 하려는 나라로 세상이 시끄럽다.

보이는 것은 나타난 것으로 된 것이 아니다. 새로움에 도전하라. 개발하고 발명하는 일에 도전하라. 개념 자체를 달리하는 바로 그것을 개발하라. 그런 꿈을 꾸어라. '홀로 있음'을 통해서 '가상공간'에 들어갈 수 있다. 맘껏 상상하라. 이미 존재하고 있는 바로 그 세계에서 찾고 구하고 두드리면 존재의 본성을 만날 수 있다.

존재의 본성에서 흘러나오는 파장을 좇아 흐르면 존재의 본성을 만날 수 있다. 이것이 '땅에서' 문명이 되고 문화가 되고 역사가 되는 것이다. 당신이 바로 그 주인공이 될 것이다. 누구에게나 열려있기 때문이며, 노출하기 위해서 창조한 것이기 때문이다.

경쟁에서 밀리면 기술 선진국에 도급만 받는 나라가 된다. 핵심기술을 하나 얻으려면 어마어마한 로열티를 지불해야 한다. 국가 경쟁력은 이렇게 형성된다.

후진국을 벗어나려면 개발하고 발전시켜야 한다. 과거에는 힘으로 누르려고 했다. 그래서 군사 무기로 국가의 운명이 좌우되었다. 국가의 안위를 위해서는 이것이 기본 옵션이 되었다. 이것이 아니고는 먹힌다. 좋고 나쁘고의 문제가 아니다. 생존의 문제이다.

예를 들면; 우크라이나와 러시아의 전쟁은 힘이 있는 자와 없는 자의 겨루기다. 깡패에게 약자가 당하는 흐름, 그 이상도 이하도 아니다. 악과 선의 싸움이 아니다. 이것이 역사이다. 문화와 문명이 어느 정도에 이르렀는가가 역사의 흐름을 가늠한다. 명분은 가지고 있는 무기와 자본이 얼마나 있느냐로 정해진다. 힘이 정의라는 말이 괜한 말이 아니다.

우리나라가 수주한 원자력은 2023년 현재까지 60조에 해당한다. 그러나 원천기술은 '웨스팅하우스'라는 미국 기업이 가지고 있다. 그러므로 그들이 허락하지 않으면 팔 수 없게 되어있다. 24년에 합의를 보았기에 일단락 되었지만 주요 선진국에는 판매할 수 없다는 조항에 서명해야 하는 어쩔 수 없는 지적소유권의 권한을 받아들여야 했다. 그들은 손 안 대고 코를 풀 수 있다. 우리는 기술력과 노동력을 드리고, 그들은 로열티를 가져간다. 그래서 개발해야 한다.

스톡테일 패러독스 - 꿈꾸지 마라. 적응하라. 낙관론은 버려라

"우리는 크리스마스 때까지는 나가지 못할겁니다. 그에 대비하세요." 스톡데일은 포로들을 독려했습니다.

제임스 본드 스톡데일(James Bond Stockdale, 1923년 12월 23일 ~ 2005년 7월 5일)은 미국의 해군 장교였다. 베트남 전쟁 당시, 8년간 포로 생활을 지냈다.

1946년 해군사관학교에 입학하여, 제2차 세계대전의 영향으로 교과과정이 짧았으므로 1947년에 졸업 후, 곧장 임관하였다.

 베트남 전쟁에 참전하였다가, 1965년 포로가 되었으며, 1973년 풀려났다. 1976년 명예훈장이 수여되었다. 1979년 중장으로 예편했다. 미국의 유명한 경영컨설턴트인 '짐 콜린스'는 그의 책 '좋은 기업을 넘어 위대한 기업으로(Good to Great)'에서 당시 상황에 대한 스톡데일과의 대화를 다음과 같이 기술했다.

"저는 언젠가 그곳을 나갈 수 있을 것이라는 믿음을 버리지 않았을 뿐아니라 더 나아가 당시의 상황이 무엇과도 바뀌지 않을 제 삶의 소중한 경험이 될 것을 의심한 적도 없습니다." 그러나 그런 상황을 이겨내지 못했던 다른 사람들은 어떠했는지에 대해서 콜린스가 묻자 스톡데일은 이렇게 말했다. 그리고 그것이 스톡데일 패러독스(paradox)가 되었다. 확신과 고백이 믿음이라고 생각한 자들에게 경종을 주는 실존론적 경험담이다. 명심하기를 축복한다.

"불필요하게 상황을 낙관한 사람들이었습니다. 그런 사람들은 크리스마스 전에는 나갈 수 있을 거라고 믿다가 크리스마스가 지나면 부활절이 되기 전에는 석방될 거라고 믿음을 이어 나가고 부활절이 지나면 추수감사절 이전엔 나가게 될 거라고 또 믿지만 그렇게 다시 크리스마스를 맞고 반복되는 상실감에 결국 죽게 됩니다. 이건 아주 중요한 교훈인데요. 당신이 절대 잃을 수 없는, 마침내 이기겠다는 믿음과 그것들이 무엇이든지 지금 현실의 가장 가혹한 사실들을 직시하는 훈련을 당신이 절대로 혼동하면 안 됩니다."

콜린스는 이를 두고, 스톡데일 패러독스(Stockdale Paradox)라고 불렀다. 스톡데일은 포로가 되어 약 90cm×275cm의 독방에 감금되어 지내왔었다.

스톡데일 중령은 근거 없는 낙관주의에 기대다가 가혹한 고문을 견디지 못했던 다른 수용자들과 달리 냉혹한 현실을 직시하면서도, 미래에 다가올 결과에 대한 확신과 희망을 포기하지 않았기 때문에 절망이 가득한 참혹한 수용소 공간에서 벗어날 수 있었다고 했다. 낙관주의는 사람을 허망하게 만든다. 그날을 기대하고 살지만, 그날이 오지 않으면 그대로 사라지는 것이다. 그런 사람이 종교인에게 많이 나타난다. 단순하고 막연한 희망이 과연 사람에게 어떤 도움이 될까?

현실에 적응하라는 말은 옳았다. 현실에 매몰되라는 의미가 아니다. 세속주의자가 되라는 의미가 아니다. 현실의 상황에 적응하면서 극복하라는 것이다. 내가 생존하는 이유와 극복하는 과정을 겪으라는 것이다. '믿음의 조상' 아브라함에게 꿈과 소망을 주시며 '네 자손이 하늘의 별과 같이, 바다의 모래 같이 많게 하겠다'라는 언약에 순종하여 제물을 드려 제사하였을 때, 내려주신 응답은; '네 자손은 430년간 종살이를 할 것이다'라는 것이었다. 아브라함은 이것을 받는다. 창조자의 이끌림에 순응하는 것이다. 그래서 믿음의 조상이고, 그의 삶을 의로 여기신 것이다. 한국인이 믿음의 조상이 될 수 없는 것은 그의 태도를 보면 금방 답이 나온다. 굳이 설명할 필요가 없을 것이다. "좋은 것만 주시라니까요~, 무슨 하나님이 이따구야~" 하지 않은 사람이 얼마나 될까. 그래서 아브라함이 믿음의 조상인 이유가 입증되는 것이다.

그리고 그의 후손 요셉으로 인해 애굽이 세계 제1의 경제, 군사 대국이 되는 것을 계기로 급성장하면서 나라의 상당 부분에 진출하게 되자 애굽 정부는 위기의식을 갖게 되고, 430년이 지난 때에는 고마운 나라가 아니었고 적대국이 되었다. 다른 민족이 특별히 창대해 지면 발생하는 자연스러운 일이다.

이때 '모세'가 나타나 백성을 몰고 약속의 땅으로 출애굽하여 결국 광야에서의 40년 생활을 겪으며 약속의 땅을 찾았고 여러 역사적인 아픔을 겪고 극복하며 오늘날에 이르고 있다. 그때, 모세는 애굽에게서 430년간 종살이한 것에 대한 몸값을 받아 당당하게 출애굽한다. 이 모든 역사는 우리가 이순신 장군을 대하고 세종 대왕을 대하듯 온전한 사실이다. 신화도 아니고 소설도 아닌 그들이 겪은 역사다. 핑계할 수가 없는 역사다.

아브라함은 믿는 구석이 있는 지도자다. 이것이 국가 경제의 근간이 되었고, 셀 수 없이 많은 후손이 생겨나는 계기가 되었다. 이것이 응답이다. 이것이 섭리다. 이것이 적응이다. 이것이 창조의 섭리이고 흐름이고 역사다.

'현재에 적응하는 것'이 '현재를 극복하는 방법론'이다. 현재를 부정하면 생존은 없다. 극복해 내는 것이다. 그리고 생존을 전제로 생존하지 못하면 미래는 없다. 생존을 위해서 어떻게 할 것인가를 먼저 생각하는 것이 지혜이다. 미래가 어떠하니 내가 어떠해야 한다는 망상을 버려라. 적응하면서 마음에 간직한 그것을 위해 한발씩 나아가는 것이다. 우리가 알고 있는 유명한 사람 중에서 부모로부터 돈을 받아 성공한 사람은 20% 내외다. 76%는 자수성가한 사람이다. 명심해야 한다. "누가 이렇게 해 주면 나도 이렇게 할 것인데…"이런 망상을 버려라. 그런 사람이 나타나지 않을 것이라고 확실히 믿고 지금 주어진 상황을 어떻게 벗어날 것인지를 찾고 구하고 두드려라. 누군가 도와줄 것이라고 믿는 사람 가운데 사기를 당하지 않은 사람이 누가 있는지 밝혀라. 이미 망치려고 작정한 사람이 아닌가! 확신과 고백을 믿음이라고 하니 이따위 일이 나타나는 것이다.

현재에 모두 쏟아 놓으라는 것이 아니다. 마치 미래가 없는 사람처럼 살라는 말이 아니다. 오늘만 있는 것처럼 살라는 말이 아니다. 그런 뜻이 될 수가 없다. 잘 못 되기를 다짐한 사람과 같은 논리를 버려라. 그런 파도를 타고 있으면 시간이 지나지 않아도 지금이 멸망 상태다. 그처럼 미래를 버리라는 말이 아니다. 미래라는 것은 오는 것도 아니고 누가 주는 것도 아니다. 오늘이 과거이고 미래다. 오늘 어떤 의식을 가질 것인가? 그것이 문제다. 착실하게 그리고 성실하고도 꾸준하게 창조의 질서에 합당하게 현실에 적응하는 것만 내 실존이고, 내가 겪는 세계다. 내가 오늘을 어떻게 적응하고 어떻게 극복할 것인가? 그리고 그 극복한 것들을 통해서 내 꿈을 가지고 적응하라는 것이다. 그 적용하고 적응한 삶의 가치로 미래를 맞이하게 되는 것이 인생이다. 엉뚱한 무언가를 꿈꾸지 말라. 악한 결과를 초래하게 되어있다. 창세기를 보라. 땅에서는 죽기까지 가시와 엉겅퀴가 나게 되어있다고 선언하지 않으셨는가!

이 삶이 '장차 올 구원의 때'를 기다리는 믿음의 사람이라는 증거다. '바랄 수 없는 중에 바라는 것이 믿음(롬4:18)'이라는 '존재론적인 명제'를 깨닫기를 축복한다. 바라는 것이 믿음이 될 수 없고, 바랄 희망이 없는 그때라도 적응하면서 바라고 훈련하면서 적응하라는 것이다. 정욕이 믿음인가? 희망인가? 정욕은 잘 못 된 과녁이다. 잘 못 된 파도다.

현실을 못 보면 발아래의 위험에 그대로 노출될 것이다. 그런 사람이 어디를 갈 것이며 무엇을 이룰 것인가? 현실이라는 극명한 상황이 있음에도 그것을 무시하고 미래에 몰입하면 생존에 위기가 생긴다. 과거에 묶여 있는 것도 마찬가지이다. ~껄, ~껄 하다가 마는 것이다. ~할걸, ~하지 말걸, 그러다 마는 것이다. 현재가 없는 사람이고 미래는 더구나 없다. 현실에 몰입해야 한다. 현재를 이겨내야 한다. 극복해야 할 상황이 있다는 것도 현실을 직시해야만 파악할 수 있다. 현실이라는 무대가 없이 나는 존재할 수 없다. 현실이 있다는 것은 소망을 내포하고 있다. 현실은 적응하는 것이다. 옳고 그름의 문제가 아니다. 감정의 문제도 아니다. 생존이다. 수단이다. 수단을 넘어서야 내가 성립된다.

현실을 직시하라는 것은, 현재가 전부라는 의미가 아니다. 현재를 직시하라며 현재가 재미있고 행복해야 한다는 의미는 모순이다. 현재 네가 하는 일을 보라고~ 라고 남편을 옥죄는 아내들은 각성하기를 바란다. 성실하게 하루하루를 극복하고 있다면 미래가 가깝게 다가오고 있다. 현재가 힘들고 고난과 고통이라고 생각하는 그것 자체가 현재라는 고통에 빠져 지내겠다는 의미가 되고 극복하지 않겠다는 의미가 된다. 그 반대로 '현재 잘 먹고 잘살려는 마음이 잘못되었고, 현재의 것은 가상의 것이고 미래가 참된 세상이라는 생각'도 틀렸다. 기대하는 그것이 정욕이 될 것인가 아닌가는 그것으로 결정된다. 극복하는 것만 미래이고, 미래를 오늘 실천하고 채워가는 것만 미래이다. 현실을 적응하는 것으로 미래를 꿈꾸는 것이 되어야 한다. 이것이 스톡데일 페러독스의 본질이다.

현재를 이겨내 언젠가 이것을 삶의 교훈으로 삼겠다는 생각을 가지고 현실에 적응해 가는 것이 가장 모범적인 답안이라는 것이 입증된 것이다. 현실에 적응하고 그에 합당한 열매를 현실에 맺어가는 것이 소망이고 믿음이며 온전한 삶의 방식임을 이미 성경에서 증거하고 있으며, 스톡테일이 그것을 입증해 주었다.

몰입

21세기에 들어서 알게 된 '몰입'이라는 책자는 매우 충격적인 개념이었다. 내가 경험한 것들을 기록하기에도 여념이 없었기에 뒤늦게 알게 된 것이어서 그랬고, 더 놀라운 것은 몰입이라는 개념을 'flow'로 사용된다는 것에 놀랐다. 이것이 필자가 사용해 왔던, 서핑, 흐름, 파장, 이끌림 등으로 사용해 왔던 존재의 본성을 따르는 개념과 같은 개념이어서이다.

잠시 언급했던 몰입을 보자. 제일 먼저 언급한 사람은 헝가리계 미국 학자인 '**미하이 칙센트미하이(Mihaly Csikszentmihalyi)**'다. 수천 년 전부터 묵상하고 기도하며 그 세계에 거한 사람에 대한 이야기는 성경에도 많고 불경에도 있으며 우리 고전에도 등장한다. 그러나 금세기에 와서 그것을 학문에 접목하여 존재의 본성을 찾으려고 시도한 사람은 많지 않았다. 존재로 접근할 수 없다는 것을 알았던 그는 '심리학'으로 이것을 접근했다. 그리고 상당한 업적을 낳았다.

그는 1934년 9월 29일, 이탈리아에서 태어난 이후 22세에 미국으로 이민했다. 시카고 대학교에서 박사학위를 수여 받고, 40년 동안 시카고 대학교 심리학, 교육학 교수로 재직했으며, 2009년 클레어몬트대학교 '피터 드러커' 경영대학원 심리학 교수이자 '삶의 질 연구소' 소장으로 일하다가 2021년에 클레어몬트에서 사망했다.

'긍정의 심리학(Positive Psychology)' 분야의 선구적 학자라는 평가와 더불어 심리학과 경영학에서 가장 널리 인용되는 심리학자로도 꼽힌다. 철학으로 접근한 필자와는 다른 접근이었다는 것 말고는 같은 파장을 느끼고 있다는 것에 놀랐다.

칙센트미하이가 한 말은 아니지만, 필자의 '가상공간'에서의 서핑, 존재의 본성으로부터 파생한 파장을 좇는 서핑, 흐름을 찾는 일 등과 같은 방법론으로 접근하고 있었다는 것이 놀라웠다. 그러나 '존재론'을 다룬 필자와는 차이가 있다는 것을 느꼈다.

몰입은 존재의 근거를 찾아가는 '방법론'으로 이해할 수 있으며, '홀로 있음'을 통해 '가상공간'을 경험하고 '카오스'로부터 존재의 근거, 본성을 좇는 과정을 '방법론'으로 집중한 학문이라 할 수 있다.

창조된 존재가 가지고 있는 양태가 있고 그것으로 인한 파장이 발현되고 있기에, 그 파장의 끝을 쥐고 따라가면 본성에 닿을 수 있다는 것이 필자의 주장이다.

참선 등 몰입을 경험한 사람은 누구나 공감할 내용이지만, '미하이 칙센트미하이'는 창조성과 행복의 관계에 대해 지속적으로 연구해 온 심리학자다. 그는 창조적인 사람은 '전문 지식'과 '창의적 사고', '몰입'이 가능한 사람이어야 한다는 것을 전제로 창조성을 강조한 학자이다.

그는 **아르키메데스**의 창조적 발견 저변에는 그의 물리 지식이 있었기에 가능하다고 했으며, 창조 또한 '지식'이 기반이 되었을 때 가능하다고 했다. **뉴턴**이 사과가 떨어지는 것으로 만유인력의 법칙을 입증한 것처럼 같은 사물을 다르게 보는 '창의적' 사고를 강조한다.

그리고 이것은 '몰입'으로 완성된다고 역설한다. 그는 자신이 창조적이라고 믿으면 창조성이 발휘되고, 그렇지 않다고 믿으면 창조성은 위축된다고 하였다. **클린턴 전 미국 대통령**은 1996년 가을 『뉴스위크』와의 인터뷰에서 칙센트미하이 교수를 가장 좋아하는 저술가 중 한 사람으로 꼽았을 만큼 많은 지도자와 학자들에게 많이 읽히고 있는 학자다.

그의 저서로는 1999년 《몰입의 즐거움(Finding Flow)》이 국내에 처음으로 출간된 이후, 《몰입(Flow)》《몰입의 경영(Good Business)》《몰입의 기술(Beyond Boredom[bɔ́ːrdəm] and Anxiety)》《창의성의 즐거움(Creativity)》《어른이 된다는 것은(Becoming Adult)》 등이 잇따라 소개되었다.

필자는 1982-1983년에 '항존성(恒存性) 관하여'라는 논문을 탈고했다. 스무 살 때의 일이다. -해량해 주시기를 바란다.- 왜 그런 일이 가능했는지 그것을 소개할 수 있게 되어서 다행이다. 그냥 사장될 시점에서 귀중한 과학적 자료가 발표되면서 마무리할 수 있었다. 당시는 학부 시절이었고 책자를 발간한다는 생각은 할 수 없었다. 미완성이라고 판단 받을 일을 할 이유가 없었기 때문이다. 그 책자는 가 편집 상태로 한 권 남아 있고, 타자기로 쳤던 것이라 어줍잖은 상태의 것이다.

이 책자의 요지는 창조된 것들은 '존재 양태'를 가지고 있는데, 존재를 구성하는 존재의 본질은 '파장(wavelength)'이라는 것이 논지다. 파장이 존재를 '구성하는 원인'이고 존재로 있다는 것은 그 존재를 유지하는 수단이 있기 때문인데 이것이 파장이 나타나는 원인이라는 것이다. 그 이유는 창조 자체가 존재의 나타남이고 나타내기 위해서 창조된 것이기 때문이다. 존재하는 모든 것은 나타나기 위해서 파장을 가지고 존재를 '유지(維持)한다', 그러므로 창조 이래로 존재하는 모든 존재는 파장을 발현하고 '나타나고 있다'라고 했다. 존재 양태가 곧 '파장으로 유지'되며 나타나도록 항존성이 주어져 있는 것이라는 것이다. 향수가 있어도 뚜껑을 덮으면 향수의 효과가 나타나지 않는 것과 같고, 향수가 모두 날아가면 냄새를 맡을 수가 없으니 더 이상 존재하지 않는 것과 같은 이치다. 이 파장은 존재하는 모든 것에 있는 것이며, 파장이 없으면 존재는 없고, 존재하는 것은 파장이 있게 되어 있다는 것이다.

이 논문은 그 이후에도 계속 자료를 찾고 구했지만, 뒷받침할 수 있는 자료가 없었다. '미하이 칙센트 미하이'를 알게 된 것은 2010년도 넘어서 있었던 일이며, 황농문 박사 또한 그렇다. 그렇다 하더라도 그들은 '방법론'을 언급한 것이었기에 존재에 대해서는 다룰 수 없는 상태여서 도움이 되지 않을 것이었다는 결론이다. 그러나 그들 모두는 창조된 존재가 파장이 있기에 그것을 찾으려고 몰입해 들어가면 만날 수 있다는 주장은 필자의 '가상공간'과 다를 바 없으며, '홀로 있음'으로 그 상태를 접할 수 있다는 점에서는 같은 개념이라 할 것이다.

필자는 개인적으로 이것을 학문으로 접목하여 학생들을 깨우는 일을 하고 있는 황 박사님의 사역에 박수를 드리고 싶다. 그는 여러 연구를 몰입해 완성하였고 개발한 논문도 여럿 되고, 지금도 언제든지 학문적 과업에 실적을 올릴 수 있는 분이라고 생각한다. 우리나라의 자랑이다. 그분의 사역을 축복한다.

존재의 세계를 경험한 사람들

'홀로 있음'을 통해 접하는 '나만의 우주'인 '가상공간'에서 존재의 본성으로부터 파생하는 파장을 좇아 본성을 만날 수 있다. 그것이 창조의 목적이기 때문이며, 이것이 '하늘의 것'이 '땅의 것'으로 나타나고자 준비하고 있던 존재의 본성이며, 창조의 섭리다.

인류의 문명은 이렇게 '하늘의 것'이 '가상공간'에서 나타나는 파장을 좇아 존재의 본성을 만나 '땅에서' 현실화하면서 만들어진 것이다.

이 과정에서 위로부터 내려오는 평안과 행복과 위로가 있으며 이것을 맛보아 안 사람은 이 행복을 버릴 수가 없다. 동기 없이, 정욕 없이 존재의 본성을 따르는 과정에서 나타나게 되는 선물이다. 동기가 생기면 창조의 본성을 좇는 것이 아니고 자신의 정욕을 좇게 된다. 이 상태를 미혹이라 한다. 미혹이 없는 상태에서 창조의 본성을 좇는 그 상태를 '카오스'라고 한다. 내 것이 없고, 동기가 없으며 목적도 없이 본질을 깨닫고 찾고 두드려 그것을 이루는 그 과정을 이르는 말이다. 그 과정에서 그 배에서 흘러넘치는 평안과 안정과 자유로움이 보상으로 주어지며 그것으로 천국을 맛보아 알게 되는 것이다.

'카오스'는 아무것도 없는 상태다. 그 원인과 이유를 설명하겠지만 필자도 나면서부터 그 세계에 빠져들게 되었다. 말 그대로 빠져든 것이다. 이 상태에서는 아무것도 없고 느낄 수도 없다. 무섭다. 허망하고 황망하다. 두렵고 아프고 캄캄하다. 까맣다. 그 상태에서 계속 추락하는 것이다. 몸이 나른하고 굳어있는 것과 같다. 숨을 쉴 수는 있는데 목도 돌릴 수가 없다. 다만 이런 상태에 머물면서 창조의 뜻과 섭리가 있을 것이라는 기대가 있는 정도다. '이것이 무엇인가?'라는 것 이상의 생각이 들지 않는다.

살기를 원하거나 무엇을 생각하거나 할 수가 없다. '이것이 무엇인가?' 그 상태가 지속되는 것이다. 그리고 의식을 찾고 일상이 시작되는 그 순간부터 고민도 궁금증도 생겨난다. 낮에도 밤에도 코마에 빠지는 일이 많았다. 그러나 어제 있었던 어떤 것도, 동기로 작용하지 않는다. 이것 때문에 카오스의 상태는 reset, reboot의 상태라는 표현을 한다.

동기가 있다면 무당이 되었을 것이다. '이것이 무엇인가?'의 생각이 연속이다. 초등학생이 되면서 학교 가라고 깨우기까지 그 상태가 된다. 이제 좀 컸으니, 낮에 정신을 차리고 있는 한 코마에 빠지는 일은 없었다. 그리고 보이는 것, 생각하는 것, 공부하는 것이 모두 '이것이 무엇인가?'에 맞춰진다. 그리고 그것에 대해서 정리가 된다. 카오스의 상태에 있었기에 가능한 것이다. 많은 복잡한 말을 빼면 이 상태가 카오스다. 동기가 없고, 정욕이 없는 그 상태에 접하는 과정이기에 이것을 reset, reboot이라고 표현한 것이다.

카오스는 존재의 보고이며, 창조의 근원이며, 창조는 창조자의 영이 수면 위에 운행하시던 공간이었다. 그것이 사라진 일이 없고, '창조 이전', '태초 이전'이라는 시간과 공간에 나타난 존재의 보고이다.

누구나 몰입을 통해 성공 신화를 쓸 수 있다. **소프트뱅크 손정의** 사장이 이런 말을 했다.

"두뇌를 자나 깨나 계속 사용하다 보면 결국엔 좋은 아이디어가 떠올라 성공할 수 있다고 봅니다. 나는 예전에는 비즈니스맨은 타고난다고 생각했습니다. 그러나 요즘에는 누구나 할 수 있는 일이라고 생각합니다."

서핑은 밀려오는 파도에 의해 밀려가는 것이다. 나는 균형만 잡는 것이다. 밀려오는 '파도의 머리'에 올라타는 것이다. 조금 뒤에 있으면 곧 가라앉는다. 그러니 누구나 '파도의 머리'에서 균형만 잡을 수 있다면, 서핑이 가능하다. 그것이 서핑이다. 열심히 생각하고 몰입하는 것만으로 성공한다는 것이 그들의 생각이다.

"하려고 하면 된다." 이것이 몰입이며, '홀로 있음'의 상태로 존재의 본성을 찾고 구하고 두드리는 그것이 곧 존재의 본성을 만날 수 있는 유일한 방법론이다. 그런 질서가 창조에 나타나 있으며 누구에게나 적용되는 것이고 누구에게나 같은 효과가 나타난다. 같은 목적으로 창조의 섭리가 주어져 있기 때문이다. 그러나 창조의 질서는 내가 만들어 낸 것이 아니다. 나는 그 질서가 있다는 것을 믿고 '홀로 있음'을 통해서 몰입하면 된다. 그러면 나타난다. 언약이 성취되는 것이다. 그것이 창조의 목적이기 때문이다. 파장이 '이끌고 있기' 때문에 가능하다. 존재의 본성을 발견하게 되는 것이다. 몇 분만 소개하겠다.

한동대 김영길 총장이 만난 존재의 세계

한동대학교 초대 총장이셨던 故김영길 총장이 미국의 NASA에서 연구원으로 일할 때의 일이다. 그는 세계적인 금속학자인데, 우주선이 지구에 진입할 때, 공기저항으로 인해 우주선이 녹는 현상을 해결하려는 NASA의 고민을 함께 연구하던 중이었다.

아무리 강력한 철로 마무리되어도, 공기저항에 녹지 않는 철은 없었다. 그것이 세계적인 고민이었다. 아무리 해도 답이 나오지 않아 생각하기를 몇 달, 몇 년을 계속했다. 또 실험하고, 또 연구하고, 또 자료를 찾아가며 계속 생각하고 연구했다. 날마다 새벽마다 기도하면서 방법을 찾고 있었다. 그러던 어느 날 새벽기도를 마치고 샤워하다가 번 듯 생각이 떠올랐다. "유래카" 그는 비눗물도 제대로 씻지 않고, 옷을 입는 둥 마는 둥 하고, 급히 연구소로 차를 몰았다. **'세렌디피티'**가 바로 이런 것이다.

마음이 너무 급했다. 잊어버리면 큰일이었다. 인사하던 경비원들은 "출근 시간도 아닌 새벽 시간에 어쩐 일이시냐?"며 당황해했지만, 인사를 하는 둥 마는 둥 허둥대며 얼른 문을 열라며 재촉하고 연구소로 곧장 달려갔다. '생각이 사라지기 전'에 얼른 실험에 임했다.

그때 생각난 것을 실험에 옮겨 신물질을 만들어냈다. 결국, 그는 그 실험을 새벽 시간에 마칠 수 있었고, 이것이 논문에 실리면서 세계의 학계는 그의 연구 성과를 대서특필하였다. 몰입하는 과정이 계속되면 결국에는 길이 열리게 되는 것이 바로 질서의 세계이며, 창조의 세계에 접촉하는 길인 것이다. 이러한 일들은 몰입을 통해서 생겨난 것이다. 우연이라고 하지만, 그렇지 않다.

매우 모순되게 느끼겠지만, 정신없이 열심히 일하는 사람에게서는 이런 일이 나타나지 않는다. 몰입하고, 연구하고, 고민하고, 계속 해결하려고 시도하는 그에게 나타나는 것이다. 태양열을 모으는 볼록렌즈처럼 집중하고 몰입해야 한다. 다른 일들을 한다고 할지라도, 계속 몰입하고, 연구하는 그 자리에 있어야 한다. 그래야만 파도를 타고 갈 수 있는 것이다. 일상을 지내면서도 생각은 그것에 맞춰 놓은 것이다.

덮어놓고 '열심히 하는 것'은 쓸데가 없다. '올바로 하는 것'이 쓸모 있는 것이다. '생각'이라는 수단으로 '집중'하고 '몰입'해야 한다. 그것이 창조의 질서에 닿는 올바른 대안이다. 몰입하다가 쉬거나 다른 일을 하는 과정에서도 남아 있는 문제의식과 존재에 대한 궁금증 등이 불현듯 떠오르는 이것이 **세렌디피티:Serendipity**'이다. '홀로 있음'의 과정에서 몰입의 결과로 나타나는 것이며, 우연이라는 것은 준비되지 않는 사람에게는 나타날 수가 없다.

개념은 가능하다. 그러나 정보, 개념은 '지식'이 아니다(Datum is not Knowledge). 반짝이는 불빛이다. 그러나 몰입이 시작되면 파도를 기다리는 surfer가 되는 것이니, 파도가 순간에 나타나도 그 순간은 순간이 아니다.

이나모리 가즈오(카르마 경영) "나는 인류에게 새로운 지평을 열어준 분야별 연구자들을 많이 만났다. 그런데 놀랍게도 그들 모두가 창조적 아이디어가 떠오르는 것은 신의 계시라도 받은 것처럼 한순간에 이루어졌다고 얘기하는 것이 아닌가? 그 창조의 순간은 잠시 쉬는 시간에, 때로는 꿈속에서 우연히 찾아오는 것이다."라고 말했다.

그러나 그것은 몰입의 과정을 겪은 사람에게만 나타나는 현상이며, 반짝이는 불빛을 본 사람은 몰입해 들어갈 수 없다. 반짝이는 불로는 책을 읽을 수가 없는 것이기 때문이다. 지식으로 연계할 수가 없다. 실적으로 연계할 수가 없는 것이다. "준비 없는 자에게 기회가 없다"라는 속담은 이럴 때 하는 것이다.

서양 속담에 'sleep on the problem. 자면서 생각하라'라는 말이 있다. 계속 생각하는 과정에서 막히면 다른 방법으로 그 길을 찾아가는 것이다. 새로 짓고 허물 필요가 없다. 나만의 가상공간에서는 얼마든지 가능하다. 존재의 파장을 따라가는 과정에서 막히면 다른 방법, 다른 파장을 찾는 것이다. 그 과정에서 합당한 그것만 남게 된다. 왜냐하면, 잘 못 된 접촉점으로 진입해 들어가다가 한계에 부딪히면 그 몰입을 접고 다시 모순이 생기기 이전부터 다시 몰입해 들어가면 되는 것이다.

나만의 공간이니 누구도 개입하지 않는다. 창조자께서 내게만 주신 공간이기 때문이다. 이것을 다른 사람과 공유한다면 공평한 창조자가 아니다. 계속 두드리고 찾고 구하는 과정을 겪을 수 있는 곳이 가상공간이다. 그러다가 본성에 합당한 파장이 나타나면 그것을 좇아가서 존재의 본성을 만날 수 있게 되는 것이기 때문이다.

'나만의 우주'인 '가상공간'에 들어가 맘껏 유영하고 서핑하는 가운데 알게 된 것을 정리하는 시간이 필요하다. 필자의 경우에는 생각이 떠오르면 어김없이 잠에서 깨어났다. 자는 것이 아니라는 말이 될 것이다. 어린 시절 그리고 젊은 시절은 거의 이렇게 지냈고 그때 작성한 자료들이 여러 논문과 책자로 만들어졌고 강의의 자료로 사용되었으며 많은 책자가 되었다. 이제 하나씩 계속해서 쏟아져 나올 때가 되었다. 길을 걷다가도, 대중교통으로 이동할 때도 언제나 나타나면 적었다. 그것은 일상이 되었고 인생 전체가 그랬다.

어떤 때는 일하다가, 운동하다가, 밥을 먹다가 낮잠을 자다가 생각날 때면 그 자리에서 적었다. 자다가도 깼다. 희한한 일이다. 항상 적을 것을 주변에 두고 잠자리에 들었고, 생각나면 언제라도 적었다. 그리고 그것을 논문 자료로 사용하곤 하였다.

IBM의 토마스 왓슨의 경우도 같은 생각으로 경영한다. "생각하라! 항상 생각하라! 자나 깨나 생각하라 머리를 비워두지 말고 두뇌를 가동시켜라" 왓슨의 말하는 생각의 행동강령은; 1. 생각할 재료를 읽어라-개념이 있어야 확장할 것이 아닌가! 종자 씨가 있어야 파종을 할 것이 아닌가! 2. 생각할 재료를 들어라.- 이것을 어떻게 할 것인가를 생각하라는 것이다. 응용이냐? 개발이냐? 확장이냐? 진보냐? 3. 막연한 생각을 수정하고 정리하기 위해 토론하라.-'동류 파장'이 나타날 것이기 때문이며, 목적이 같으면 다른 경험을 하는 사람의 다른 조명은 구도를 넓히는 귀한 접촉점이다. 4. 상대방이나 대상의 상황을 관찰하라.- 변화의 추이를 보고, 관심의 정도를 보고, 의도하는 바를 보라는 것이다. 5. 읽고 듣고 토론하고 관찰한 내용을 생각하라- 논지를 깨닫게 되고, 흐름을 알게 되며, 행간이 숨겨진 노하우를 발견할 수 있기 때문이다. 그는 늘 생각하라며 생각을 강조한다. 생각으로 시작해서 생각으로 끝낸다. 자기만의 우주인 '가상공간'에 맘껏 드나들며 존재의 본성을 찾을 수 있는 것이다.

'열역학 제2 법칙'이 이를 입증해 주고 있다. 더러운 책상이 시간이 지나면 저절로 정리되는 일은 없다. 부품들이 쌓여있다가 시간이 지나면 비행기도 되고, 탱크도 되고, 승용차도 되는 일은 없다. 진화의 어리석음도 이렇게 설명할 수 있다. 거듭, 또 강조하거니와 생각이 없이 무엇을 이룰 수는 없다. 생존은 가능할 수 있다. 먹으면 살고, 12월 31일까지 버티면 할 살을 더 먹는 것이니 자랑할 것이 없다.

'홀로 있음'으로 가상공간에 들어가는 일은 쉽다. 생각하면 된다. 누구나 된다. 문제 되는 것을 언제든지 내려놓고 파장을 좇는다. 간절하게 찾고 구하고 두드리면 나타난다. 나타내는 것이 우주와 만물을 창조한 목적이기에 그 목적을 성취하는 것이다. 언약을 이루는 것이다. 합력하는 것이다. 창조자의 나타내심과 간절한 내 처지와 나타나는 현실이 그것이다. '삼축구도'를 생각하라. 이것이 창조의 섭리다. 삼자(삼축)란 '나', '창조자', '목적(물)'을 말한다. 이것이 연합되는 과정을 말하는 것으로 다시 설명할 것이다.

초졸자가 이룬 허다한 국제 특허들- '김규환 명장'

초등학교도 다녀보지 못했고 4대 독자 외아들에 일가친척 없는 15살 소년가장이 기술 하나 배우지 못하고 대우중공업에 사환으로 들어가 마당 쓸고 물 나르며 회사 생활을 하던 그는 훈장 2개, 대통령 표창 4회, 발명 특허대상, 장영실 상을 5번 받았고 1992년 초정밀 가공 분야 명장(名匠)으로 추대되었다.

그가 대우에 입사할 때 입사 자격이 고졸 이상 군필자였다. 15세의 나이에 중학교도 가본 일이 없는 어린아이가, 규격에도 안 맞는 종이 한 장에 이력서라고 써서 회사로 갔다. 개념이 없었다. 일하면 좋겠다는 생각만 간절했다. 기계를 만지는 형아들이 존경스럽고 그렇게 되고 싶은 마음을 누가 막을까! 그에게는 오로지 한 목적만 있었다.

그는 공장에 들어가 접수하고 싶었다. 당연히 경비원은 어린이를 막았다. 들어가야 한다는 어린아이와 들어가서는 안 된다는 경비원이 실랑이를 겪는데, 출근하다가 이 모습을 우연히 마주하게 된 **김우중 회장의 친동생**인 당시 사장이 "사람을 그렇게 박대하면 되는가? 면접을 볼 수 있게 해줘요"라고 말하며 기회를 주어 면접을 볼 수 있게 되었다.

자격이 안 되니 면접에서 떨어졌지만, 공장 기술자를 보는 것이 좋고, 공장이 좋아서 매일 찾아가 청소했다. 그것만으로도 행복해 잠이 안 올 지경이었다. 다른 목적은 없었다. 그의 그 모습은 주변 사람들의 눈에 들었다. 긍정적이고 적극적이며 밝고, 명랑한 어린아이를 거두고 싶은 마음이 있었는지 모를 일이다. 그러기를 여러 달. 아침마다 마당을 쓸고 인사하며 형아들을 존경의 눈으로 바라보는 어린아이는 다시 그 사장에 의해 사환으로 입사하게 되었다. 면접시험에서 '선반을 만져 봤느냐?'라는 질문이 있었다. 그는 만들어 봤느냐는 말로 들었다. "만들어 봤습니다" 깜짝 놀란 임원들이 "뭘로 만들었냐?" "네, '박달나무'로 만들었습니다"라고 말해 박장대소하는 일이 있었다. 당시 그는 선반이 무엇인지도 몰랐다.

사환이었지만, 그는 나름대로 대기업의 직원이 되었다는 기쁨에 매일 아침 5시에 출근했는데, 당시 사장님이 "왜 일찍 오냐?"고 물었고, "선배들을 위해 미리 나와 기계 워밍업을 합니다"고 대답했더니, 다음날 '정식기능공'으로 승진시켜 주었다고 한다. 지도자는 역시 해안이 있는 사람이 하는 것이다. 소년 사환의 그런 열정이 주는 에너지는 돈으로 살 수가 없는 것이다. 그의 파급력은 회사 전체에 애사심과 열정이라는 두 마리 토끼를 잡게 할 것이기 때문이었다. 한 사람만 다른 의식을 가지면 누룩처럼 퍼진다. 나쁜 것도 그렇고 선한 것도 그렇다. 아무튼, 사람을 알아보는 사람은 성공한 사람이다.

2년이 지난 후에도 계속 5시에 출근하였고, 우연히 만난 사장님이 또 같은 질문을 했다. 그는 또 같은 대답을 했다. 또 다음 날 '반장'으로 승진시켜 줬다. 애사심이 회사를 만들어간다는 것을 너무 잘 알고 있는 지도자가 아닌가! 어리고 못 배우고 보잘것없는 소년이지만 혼신을 다해 회사를 위하는 그의 마음을 읽었던 것이다. 지도자는 사람을 알아봐야 한다. 성실한 사람은 다른 것으로 바꿀 수 없는 것이다. 그는 한결같은 맘으로 출근했고 일했다. 그는 말한다.

"내가 만든 제품에 혼을 싣지 않고 품질을 얘기하지 마십시오!"

그는 정밀기계 분야의 세계 최고의 자리에 오른 사람이다. '기계 가공 시 1℃ 변할 때 쇠가 얼마나 변하는지 아는 사람은 세상에 자기 한 사람밖에 없다고 주장하는 사람'이다. 실제로 그렇다. 이걸 모르면 기계 일을 모른다고 생각하기 때문에 열심히 노력하여 그 일을 발견한 사람이다. 이것을 알려고 국내 모든 자료실을 찾아봤지만, 아무런 자료도 없었다.

궁금했던 그는 그것을 알려고 밤새도록 기계를 만지고, 조립하고 분해하기를 반복하고 오고 가는 시간도 아까워서 공장 바닥에 모포 깔고 쪽잠을 자고, 다시 깨는 등 계속하여 몰입해 가기 시작했다. 이미 그는 몰입의 단계에 진입한 것이다. 그리고 입사 후 2년 6개월이 지난 후에, 재질, 모형, 종류, 기종별로 'X-bar 값'을 구해 1℃ 변할 때 얼마나 변하는지 '온도 치수 가공 조건표(早見表)'[25]를 만들 수 있었다. 세상 지식이 만드는 것이 아니다. 누구든지 몰입하면 그 대가를 얻는다. 몰입니다. 연구란 이런 것이다. 공부와는 차원이 다르다. 공부를 잘하는 것도 중요하나 그보다도 근본적으로 단계를 높이는 열정을 갖기를 축복한다.

---

25) 한눈에 알아보게 만든 표-네이버

할 수 있다고 생각하고, 하려고 하면, 궁금해진다. 나아지려고 하면 조건 없이 이렇게 되는 것이다. 그런 질서가 주어져 있다. 그 흐름을 타면 그렇게 된다. 그런 질서에 합류하시기를 축복하고 또 축복한다.

그는 기술 공유를 위해 이를 산업 인력 관리공단의 '기술 시대'란 책에 기고했다. 자랑스러운 일이었기 때문이었다. 그러나 공단에서는 그의 원고를 받기만 할 뿐 실리지 않았다. 얼마 지나지 않아 3명의 공무원이 찾아와 말했다. "제출한 자료가 기계 가공의 대혁명 자료인 걸 알고 논문집에 싣게 되면 일본에서 알게 될까 봐, 노동부 장관이 직접 모셔 오랍니다"라며 장관을 만나게 했다.

장관은, "이것은 일본에서도 모르는 것이니 발간되면 일본에서 가지고 갈 수도 있으니, 비밀을 지키세요"라고 말했다고 한다. 몰입하면 된다. 생각하면 된다. 아이큐도 아니고, 공부도 아니다. 몰입으로 되는 것이다. 그 질서 안으로 들어가는 것이다. 파도를 타는 것이다. 얼마나 공평한가! 공부는 유전이 96%인데, 가상공간은 머리가 나빠도 된다. 찾고 구하고 두드리면 열리는 것이다. 약속이 있고 그 약속을 성취하기를 기대하고 하면 된다.

그가 일에 몰입하게 된 계기가 있다. 어느 날 무서운 선배 한 분이 기계를 깨끗하게 닦아 놓으라고 말하고 퇴근했다. 그는 하이타이로 기계를 다 닦으라고 시켰다고 생각했다. 그리고는, 하이타이를 풀어 모든 기계를 다 뜯고 닦았더니, 기계 부속품이 2,612개였다. 이런 일이 있고 난 6개월 후에는 호칭이 '야 이 X끼야'에서 '김군'으로 바뀌었고, 서로 기계 좀 봐달라고 부탁하면서 대우가 달라졌다.

어느 날 난생처음 보는 컴퓨터도 뜯고 물로 닦았다. 전자제품이었으니 당연히 고장이 났다. 일본에서 기술진들이 와서 수리했는데, 원인은 물기 때문이라고 했다. 그때 "알기 위해서는 책을 봐야겠다"는 생각을 가지게 되었다. 그는 "닦는다는 것"이 물리적으로 닦는 것만 알고 있었기 때문에 성실하게 하이타이를 타서 컴퓨터도 닦았었다. 개념이 없었지만, 기계를 사랑하고, 기계를 잘 알고 싶다는 열정이 만든 해프닝이었다.

그는 말한다.

"저희집 가훈은 '목숨 걸고 노력하면 안 되는 일 없다'입니다."

그는 될 때까지 한다. 국가기술자격 학과에서 9번 낙방, 1급 국가기술자격에 6번 낙방, 1종 보통 운전 5번 낙방하고, 창피해 2종으로 전환하여 5번 만에 합격했다. 사람들은 '새대가리'라고 비웃지만, 우리나라에서 1급 자격증 최다보유자는 바로 그이다.

목숨을 걸고 노력하면 길이 보인다. 질서는 이미 주어져 있고 질서의 흐름을 타면 그 세계에 입문할 수 있기 때문이다. 이것이 창조의 비밀인 것이다. 그는 5개 국어를 한다. 방법은 '정도' 그대로였다.

하루 한 문장씩 외웠다. 집 천장, 벽, 식탁, 화장실, 문, 사무실, 책상, 가는 곳마다 단어장을 붙이고 봤다. 이렇게 하루에 1문장씩 1년, 2년 꾸준히 하니 나중엔 회사에 외국인들 올 때 기계 설명도 본인이 직접 할 수 있게 되었다.

"세상을 불평하기보다는 감사하는 마음으로 살면 부러운 것이 없습니다. 배 아파하지 말고 노력하십시오. 의사, 박사, 변호사 다 노력했습니다."

그는 쉼 없이 도전하고 노력했다. 생각하고 또 생각했다. 그는 새로운 개발을 위해 '제안 2만 4천6백12건', '국제 발명 특허 62개'를 받았다.

"저는 조금이라도 도움이 되는 건 무엇이라도 개선합니다. 하루 종일 쳐다보고 생각하고 또 생각하면 해답이 나옵니다. 가공 기계 개선을 위해 3달 동안 고민하다 꿈에서 해답을 얻어 해결하기도 했지요. 제가 얼마 전에는 새로운 자동차 윈도 브러시도 발명하였습니다. 유수의 자동차 회사에서도 이런 거 발명 못 했습니다."

그는 계속 관찰했다. 생각하고 또 생각했다. 답이 나올 때까지 노력한 것이다. 조금이라도 더 진보적인 제품이 나오도록 계속해서 제안하고 노력하고 발명했다. 그는 회사에서 상품으로 받은 자동차가 윈도 브러시가 고장을 일으켜, 이것을 보완하려고, 자나 깨나 개선 생각을 하다가, 영화 '타이타닉'에서 배가 물을 가르는 것을 보고 생각해 개발해 냈다. 그는 대우자동차 사장에게 말했고, '1개당 100원씩 로열티'를 받고 있다.

"돈은 천지에 있습니다. 마음만 있으면 돈은 들어옵니다."

늘 회복하고, 발전시키려고 생각하고 고민하면 길이 열린다. 영화를 보다가도 해답이 보이고, 사찰의 수간에서 빙글빙글 도는 바가지만 보아도 아이디어가 생각나 특허를 받기도 했다. 이것이 흐름이다. 목적에 합하게 몰입하고 생각하면 길이 열리게 되어있다.

창조는 존재의 나타남이다. 드러내는 것이 목적이며 그것을 위해서 우주와 만물을 만들었다. 당신이 '홀로 있음'을 통해서 당신에게만 주어진 우주인 가상공간에서 맘껏 유영하라. 새로운 문명이 당신 손에 달렸다.

9장.
존재의 인큐베이터. '카오스'

'카오스'라는 말은 헤브라이즘 문화가 꽃피던 시대 그리스 문화에 자리 잡은 개념이지만 창조의 섭리를 설명하는 명제로 사용할 것이다.

예수께서 십자가에서 사형을 당하기 전에 제자들에게 물으셨다.

'사람들이 인자를 누구라 하더냐?'

이때, 제자들은 사람들에게서 들은 이야기를 한다.

'더러는 세례요한, 더러는 엘리야, 어떤 이는 예레미야나 선지자 중의 하나라 하나이다'

'그러면 너희는 나를 누구라 하느냐?'

이때 베드로가 답한다.

'주는 그리스도시오 하나님의 아들이십니다'

'하늘의 것'이 '땅의 것'이 되었다. 예정된 섭리가 선언되다.

이 말씀을 들으시고 때가 온 것을 확인하신다. 이것은 '하나님이 알게 하신 것'이라고 선언하신다. 언급되었던 '동류 파장'이며, 깨달을 수 있는 개념이 형성됨을 말한다. 개념이 없는 것은 꿈에 나타날 수 없다.

아프리카 내륙에서 수십 킬로미터를 가야만 수십 미터 깊이의 우물에서 겨우 플라스틱 통에 물 몇 통 길어올 수 있는 정도의 갈라질 듯 내리쬐는 건조한 지역에 있는 사람들에게 항공모함을 설명하면 그들이 이해할 수 있을까? 그들이 본 배는 한 명 혹은 두세 명이 타는 정도가 전부였을 터였다.

6,000명이 타는 배가 있고, 그곳에 은행이 몇 개, 우체국이 몇 개, 식당이 몇 개, 비행기가 몇 대, 체육관이 몇 개, 영화관이 몇 개 심지어 감옥이 몇 개 있다고 말하면 이해할 수가 있을까? 말하는 사람의 정성을 생각해서 이해한다고 말할 수는 있다.

　눈을 한 번도 볼 수 없었던 사람이 썰매를 타고 놀거나 눈싸움하는 꿈을 꿀 수 있을까? 불가능하다. '개념'이 없기 때문이다. **사유는 개념의 조합이다.** 독서가 부족하고, 이론이 부족하면 있는 것도 소화하지 못하고, 설명해도 오해하는 경우가 이런 이유 때문이다. 개념이 없기 때문이다. 개념이 잘 정리되는 것이 이해이고 깨달음이다.

　'동류 파장'은 같은 욕구와 필요를 가진 사람들이 같은 결론을 도출해 낼 수 있거나 그것을 소망하고 있을 때 나타나는 정신적 심리적 문화적 욕구를 이름이다. 예수께서 제자들에게 물으시고 그 상태를 확인한 것은 콩을 볶을 때, 잘 익었는지 맛을 보는 것은 '표본 표출'이며 그 전체의 상태를 확인하는 것이다. 콩 전체를 집어먹으면 완벽한 자료이지만 입증할 자료가 이미 그의 배 속에 있기에 가치가 없다. 그 상태에 맞는 정도를 끌어 올리는 것이 예수께서 우리에게 보이신 교육 방법이다.

　상태를 알기 위해 '동류 파장'을 확인한 것이다. 그것이 확인되었다고 입증된 상태에서 창조 이전부터 예정된 섭리를 알리셨다. 이것이 '하늘의 것'이 '땅에 나타나도록' 계획된 것이며, '그리스도로 통일'을 이루시려 함이라는 선언의 명백한 증거다. 그리스도 이시고 하나님의 아들이라는 개념이 그들에게 임했다는 것이 주는 의미는 '하늘의 것이 땅의 것이 될 때가 되었다는 것을 의미하는 것'이다. 그래서 그것은 대단히 중요한 의미이다. 그러나 그것을 신학을 통해서 언급할 수가 없었다.

　존재를 모르기 때문이며, 입증할 수 없기 때문이다. 그래서 단순히 베드로가 교회의 머리가 된 이유가 이런 위대함이 있기 때문이라는 표현을 하지만 그것은 성경의 이야기가 아니다. 무슨 뜻인지 알지 못하고 말하고 있다고 선언하셨고, 알게 하신 분은 하나님이라며 '하늘의 것'이 '땅에 임하는 과정'에서 네게 나타난 것이라는 것을 선언한다. 피뢰침이 번개를 만드는 것이 아니다. 번개를 부르는 것도 아니다. 번개가 그곳에 닿고 땅으로 사라지도록 하는 장치일 뿐이다. 다른 곳으로 지나가는 번개는 피뢰침과 관계가 없다. 세례요한은 자신의 정체성에 대해서 언급하기를; '나는 광야에서 외치는 자(그리스도)의 소리'라고 정의한 것을 보라. 그는 하늘의 것이 땅의 것이 되는 것을 인지한 최초의 사람이다. 예수께서 "사람이 낳은 자 중에 가장 큰 자가 세례요한이다"라고 언급한 이유가 그것 때문이다. 그리고 그는 하늘의 것을 땅에서 이루시기 위해서 보내신 분이 바로 '이분이시다'라는 한 마디를 남기고 사역한지 6개월 만에 목이 떨어져 죽임을 당했다. 의미만 남기고 떠난, 이른바 '바람'이 바로 그분이시다.

'십자가 사건'이 하늘의 뜻이라는 것을 모든 제자에게 확인시키는 시간을 갖게 된다. 그리고 며칠 후에 장로들과 서기관에게 고난을 받아 사형 선고를 받고 죽임을 당하게 된다. 하늘의 것이 땅의 것이 되는 그 사건이 제자들에게 알려지고 선언되며 증거(證據)할 근거가 된 계기가 바로 베드로의 고백을 전제로 한 것이다. 그리고 그것이 오늘날까지 전해지고 있다. '동류 파장'이 임하고 있다는 사실의 접촉점이 된 그를 교회의 수장으로 인정하는 일도 겸하여 선언하신다. 아무것도 아닌 그 사건으로 그는 교회의 반석이 되었다. 엄한 소리도 하고 좌충우돌해도 본질을 전하고 받고 이어가기에 별 손색이 없는 인물이라는 것이 입증된 것이다. 그 접촉점이 바로 '동류 파장'으로 인함이다.

  예수께서 인간의 몸을 입고 오셔서 인간의 몸에 거하는 사단의 권세를 직접 멸해야 죄가 사라지는 것이다. 그 일이 십자가의 사건이다. 사단의 권세를 묶는 유일한 방법이 이미 창조 이전부터 정해져 있었으니, 그것이 '예정'이다. 십자가에서 죽는 것이, 죄 없으신 독생자 외아들께

죗값을 요구할 수 없을 뿐만 아니라, 죄없이 죽음에 이르게 했으니, 그것으로 죄를 이야기할 수 없게 만들려는 섭리가 선언된 것이다. 이른바 원고와 검사가 아무런 변명도 못 하게 만든 사건이다.

　죄의 값을 요구할 수 없는 온전한 죄 사함의 길을 완성하시는 것이었기에 아담의 후손과 같은 육체를 입고 현현하셔야 했다. 육체로는 아담의 후손과 같고, 성령으로 잉태된 분이시나 아담의 씨가 아닌 그분에게 사단은 죗값을 요구할 수 없는 존재이시다. 이 상태에 있는 예수를 십자가에서 죽였으니, 재판장이신 창조자께 예수의 이름을 힘입어 죄의 권능을 이겨낼 수 있는 존재가 되면, 육체를 가진 인간이라도 죗값을 요구할 수 없는 존재가 되는 것이다. 이것이 복음이며 이것이 창조의 섭리다. 이 책에서는 이것을 모두 말할 수가 없다. -이 책은 존재에 대한 이해로 접근한 가는 자료라는 것을 참고 바란다.-

　그래서 자기 십자가를 지라는 것이며, 나무 십자가에서 육체를 죽이신 것과 같이 육체의 정욕을 십자가에 매달리는 것이 예수께서 보이시는 전부이다. 그것을 위해서 십자가에서 죽임을 당하신 것이며, 그것을 말하려고 제자들에게 물으셨던 것이다. 개념이 없으면 설명해도 소용이 없다. 그래서 물으셨다. 신학자도, 목사도, 성도도 이것에 대해서 깨닫고 그에 합당한 열매를 맺지 못하면 알고 경험해도 소용이 없는 존재가 된다. 그에 합당한 열매 그것이 믿음이며, 그것으로만 그의 실존이 평가되는 것이다.

　죄 없이 죗값을 치러주신 바로 그 공로를 의지하여 그에 합당한 삶을 살아가는 인간에게서 죗값을 요구할 수 없게 하신 것이니, 누구라도 죄와 대항하고, 맞서기만 하면 그 사람은 이미 이겨 놓은 싸움을 싸우는 자가 되는 비밀을 전하게 된다. 이것을 전하려고 제자들에게 그런 '의식의 파장'이 나타나는지 확인한 것이다. 그리고 곧 있을 일들을 선언한 것이 바로 그 베드로에게서 나타난 '동류 파장'을 인한 것이다.

육체가 있으니 기도하는 것이다.

　이처럼 예수께서 아담의 후손과 같은 육체를 입고 오셨으니, 창조자의 뜻과 섭리를 온전히 이루기 위해서는 기도하며 다짐하고 아버지의 뜻을 온전히 이루시기 위해서 기도하셔야 했다. 육체에는 한계가 있기 때문이다. 육체가 있으면 육체의 정욕이 계속 미혹하기 때문에 모범을 보이신 것이다. '너희는 나를 본받는 자가 되라!'고 하셨다. 그리고는, 언제나 묵상하셨다. 홀로 골방과 광야에서 기도하셨다. 그리고 사단에게 미혹을 당할 목적으로 사십일을 주야로 금식하시고 이기는 모범을 보이셨다.

　정해져 있는 미혹의 종류를 물리치신 것이다. 눈으로 보기에 좋은 것, 먹고 마실 것과 재산, 그리고 명예와 높아지고자 하는 미혹이 그것이다. 사도 바울도 그리스도를 본받아, 이 세 가지를 꾸짖어 대항하고 겨뤄 이겼으며, 그것으로 인해 사람에게 '두 법'이 있다는 것을 입증했다. 정말로 놀랍고 놀라운 사도이시다.

　예수께서 누구에게 기도하셨을까? 그것은 아버지께 하는 것이다. 창조자께 하는 것이다. 그런데 이것이 신학적으로 해석되지 않아 문제가 발생하고 있다. 앞으로도 그럴 것이다. 가톨릭 신학자였던 '아우구스티누스'의 **'삼위일체'**가 이렇게 망쳐놨다. 그리고 그의 신학적 견해를 받아들이지 않으면 이단으로 하겠다는 '교리적 올무'를 걸어놓고 있는 미혹된 교리주의자들로 인해 복음의 문은 단단하게 빗장이 걸려있다.

　삼위일체(三位一體:Trinity- 헬: Τριάς 트리아스, 라: Trinitas)란 하나님은 본래 한 분인데, 세분의 위격(位格)26)이 존재하는 한 분이라는 말이다. 이것은 존재를 모르고는 알다가도 모를 설명이다. 그래서 신비라고 하니 더욱더 고통스럽다. 전체주의 시절에 통치 수단으로 작용한

---
26) 지위와 품격- 네이버

정치의 시녀 역할을 했던 종교가 한 말이니 더욱더 그랬다. 이것이 전통인가? 바울이 그렇게 선언했는가? 그런 일은 없다. 성경에는 그런 일이 없다.

　위격(位格:a hypostasis.- 헬라어: ὑπόστασις 휘포스타시스)이란 근본, 실체, (개념의) 실체화를 말하는 철학적 의미이다. '1위 격'은 하나님이시고 '2위 격'은 예수 '3위 격'이 성령으로 구분된 인성과 하나님의 본성을 가지신 근본이라는 개념을 가진 개념이다.
　동방교회는 한 분 하나님께서 세 위격으로 되는 신비라고 믿었으며, 서방교회는 본래 세 위격을 가지신 하나님이 동일 본질로 한 분 하나님이 되는 신비를 믿었다. 결론은 세 위격을 가지신 하나님께서 나타나시는 것을 말한다.
　이렇게 말한 가톨릭 신학자인 아우구스티누스의 신학적 견해를 그대로 받아들였으니, 문제가 심각해졌다. 전체주의의 시녀이며 통치 수단으로 전락해 버린 중세 기독교의 **신학적 견해**를 종교개혁이 일어난 지 500년이 넘어서는 지금까지도 받아들이려니 무리가 생긴 것이다. 어리석고 가슴 아프다. 이것을 여전히 주장하려고 하고 있으니 악한 영이 가만있을 수가 있겠는가! 그물에 고기가 걸렸는데, 올무에 새가 잡혔는데 가만있겠는가?

　선교 현장에서 '삼위일체'는 가장 큰 걸림돌이다. 이라크의 무도인 한 사람을 소개한다. 그는 목숨을 걸고 개종하려는 사람이다. 이슬람인이며 이라크 사람이다. 시아파와 수니파의 갈등으로 인해 매우 큰 손해를 보고 있는 무리 중 한 사람인데 그들의 후배들이 모두 4단 이상을 땄고, 현재 사범으로 일하고 있으나 자신들은 파벌싸움에 밀려 아직도 2단에 머물러 있다는 사람이었다. 그것 때문에 앞으로 뻗어 나갈 수가 없어 해결을 요청하려고 방한했었다. '중동역사'를 알고 있는 내가 해결해 줄 수 있는 문제였다. 그리고 그들을 데리고 국기원 원장을 찾아가 두 민족의 갈등을 설명하고 '한나라 두 민족'으로 결론 내리도록 강권하였다. 그리고 몇 주 후에 그렇게 되었다.

그들은 팀을 꾸려 다시 찾아왔다. 수니파의 대표적인 태권도인이었다. 헤비급 금메달리스트 두 명 등 관계 임원진 8명이 금메달과 감사패를 주며 감사를 표했고, 하례하고는 이태원에서 그들의 대표 음식으로 만찬을 겸해 감사를 표했다. 대안으로 그들을 국기원의 단을 받되 프로태권도와 함께 겸하여 일하도록 조치한 일이었다.

그중 한 사람이 말한다. 필자를 보고 예수를 믿기로 했다고 말했다. -나는 그들의 말을 다 믿지는 않는다- 그는 한때 대통령의 경호원을 했다가 나이가 들어서 현재는 대기업의 총수를 경호한다고 했다. "나는 예수를 믿고 싶습니다. 그런데 고민입니다. 믿으려 해도 힘이 듭니다. 왜 하나님께서 하나님께 기도하십니까? 이것을 이해할 수 없습니다"라고 말했다. 이것을 해결할 사람은 없다. 언어유희로 될 이야기가 아니다. 모순이기 때문이다. 그것을 억지로 꿰어서 말해놓고는 신비라고 하니 악하기 짝이 없다.

이 모순은 '**삼위일치(三位一致:Three Unity)**'[27]라고해야 옳다. '삼위일체'가 될 수 없는 것이다. 모순을 해결하는 방법은 매우 간단하다. 하나님의 우편에 누가 앉아 있는가? 이 한 가지만으로도 여러 말을 잠잠케 할 수 있다. 모른다고 해라. 그래야 도울 것이 아닌가! 잘 못 된 파도를 타고 어디로 가려는 것인가?

중동인들이 예수를 믿는다는 것은 가족과 친척과 마을을 버리는 것을 말한다. 마을을 떠나야 하고 친인척과는 절교해야 하는 심각한 상황이

---

27) 영어도 필자가 만들었고, 개념도 그러하며 그 논문은 A4 200여 페이지가 나왔으며 이 것을 줄이고 줄여 발간한 책자로 성결교단 100주년 기념 논문으로 발제하는 등의 일을 경험했다.- 필자 주.

다. 심지어 생명의 위협을 받고 실제로 죽기도 하는 상태이다. 명예살인이라는 그들의 악한 이념으로 인해 아들과 딸을 죽이고 아내와 친인척을 죽이고 자랑스러워하는 자들이다. 상상을 할 수 없는 일이다. 말로만 어떻게 하려는 악한 동기에서 벗어나라. 교리라고 정해 놓고 그것에 의문을 가지면 불신앙이며 지옥이라는 논리는 버려라. 중동에서 어떻게 해야 선교가 가능하다고 생각하는가?

현현하신 예수와 창조자 하나님과의 관계는 '삼위일체'를 고집하는 한 영원히 풀리지 않을 허구다. 누구도 풀지 못했고 풀어야 할 이유가 없는 이슈다. 신비를 강조하기 위해 종교 지도자가 허튼 주장을 한 이후로 전통이 되었다. 모순이어서 알지 못하게 하고는 '그래서 신비'라고 말하는 악한 누룩을 뿌리며 수 세기가 흘렀다. 정체성이 흔들릴까 봐 다른 주장도 못한다. 있을 수가 없는 모순을 지껄여 놓은 것이다. 자기 발에 걸려 넘어진 것에 의미를 부여하려고 하니 문제다.

예수께서 '내 안에 아버지가 계신다.'라고 하셨으니 한 몸이다. 그렇다면, '내가 네 안에 네가 내 안에 거하면 무엇이든지 구하라!'라는 말은 무엇인가? 여기서 '나'는 예수이시고, '너'는 성도를 말한다. 이것을 가지고 '四位一體'라고 말할 건가? 생각해야 한다. 깨달아야 한다.

기도하는 예수는 누구에게 기도하는 것인가? 하나님의 보좌 우편에 앉아 계신 분이 누구이신가? 모순되는 논리로 창조자를 이렇게 만홀(漫忽)히[28] 여길 수가 있다는 말인가?

성령에 대해서도 마찬가지다. 예수께서 부활하시고 '하나님께서 아들의 영을 우리 마음 가운데 보내신다(갈4:6)'라고 약속하셨다. 창조자께서 당신의 예정된 섭리를 온전히 순종하여 이루신 예수를 좇으라고 성도들에게 보내시는 영이 성령이시다. 예수와 동일한 영이신가? 그렇게 주장하려면 일체라 하지 말고 일치라 해라. 그래야 동일하다.

---

28) 만만하고 소홀하게- 네이버.

그리스도가 되시어 아버지께로 갈 유일한 길이 되신 분이 예수이시다. 그에 합당한 자가 되도록 이끄는 영이 성령이기에 '준비된 자'29)에게 내려보내시는 영이시다. 아버지의 영이시다. 아들의 영(갈:6)이며, 양자이 영(롬8:15)이시다.

유대인 성경에 있는 엘로힘(Elohim:하나님의 영-벧전4:14), 르아흐 야훼(Ruach YHWH :야웨의 영), 르아흐 하크마(Ruach Hakmah :지혜의 영-신34:9) 등과 동일한 분으로 표현하고 있다.

필자는 '삼위'는 명백히 '창조자의 위'라고 믿는다. 창조자의 섭리에 합당하게 역사하신 명백한 위이시다. 창조자의 섭리에 합당하게 분할된 기능과 역할을 하셨으며 그것으로 인해 완벽하게 창조의 섭리, 예정된 섭리를 완성하셨다. 그리고 마지막 때까지 언약하고 예정하신 일들을 마무리하실 것이다.

'위(位)'가 다르고 '기능과 역할'이 다르다. 예정과 창조라는 하나의 섭리를 위해 나타나시고 역사하시는 분이시기에 삼위는 명백히 창조자의 섭리를 위해 **일치하는 역사를 이루시는 분**이시다. 그러므로 '삼위일체'는 있을 수 없는 모순이며 모순이기에 신비가 아니다. 어리석은 주장에 스텝이 꼬인 것 뿐이다. '**삼위일치(三位一致:Three Unity)**30)'가 명백한 표현이라는 것이 필자의 주장이다. '일치'다. 삼위일체의 의도는 좋다. 그러나 모순을 극복하려면 버려라! 신비롭게 만들려는 인위적인 조작에 선동될 필요가 없다.

중세의 통치 수단으로 기독교를 이용하려는 목적으로 나타난 하나의 신학적 견해다. 견해일 뿐이다. 견해 이상은 없다. 교리가 모두 그렇다. 웨슬리는 '교리는 하나의 견해'라고 언급한 일이 있다.

---

29) 무엇을 어떻게 준비하였는가? 그것이 성령을 보내는 전제다. -필자 주.
30) 영어도 필자가 만들었다. 논문이 이미 40여 년 전에 만들어졌고 곧 출판할 것이다. -필자주.

성령은 '보내시는 영'이라 하셨으면 그런 것이다. 선언된 말씀과 일점 일획이라도 다르면 용서받을 생각을 하지 말라! 그리스도께서 그렇다면 그런 것이다. 목적을 위해서 보내는 것이다. 창조자는 '알파와 오메가'이며 '처음과 마지막'인 '영'이시다. 그 존재가 우리의 과거 현재 미래에 관여하는 것이다. 나타나는 것이다. 보내시는 것이다. 이것이 성령의 기능이다. 어리석은 주장에 날개를 달 필요가 없다. 육체를 입으셨으니, '그를 잠시 동안 천사보다 못하게 하시며 영광과 존귀로 관을 씌우시며, 만물을 그 발아래에 복종하게 하셨다.(히2:7-8)'

필자는 이것을 전제로 이미 30년 전에 '삼위 일치'라는 조직신학을 집필하였고 그 중 매우 일부를 떼어내어 '영성으로 본 성결신학'이라는 저서로 발간한 일이 있다. 이 책자는 성결교 100주년 기념 논문으로 선정되어 서울신학대학원 원우회 주최, 총학생회 주관, 총동문회 후원으로 대학원 강당에서 논문 발표를 했었다. 동대학의 조직신학 담당교수인 최ㅇ식박사, 감리교 협성대학교 총장이셨던 류ㅇ종박사께서 논찬하였다.

육체는 한계가 있다. 육체를 입는 순간 '시공간'의 제한을 받는 천사보다 못한 존재가 된다. 아담의 범죄로 자유 할 권리를 '넘겨준 것이므로(눅:6)' 사단에게 붙들려 있는 것이 육체다. 육체를 가진 예수도 이런 미혹을 받았다. 이겨야만 권세가 물러가는 것이다. 행한 대로, 보여준 대로 하면 된다. 견해는 가치가 없다. 확신과 고백도 마찬가지다. 이겨야 하는 것이다.[31]

예수께서 이기는 모범(모델)을 보이셨다. 사십일을 주야로 주리시고 금식하시고, 광야에서 사단과 싸워 모두 이겨 놓으셨다. 육체를 가지고

---

[31] '이긴자'라는 주장을 하는 이단은 많다. 전도관이 그러하고, 그 외의 여러 이단이 그러하다. '이긴자'는 누구나를 전제로 하는 개념이다. '이긴자'라는 특정된 인물은 있을 수가 없다. '1등한 자는 금매달을 준다!' '합격한 자는 합격증을 준다!' 등과 같이, 정욕을 예수의 피로 씻어 죄를 이긴 자에게 주신 언약이라는 본질을 비틀어 이단 사설을 만든 악한 교리주의자는 저주를 받으라.- 필자 주.

하신 것이다. 그리고 (아담의 후손인) 모든 육체에게 그 길을 열어놓으시려고 실존적으로 십자가를 지시는 예정된 섭리를 성취하신 것이다. 미혹이란; '먹고 마시는 일'과 '명예와 재산' 그리고 '은사와 기적'을 나타내는 등이다.

예수께서도 육체로 계실 때에는 말씀으로 이기셨다. 기도록 극복하셨다. 그래서 받은 사명을 충실히 이행하시어 예정된 섭리를 완성할 수 있었다. 십자가에서 마지막 남기신 '가상칠언(十字架上七言)에서의 마지막 일성은 '다 이루었다(paid in for: 다 지불하였다)'였다. 기도하고 순종하며 사단의 권세에 맞서는 그 과정을 모범으로 보이신 것과 같이 우리도 할 수 있다.

또한, '홀로 있음'을 통해서 가상공간에 들어가 존재의 본질을 찾아가는 과정은 물론이거니와, 일상에서 '나타난 그 어떤 것'이라도 그것이 동기가 있는 것인지 알 수 있는 단계에 이른다. 동기가 없이 들어가게 된 카오스의 세계에 거해 보면 '아닌 것'은 즉각적으로 알게 되는 것이다.

카오스를 경험했다면 존재의 파장을 좇는다. 그러면 창조의 섭리를 만난다. 노출하는 것이 목적이기 때문이다. 찾고 구하고 두드리면 나타나는 것이 창조의 목적이다.

카오스의 세계에서 우주와 만물을 조성한 것이며, 앞으로 만들어질 문명과 문화와 역사도 미리 준비된 곳이 바로 '카오스'이다. 무언가 만들고 개발하고 극복하려는 욕구를 가지고 찾고 두드리고 구하다가 존재의 본질을 만날 수 있게 되는 것이다. 이것이 바로 '하늘의 것'이다. 이것이 '땅의 것'으로 나타나도록 '나만의 우주'인 '가상공간'을 주었다. 이는 공유가 아니며, 독점이다. 누구도 개입할 수가 없다. 창조자와 나의 단독 관계다. 공유라면 불공평하지 않은가! 내가 연구하고 발견한 그것을 남들에게 공유한다면 정의로운 창조자가 아니지 않은가!

이런 과정이 생명 샘을 마시는 것과 같아서 존재의 본질을 찾고 구하고 두드리는 것이며, 세상이 줄 수 없는 평안과 하늘의 신비를 미리 맛보는 현장이다. 이것이 '새 하늘과 새 땅'으로 이끄는 과정이다. 그에 합당한 존재가 되는 것이다. 영원한 천국에서 영원히 살 수 있는 존재가 되는 것이다.

인식으로 창조의 질서를 바꿀 수 없다.

　인식! 고백하고 느끼고 깨달았으니 어떻다는 것인가? 공부 잘해야 한다고 깊고 깊게 느끼고 깨달았으니, 그것이 어떻다는 말인가? 깨달은 것이 사실이라면 입증되어야 한다. 실상이고 증거라면 나타나야 한다. 종교성이 많아도, 성경의 지식과 경험이 많아도, 기적을 행하여도 소용이 없다. 그것이 어떻다는 것인가? 내 실존이 정욕과 상관이 없다는 것을 입증하는 것과는 거리가 멀고도 멀며, 상관이 없다. 실존으로 나타나 입증되지 않는 그것들은 허구다. 깨달음, 확신과 고백이라는 인식으로 창조의 섭리를 바꿀 수 있다고 믿는다면 미신을 믿는 것이다. 예정된 섭리와 질서에 순응하는 삶만 실제다.

　인식으로 되는 일은 없다. 확신과 고백이 그것이다. 인식을 믿는 자는 평생을 '깨닫기만' 한다. 잘 못 된 것을 입증하면 '그렇구나'하고 깨닫고는 다시 하던 짓을 한다. 정욕대로 살아간다는 것이다. 곧, 악한 자 그대로가 된다. 인식은 가치가 없다. 그에 합당한 열매가 나타나지 않기 때문이다. 허구이고 망상이다. 그런 실존으로 천국에 가겠다는 생각은 정욕이다. 죄다. 터무니가 없다. 양심이 있으니 알게 되어 있다.

　그에 합당한 열매가 나타나야만 그에 합당한 실존이 되었다는 증거가 된다. 이 증거를 가진 사람만 합당한 사람이다. 어느 미치광이 군인은 자기를 괴롭히는 고참에게 '내가 죽어 귀신이 되어 너희를 괴롭힐 거야'라고 유서를 써놓고 자살했다는 뉴스도 있었다. 할머니의 옛날이야기를 너무 진지하게 들었던 것 같다. 인식으로 무엇이 될 거라는 미신이 교회에 만연해 있다. 악한 교리론자는 멸망을 받을 것이다.

이 모든 것은 창조자의 뜻과 섭리에서 벗어나는 일이다. 과녁에서 벗어나는 것이며, 그리스어에서는 이를 '하마르티아'[32]라고 한다. 아리스토텔레스의 '시학'에 나오는 말을 인용한 것인데, '과녁' 이외의 것에 목표를 맞추는 것을 죄라고 명시했다. 매우 중요한 접촉점이므로 이것을 사용하는 것이다. 그 목적에 합한 것이 아니면 죄이며 창조의 섭리와는 아무런 상관이 없다.

창조의 섭리가 과녁이다. 창조의 섭리를 따라 내가 그에 합당한 열매를 맺으면, 행복과 평안과 기쁨과 위로가 위로부터 내려온다. 정욕을 좇으려는 마음이 사라지고 창조의 질서를 따르려는 마음이 계속 나타난다. '홀로 있음'을 통해서 이것이 가능하다. 그 과정에서 창조의 섭리와 이끌림에 대해서 더욱더 확신하게 되고 그에 합당한 열매를 맺으려 한다. 이것이 '믿음의 의'며 이것이 창조의 섭리에 합당한 삶이다.

쓸모없는 사람이 겪은 카오스의 세계

필자는 돌이 되기 전에 허리가 꺾여서 사경을 헤매며 유아기, 아동기, 청소년기를 지냈다. 차차 설명하겠지만, 스물둘의 어린 어머니가 더 어린 아기를 맡기고 나갔다가 와보니 그때부터 울고 코마에 빠지는 일이 계속 이어졌다는 것이다. 이때부터 5대 독자 아이가 태어났다며 기대하던 아들에 대한 기대가 사라졌으니, 기대의 반대급부로 많은 불합리를 겪으며 일생을 보냈다. 그 이상의 이야기는 언급하지 않겠다.

---

[32] 이 용어는 그리스 문화에 근간을 두고 거의 같은 개념이어서 문학은 물론 신학과 철학에서 사용하는 개념이다.- 필자주.

일상을 제대로 극복할 수가 없었다. 허약한데 통증이 있었고 일상을 누구와도 나눌 수가 없었다. 그러나 사춘기에 접어들면서 운동으로 체력을 키워갔다. 죽도록 해야 극복되는 삶이었으니 감당하기 어려울 정도로 열심히 운동했다. 누가 시킨다고 할 수 있는 일이 아니다. 이끄시니 하는 것이다. 어차피(於此彼) 통증과 고통으로 제대로 잠을 자기 어렵다면 깨어 있는 시간만이라도 힘 있게 활동하다가 쓰러져도 쓰러지겠다는 강력한 의지가 생겼다.

신병이 되었든, 사고로 인했든 고통 속에 있으면서 경험하게 되는 혼돈과 갈등과 두려움과 어둠의 상태는 약할 때 강함을 주는 창조의 섭리이다. 이 상태에서 창조의 섭리와 목적을 깨닫고 나아갈 가능성을 갖게 된다. 대단히 모순된 일이라고 느낄 것이다. 그러나 목적과 동기가 접목되면 과녁에 어긋난 일들이 나타나게 되는 것이다. 이 말은 여러 번 반복될 것이며 무당이며, 신비를 보았다는 자들과 비교해야 할 가치이니 참고 바란다.

죽음의 문턱에서 깨닫고 보게 된 존재의 세계를 정욕을 위해 불태우는 것이 문제다. 그러는 사람은 얼마든지 있다. 그렇게 하니 창조의 섭리까지 나아가지 못하는 것이다. 가능성을 가졌으나 그대로 있는 것이다. 예고편만 본 것이고, 맛만 본 것이다. '좋다 마는 것'이다. 속지 말라! 신비를 말하는 것과 창조의 질서에 합당한 사람이 되는 것은, 전혀 상관이 없는 일이다. 실존이 사도 바울이 전한 복음의 중심에 있는 이유를 알게 될 것이다.

필자는 어려서부터 많은 것을 체험했다. 그것을 모두 설명할 수는 없다. 그러나 필자가 아무리 신비한 경험을 했고 창조자로부터 놀랍게 사용되었다 할지라도 그것은 내 '실존'과는 아무런 상관이 없다. 나타나시기로 하신 창조자께서 하시는 일일 뿐이다. 피뢰침과 번개의 관계와 같다. 번개가 피뢰침을 통과한 것이며 피뢰침이 번개를 만들어 낸 것이 아니다. 위엣것을 사모하라는 것은 그런 상태 곧 실존이 되라는 것이다. 내가 사모한다고 나타나는 것이 아니다. 사단은 그렇게 나타난다. 정욕이 가득한 삶이기 때문이다.

창조자의 이끌림에 합당한 삶으로 나아가는 것과 신비의 체험과 나타남은 아무런 상관이 없다. 신비를 추구하는 것도 악하고 허무한 일이며 신비가 나타나는 것이 믿음이라고 주장하는 그것도 허구다. 실존이 아니기 때문이다. 창조의 목적에 합당한 자가 되도록 하시려고 이끌림을 주신다. 그에 합당한 자가 되도록 하시기 위함이다. 창조 이전의(예정된) 섭리가 나타난 것이 창조다. 창조 이전도 존재이고, 창조 이후에도 존재이며 존재가 아닌 것은 존재하지 않는다.

신비를 경험하였다고 함부로 나서지 말라. 창조자가 원하시는 것이 아니다. 깨달았고 체험했으니, 그것이 어떻다는 것인가? 그것과 실존은 상관이 없다. 새로 만들어지지 않은 상태에서 순전하게 창조의 섭리와 이끌림을 바라고 따르는 것 외에는 아무것도 가치가 없다. 그 경험의 상태에서 인**정**, 사**정**, 감**정**의 **욕**구를 채우고, 입신양명의 목적을 위해서 나서는 것이 무엇을 위한 것인가? 이것을 **정욕**이라 한다. 모든 것을 버려라. 그리고 '홀로 있음'으로 나아오라. '가상공간'에서 존재의 본질을 좇으라. 그러면 된다. 그러면 나타난다. 창조의 목적이 그것이기 때문이다.

막노동 하다가 알게 된 카오스의 비밀

사단법인 국제무도총연맹(International Martial Art Federation)의 총재가 되었다. 가나와 라이베리아에 태권도를 보급하는 일을 하러 길을 떠났다. 자금은 자비량(自備糧)하기로 했다. 그동안 모았던 돈과 막노동하면서 모은 돈을 사용했다. 활동하다가 돈이 떨어지면 다시 한국으로 와서, 막노동을 했다.

내가 알고 있는 한 '노가다'가 돈을 가장 빠르게 많이 모으는 방법이었다. 후원을 받는 것은 내가 원하는 방법이 아니다. 도봉성결교회 한 곳에서 3만 4천 원의 후원을 받았다. 천원 기도 후원자였다. 한 번만 받았다. 기억해 달라는 의미였다. 한 분이 개인적으로 30만 원을 봉투에 넣어 주셨다. 젊은 부인이었다. 그녀를 축복한다. 운동하는 사람이라는 인식을 남기고 싶지 않았고, 자비량하는 것이 내가 할 수 있는 헌신의 증표가 될 것이라는 생각을 했다.

나는 태권도 보급보다 그들의 삶의 변화를 모색하는 것에 관심이 있었다. 정치인과 경찰청장, 국방부 관계자들에게 줄을 대서 만났다. '라이베리아'의 경우 당시에는 내전이 있었고 UN군이 큰 건물을 지키고 있었는데 매우 웃겼다. 이웃 나라의 군인들이 UN 로고가 있는 흰색 지프를 타고 이동하고 무기를 들고 다니는데, 영양 상태가 중학생 정도였고 군기가 하나도 없는 동네 아이들로 보였다. M16이 크다고 느껴졌다.

각설하고, 서아프리카는 한 나라도 빠짐없이 기독교 국가다. 그래서 그런지 가나는 7곳, 라이베리아는 9곳 기독교 방송 채널이 있다. 길거리에는 부흥회 포스터며 현수막이 즐비하다. 그 지역 목사들에게 물었더니 종교의 자유가 있어서 이슬람도 있지만, '우리나라는 기독교 국가다!'라고 선언하지 않은 나라가 없다고 말했다. 라이베리아의 골목길을 걷다가 그곳에서 한글로 쓰인 '뵈뢰아 아카데미'라는 작은 간판을 보았다. 골목이었는데, 2층 건물이었다. 낡아 보이는 건물이지만 그들은 이미 그곳에 교두보를 그곳에 마련해 놓고 있었다. 그들은 빨랐다. 성결교, 감리교, 구세군, 침례교, 순복음은 못 봤다. 장로교는 있었다. 한국 식당에는 조선족들도 있었지만, 그들의 교회에서 예배드리지는 않았다.

가나의 CIA국장은 '우리나라를 영국이 점령해 준 것에 대해서 감사한다'라고 말했다. 가나에 부족이 많고 언어가 9개인데, 영어로 언어를 통일시켜 준 것만 해도 감사했고, 민주주의를 알려준 것에 대해서도 감사하고 있었다.

어쩐지 예배 시간이 두 시간이 훌쩍 넘어가길래 이상하다고 했다. 가장 큰 두 민족의 언어로 설교하고 영어로 한 번 더 하는 식으로 설교가 진행되었다. 영어를 하는 듯하다가 이상한 말을 하기에 언어가 그런가 했었다.

서아프리카는 지역마다 교회가 넘쳐난다. 낮에는 어린아이들이 그곳에 모여있었다. 맡기고 일하러 나간 것으로 보였다. 어쩌면, 버린 것을 그렇게 방관했을 수도 있다. 안타까운 것은 그들은 서양의 민주주의를 보고 민주주의를 배웠지만, 아직은 민주화가 되지 않았다. 교과서의 내용 그대로다. 산업화다. 산업화가 먼저 되고 국민소득이 1,000달러에 달하는데 민주화 운동을 하지 않은 나라는 없다. 이 두 요소가 함께 작용해야 시너지가 발동한다. 대한민국이 모범국이다. 중국도 그랬다가 천안문 사태 등 몇 번의 소요가 있었지만, 미수에 그치고 말았다. 중동도 그렇다.

우선 새마을 운동과 같은 경제를 키우는 방법으로 그들을 대하지 않으면 공염불이다. 국민을 깨우는 것이 목적이 아닌가? 기독교 국가인 그들에게 선교한다는 말이 무슨 뜻인가? 무슨 의미가 있겠나? 독일이며 미국, 영국, 프랑스에 선교한다는 사람들도 있다. 그것이 말이 되는가? 그들은 초등학교부터 성경과 고등학생 이상이면 신학을 가르친다. 공교육이 그렇다는 것이다. 그들에게 선교를 한다?... 자녀 유학을 위해서 선진국을 택했다고 해라. 그러면 이해가 되지 않겠나! 아니라면 나를 이해시켜 주기를 바란다. 제3 국에 선교하려면 우선 관심을 두어야 할 것은 산업화다. 새마을 운동을 접촉점으로 산업화를 이루는 과정에 나서야 한다. 교육으로 계몽하고, 컴퓨터 e-sports 등의 산업을 일으켜 선진 산업을 우선 접목하는 등의 사업을 일으켜야 한다.

1954년 이승만 대통령이 이제 실험을 마치고 임상 중인 '원자력'을 한국에 달라며 정치권에 압력을 넣는 바람에 여러 학자를 유학시킬 수 있었고, 그들이 돌아와 최신 기술을 접목해 한국에 정착시키는 일을 벌인 것은 선견지명이었다. 우리가 원자력 최강국이 된 것이 바로 그런 이유이다. 고종 당시에 서울에 아시아 최초의 전차도 있었고, 야간을 밝혀준 전구도 아시아 최초였다. 선교사님들이 조언하고 추천한 것이지만 조상님들의 지혜는 놀랍고 놀랍다.

경제를 키울 방법을 모색해 줘야 한다. 그들은 가난하고 어렵다. 그들에게 전통적인 선교를 포함해서 그들이 경제적으로 일어설 수 있도록 돕는 것이 중요한 접촉점이 될 것이다. 새마을 운동으로부터 시작해서 여러 경제적인 성장 모델을 제시하고 지도하는 것이 가장 좋은 접촉점이라 믿는다. -경찰서장, 국방부, 정치인 등을 계속 만나서 경제발전 5개년 계획 등을 설명하고 독려하는 등 여러 방면에서 활동하였다. 추후에 공개할 것이다.-

돈이 떨어지면 다시 평택 탕정에 있는 삼성으로 갔다. 서너 달 혹은 대여섯 달 막노동을 했다. 당시에 월평균 실수령 390만 원 정도를 벌었다. 얼마나 열심히 했는지 아는 사람은 다 안다. 당시 일당이 7만 원이었다. 몇 팀장은 말 몇 마디 해보더니 9만 원을 주었다. 몇 개월 다녀와서 최고의 팀장을 만났는데, 팀원을 구인하는 일을 했더니 그는 팀 단가에 내 임금을 맞춰 주었다. 일당이 15만 원이었다. 빚진 것이다.

이때는 430만 원을 전후로 실수령 했다. 큰돈이었다. 그의 신세를 졌다. 김X실 팀장을 지금도 기억하고 있다. 팀장이 삼성과 계약한 작업 기간이 끝나면 나도 함께 일을 마치고 다시 아프리카로 향했었다. 몇 차례 그러던 중 허리를 다쳤다. 이번엔 건설 목수 일이었다. 무리한 노동에 동원되었다. 마다하지 않았기 때문이다. 작업하던 중에 깜짝 놀라는 아픔이었다.

업체 담당자에게 말하고 MRI를 찍었다. 그랬더니 어려서부터 온몸이 아팠었던 원인을 알게 되었다. 어디가 아픈지 모르고 전신이 아팠던 이유가 있었다. 등뼈 줄기를 타고 2, 3, 4, 5번 척추 마디에 걸쳐 왼쪽 줄기가 시커멓고 선명하게 있었다. 내가 다친 곳은 오른쪽 5번 마디 주변이었다. 발견된 곳은 전혀 다른 곳이었다.

업체 담당자는 의사의 이야기를 듣고 나를 사기꾼으로 몰았다. 당연했다. 그들은 그럴 수밖에 없었다. 나와 같은 사기꾼이 있었다고 한다. 그들은 매우 불쾌했고 리스크를 감수하고 나를 산재 처리를 했다. 나는 사기꾼이 되었다. 그리고 삼성과 연관된 어떤 장소에도 노동을 할 수 없도록 조치가 취해졌다. 출입 금지 조치다. 그들에게 미안한 마음이고, 동료들에게도 미안한 마음이다. 그 이후에는 더 무리할 수 없어 아프리카의 일도 접었다.

어머니가 전해 준 비밀

이 일을 설명하고 어머니께 물었더니 이제야 사실을 말해 주었다. 한 돌이 되기 전의 일이었다. 10개월이 되었거나 안 되었을 때라고 한다. 나를 맡기고 어디론가 나갔다고 한다. 돌아와 보니, 그때부터 뒤집기도 못 하고 손가락과 발가락만 쥐었다 폈다를 반복하면서 울기만 했다고 한다. 짜증을 내기도 했다고 한다. 손을 물어뜯기도 했다고 한다. 달래도 소용이 없었다고 한다. 이 상태가 반복되고 심해지기도 하고 코마에 빠지기도 해서 무당을 불러 굿을 하고 엄지와 검지 사이를 칼로 째고 뭔가를 꺼내는 일도 했단다. 지금도 희미하게 흰색 줄이 있다. 나름대로 최선을 다했다는 변명을 하는 것이다.

허리가 아프니 제대로 앉지를 못했다. 그래서 그런지 돌이 한참 지난 다음에 찍은 돌 사진은 장군감이었다. 앉아 있지를 못해서 몇 개월이 지난 다음에 사진을 찍었다고 한다. 가족들은 그 사진을 보고 '대갈장군'이라고 놀렸었다. 장군감이 분명해 보였다. 그런데 어딘지 모르게 부자연스러웠다. 몸에 힘을 쓰고 있는 것으로 보였다. 손가락과 발가락도 꼭 쥐고 있었다. 사고 이후에 이야기를 듣고 지금 와서 추론해 보니, 넘어지지 않으려고 손과 발에 힘을 주고 있었던 것이었다. 허리에 힘이 들어가지 않으니까 손가락 발가락을 쥐고 있었던 것이다. 돌이 지나고 몇 개월 후에 찍은 사진이었으니 몸체가 크고 얼굴도 그랬다.

머리가 커서 그러는 줄 알았단다. 앉히면 넘어졌기 때문에 어느 정도 더 커야 한다고 생각했단다. 허리가 아팠기 때문이었으나 그것을 알아차릴 수도 없었고 알았어도 조치는 취하지 않았을 것이다. 사진에는 넘어질까 봐서 힘을 쓰면서 앉아 있는 모습이 보였다. 지금에 와서 보니 허리가 문제였다.

유아기와 아동기에 이르기까지는 죽고 사는 문제가 언제나 순간순간 따라다녔다. 자도, 깨도 언제나 그 상태였다. 코마에 빠지고, 식은땀을 흘리고 잠꼬대를 하다가 아침을 맞았다. 유아기와 아동기 내내 그랬다. 구체적 조작기 시절까지는 그랬다는 이야기다. 인성이 전조작기(4-7세)에 형성되고 정신적 개념적 확장기가 구체적 조작기(8-12세)까지인데, 이 당시가 가장 깊고 깊은 카오스를 경험한 시기였다.

유아기를 지나 아동기 넘어 청소년기를 접하면서는 운동을 하는 등 관리한 것이 유효해서인지, 카오스에 빠지는 일은 현저하게 줄어들었다. 살아있는 느낌이 있었다는 의미다. 태권도, 권투 유도 등을 훈련했다. 팔과 다리의 마디가 부어오를 만큼 했다. 과장하면 죽기 전까지 했다고 할 것이다.

고등학교 1학년이 넘어서면서는 카오스에 빠져 있는 날이 현저히 적었고 코마에 빠지는 일은 없었다. 운동을 열심히 했다. 그것이 무리가 되어 잠을 자는 동안 매우 힘들었지만 그래도 그것만이 살길이었다. 어차피 잠잘 때 고통스러운 것은 마찬가지였으니 운동을 택한 것이다. 운동을 해야 한다는 생각이 왜 있었는지는 알 수 없었다. 다만 그러고 싶었다. 어찌 되었든 그랬더니 효과가 나타나기 시작했다. 이렇게 자라나면서 보통 사람과 다를 바가 없는 정도가 되었다.

4녀 1남이었던 외가의 이모들은 고등학생이 된 나를 보고 울기도 했었다. "아무도 안 돌봤는데"라면서 매우 불쌍해했다. 번듯하게 성장하는 것에 놀랐다고 말하곤 했다. 중2에 성경을 접했고 '창조의 비밀'을 알게 되었기 때문이었다. 환경이 어떠하던지 상관없이 창조의 질서 안에서 존재의 본성을 찾아가는 서핑은 계속되었다. 사도 바울은 이것을 믿음이라고 선언했다. -내 어머니의 이야기는 정신 건강상 하지 않는 것이 옳겠다.- 육체가 있을 때, 내가 어떤 존재인지를 입증되어야 한다. 내 마음에 창조자의 영이 기관으로 거하고 있기에 핑계할 수는 없는 일이다.

죽음은 무엇이고, 다음은 어떻게 되며, 왜 죽음이 두려운가?

다섯 살은 안 되었던 것 같다. 여동생은 두 살이어서 외할머니가 키웠던 때였다. 잠을 자고 있는데 시끄러웠다. 그 소리에 깼는데, 엄마와 아빠, 누나가 자고 있었다. 방 하나에 여럿이 자는 것은 당시 서민들의 일상이었다. 시끄러운 원인을 찾을 수가 없었다. 원인을 몰라서 다시 잠을 청했다. 그런데 또 시끄러웠다.

정신을 차리고 들으니 내가 내는 앓는 소리였다. 나이가 한 살씩 들어가면서 간혹 이렇게 정신을 차릴 때가 있었다. 너무 아파서 꼼짝 못할 때였지만 아마도 자다가 시끄러워서 깬 것은 그때가 처음이었을 것이다.

이때 나는 무릎을 꿇었다. 그리고 기도했다. "하나님 우리 엄마는 젊습니다. 아이를 또 낳을 수 있습니다." 5대 독자의 무게를 알고 있었기 때문이었다. "나는 아이인데도 이렇게 아픈데 어른들은 얼마나 아플까요? 세상에 있는 병은 나를 주세요. 나는 죽어도 좋습니다. 다른 사람들은 행복하게 살았으면 좋겠어요. 나처럼 불행하게 살게 하지는 말아주세요. 모든 질병을 내게 주세요." 정확히 이렇게 기도했다. 교육학에서는 입증할 수 없는 자료다. 전조작기 시대가 아닌가!

5년이라는, 내 평생에 겪어온 코마의 상태, 카오스를 경험하면서 겪었던 아픔의 경험을 통해서 나오게 된 진실하고 간절한 기도였다. 그 기도는 지금도 생생하다. 상상이나 생각이 아니었다는 의미다. 내 목숨을 내놓은 기도였으니 생생하게 기억된 것이었다.

교회에 나갔는지 아닌지는 기억에 없다. 어릴 때, 구세군 교회의 마룻바닥에 앉아 고동색 긴 치마를 입고, 고동색 브라우스를 입은 여자 선생님이 춤을 추듯, 어린 우리를 보고 행복에 겨워 설교하던 사랑스럽고 아름다운 모습이 기억난다. 그러나 살았던 집의 위치로 봤을 때, 교회는 그 이후일 수가 있다. 먼 곳을 마다하지 않는 타입이니 그때일 수도 있다. 그러나 기억은 없다.

지혜는 나이가 없다. 지혜를 받는 사람이 나이가 있을 뿐이다. '홀로 있음'을 통해 창조의 질서를 간구하는 과정은 창조자와의 대면의 시간이다. 그것을 알지도 못했고 배우거나 들은 적이 없다. 물론 지금도 그런 학문이 있지도 않다. 그러나 카오스의 세계를 체험하며 평생을 살아온 5-6세의 자화상이다. 그리고 그런 마음을 주신 창조자께 감사하고 감격하고 있다. 내가 그런 그릇이었으니 그런 생각을 부어주신 것이라는 송구함이 지금도 남아 있다.

그즈음의 일이다. 정확하지는 않다. 양해 바란다. 동네 할아버지가 돌아가셨다. 그 어른은 내게 관심을 주셨던 최초의 인류였다. 다들 슬퍼

했으며, 돌아가셨다고 했다. 그것이 무엇이냐고 했더니 말이 없었다. 돌아와 아버지께 사람이 죽으면 어떻게 되느냐고 물었다. 역시 묵묵부답이었다.

약간 놀라셨고 웃기만 하셨다. 만족해하는 듯함 모습으로 기억된다. 왜 죽음이 두려운가를 물었고, 죽기 전에 어떻게 하는 것이 두렵지 않은 삶이냐고 물었다. 역시 답이 없었다. 그렇다면, 왜 죽는가? 죽는 것이 왜 이렇게 슬픈가? 라고 물었지만, 그것에도 아무런 대답을 듣지 못했다. 젊은 아빠는 그것을 알지 못했던 것 같다.

나는 학부에 교육학을 했다. 그러나 교육학을 다시 써야 한다고 생각했다. 보편타당하게 나타나는 95% 이상의 사람들만 다루는 학문이 되었기 때문이다. 나머지 5%에게 나타난 것은 알 수 없거나, '기이한 현상'이라고 치부하면 학문이 아니다. 연구하는 것이 학문이어야 하고, 그 부분을 다뤄줘야 한다. 신기한 일이 일어나는 것이 무엇 때문인지를 연구해야 하는데 그것을 다루지 못했다. 할 수 없었기 때문일 것이다.

아버지는 '내가 그것을 어떻게 아느냐?'라고 반문하셨다. 그리고는, 잠잠하셨다. 비밀로 보였다. 어른들이 모르는 것이 있다고 생각할 수 없는 어린 시절이다. 그것이 궁금했다. 그것을 찾으려는 노력을 시작한 때가 그때이다. 젊은 아저씨 아줌마는 몰라도 할머니 할아버지는 아기를 좋아하시니까 말씀해 주실 것이라는 생각을 했다. 얼마나 영악한지 어린 시절을 생각하면 기가 막혔다. 당시에 그런 생각이 들었다. 그래서 할머니나 할아버지를 만나면 물었다.

"인생이 뭐에요? 사람은 왜 사나요? 왜 죽나요? 죽은 다음엔 어떻게 되나요?"

어른들은 웃기만 했다. 잘 모른다고 했다. 그러니 더욱더 궁금했다. 그리고 그것을 물은 지 어언 인생의 절반이 지난 때였다. 초등학교에 다닐 때였거나 그 전일 것이다. 그날도 어김없이 언덕을 오르던 노인에게도 물었는데 비닐로 된 비료 포대를 무명으로 어깨띠를 하고 오르는 노인이었다. 부담이 되지 않아야 하니 스치듯 같은 질문을 했다. 노인은 얼핏 나를 보고 몇 걸음 더 걷더니 걸음을 멈추고는 땀을 닦으며 말씀하셨다. 언덕이었으니 잠시 쉬려고 했던 것으로 보였다.

"꼬마야, 진짜 궁금하냐?"

"네, 알고 싶어요"

낡고 허연색 상처를 입은, 원래는 까맸을 뿔테 안경을 벗고 하얀 손수건으로 땀을 닦으면서 말씀하셨다. 그때는 하얀색 손수건을 많이 사용했다.

"그럼 말해 주마!, 인생은 사는 것이다. 사는 것을 인생이라고 한단다. **살다 보면 뺏고 빼앗고, 속고 속이고, 죽고 죽이는 일이 생긴다.** 이것이 인생이다. 그리고 늙으면 누구나 죽지만 누구도 그 이후에는 어떻게 되는지 알 수 없단다"

이 말을 들으니 그런 것 같다는 생각이 들었다. 정리가 되는 듯했다. 그 나이에 그랬다는 말이다. 인생의 해답을 들었으니 머뭇거릴 필요가 없었다. 당연히 그 당시의 삶은 폭력적이었다. 억울하고 암울한 원인을 제공한 엄마로 인해서 반발력이 나타났을 것이다. 보통의 경우 깡패가 되고 창녀가 되는 등의 계기는 보통 이렇다. 노는 것 좋아하다가 미혹에 빠져 그렇게 되는 여자들이 있기는 하지만 기본적인 접촉점은 애정의 결핍이며 배경은 경도의 차이가 있을 뿐, 비슷하다.

그리고 훗날 아마도 초등학교 4학년 즈음에 아버지를 잘 설득해서 태권도를 하면서 몸을 키웠었다. 쌈박질도 했다. 아빠 돈도 훔쳤고 매도 맞았다. 누나 동전도 훔쳤다. 그러나 행복하지가 않았다. 이상했다. 왜 이런 일이 있는지 알 수가 없었다. 훔친 돈으로 불량식품도 사 먹고, 쌈박질을 잘해서 이리저리 불려 다니기도 했고 친구들이 인정하는 동네

'짱'이 되었지만 행복하지 않았다. 그것이 이상했다. 행복이 없다는 것이 이해하기가 어려웠다. 인생이 이런 것이라면 살 이유가 없어 보였다.

힘하게 살았다고 생각하는 사람이 자살로 인생을 마감하는 이유가 이와 같다. 버림받은 것에 대한 배신감과 하염없는 고독감에서 오는 불안이 이렇게 만드는 것이다. 성공했어도 늦은 나이라도 어려서의 결핍과 모욕과 고독으로 인한 갈등이 연속성으로 나타나는 경우가 많다. -이것에 대해서는 여러 이야기가 필요하다. 심리와 상담과 정신과적 소견으로 되는 것이 아니다. 이에 대한 여러 자료를 준비했으며 상황에 따라 오프라인에서 다룰 것이다.-

저녁이 되어 일상을 마치고 잠자리에 들어설 때가 되면 아직도 카오스의 상태에 빠지곤 했다. 욕구와 정욕, 원한으로 가득했어야 삶의 스토리가 맞는데, 내 삶은 그것이 아니었다. 매일 잠자리에 들면 카오스의 상태에 빠진다는 것이다. 내겐 이것이 일방적인 은혜였다. 기운이 떨어지는 저녁이 되면 다시 그 상태가 이어졌다. reset, reboot 되기에, 원한이 없어지고 자연인 상태가 된다. 이것은 어린아이가 되는 과정이었다. 매일 그랬다. 마누라가 없으니, 쓴맛을 아직 못 본 것이다.

교육학에도 내가 겪은 일은 보고된 바가 없다. 그럴 수 있다는 가능성도 제시된 바가 없다. 신비를 말하는 것이 아니다. 모든 학자가 그렇게 규정했기 때문이며, 그 이상의 사례는 학문으로 다루지 않았기 때문이다. 다만 사도 바울이 겪은 카오스가 성경에 소개되고 있을 뿐이지만 그는 적극적으로 존재가 무엇인지 어필할 필요가 없었고 오직 존재와 창조의 섭리가 그리스도로 귀결된다는 것만을 어필했다. 그래서 그가 전한 카피는 "예수가 그리스도이시다"였다. 더 많은 이야기는 오프라인을 통해 나누기 원한다.

중학생이 되면서 확증된 '창조의 섭리'

초등학교 5학년으로 기억된다. 폐결핵이 걸려서 피를 토했다. 피비린내가 지금도 느껴진다. 순대 같은 덩어리 피가 나오곤 했다. 병원에 갔고, 폐결핵이라고 하였다. 한 끼에 8개의 알약을 먹어야 했다. 바둑알만 한 것도 있었다. 진한 빨간색으로 럭비공처럼 생긴 약과 바둑알 크기와 모양을 한 노란 약, 아스피린 같은 흰색 약 등 예쁜 색깔의 약이었다. 트림하면 알약이 넘어왔고, 소독약 비슷한 냄새가 났다. 약효를 보려면 다시 넘겨야 했다. 의사는 잘 먹어야 한다고 몇 번 당부했다.

이번이 기회였다. 평소에 먹고 싶었던 '인도 사과'를 보고 먹고 싶다고 했다. 폭풍 같은 모욕과 저주가 쏟아졌다. 늘 그랬지만, 죽을병에 걸리니 더욱 심했다. 놀랍게도 최근까지도 그렇지만 정신건강을 위해서 그다음의 이야기는 멈춘다.

나는 그녀를 용서한다. 창조자께서 그러라고 하시니 그러는 것이다. 창조의 섭리와 질서에 합한 것만 하라는 것이다. 그 이상 무슨 말이 필요하다는 말인가? 내가 창조의 질서를 어찌해 보겠다는 말인가? 그런 생각은 카오스를 경험한 사람이 할 수 있는 생각이 아니다. 내가 판단 기준이 되면 모든 것이 모순이다. 창조의 질서와 나는 상관이 없다. 나는 단지 그 질서에 합당하게 열매를 맺어가는 것만 합당한 것이다.

그러나 하나 할 수 있는 것이 있다. 용서다. 용서할 힘을 주시기에 가능한 요구다. 준비되지 않은 일을 요구할 수 없는 것이 창조의 질서다. 예수께서는 '네가 이해하라!'라는 말씀을 하지 않는다. 이해는 같은 종자가 되어야 할 수 있는 일이다. '창조의 질서'를 선언하시고, '죄의 정욕을 버리라!'라고 가르치신 분이 창조의 질서와 다른 것을 행하는 것을 보고 '이해하라고 하실까?' 그런 생각은 스쳐도 안 된다. 질서가 이미 정해져 있다. 악을 버리고 미혹에서 벗어나라. '용서하는 것'이다. Yes or No 뿐이다.

'억울함'이 '정의로운가?' '악을 품는 것'이다. 극복하라

내가 억울함을 당했으니 정의로운가? 당한 악행을 기억하고 있으니 옳은 사람인가? 그것은 모순이다. 내가 가난하니 정부가 잘못 했나? 내가 하버드를 못들어 갔으니, 부모가 잘못했나? 그런 생각을 하면서 창조의 질서를 모욕하고 거역하려는 자는 저주를 받는다. 이미 그 길로 들어선 것이다. 그런 생각이 있을 수가 없다. 그것을 선으로 바꿔 행하는 것으로만 의로워졌다는 증거가 된다.

'너 때문에 천국 가기 싫어!'라고 말한 사람은 악에 받친 사람이다. 그가 천국에 갈 가능성은 없어 보인다. 악에 받쳐 살아온 인생이 어떻게 바뀐다는 말인가? 이미 창조자의 하실 일을 자신이 하는 것이니 악을 발하는 자이다. 악이 턱까지 차 있는 사람이다. 그가 바뀔 가능성도 별로 없다. 교회를 다닌다고 바뀐 실존이 될까? 그것이 쉬울까? 자기가 심판자가 되려는 악행을 하는 사람이다. 세 치 혀로 상대를 그루밍(grooming) 하려는 악한 자이다. '좋게 봤는데~'이런 자도 마찬가지다. 심판자의 자리에 서려는 욕구가 아무에게나 생기지 않는다. 말을 보라. 그것이 그의 상태다. 그런 말을 쓰는 자와는 가까이하지 않기를 축복한다. 창조자를 만홀(漫忽)33)이 여기는 것이며 악행일 뿐이다. 실존적으로 그렇다는 것이다. 그가 부모든 형제든 친구든 마찬가지다.

가해자에게는 대가가 따른다. 맘 편히 가라. 당신의 손으로 복수하지 마라. 어리석다. 원한을 품고 있지도 말라. 당한 악행을 기억하지도 말라. 그것은 정의로운 일이 아니고 악하다는 증거가 된다. 버려라~ 당신의 실존을 채워가기에도 아까운 세월이다. 극복했다면 당신은 큰 사람이 되어가고 있다. 원망하는 것이 의롭겠나? 아니다. 그래서 '용서'가 '큰 사랑'이라는 것이다. 극복해야 하고 그것이 안 되면 도망가면 된다.

---

33) 등한하고 소홀하다. 네이버

다른 방법이 있겠다면 제시하라!

다만, '흘기는 눈(막:22), 수군수군하는 자(롬1:19), 당 짓는 것34)과 분열과 이단(갈5:20)'은 지옥에 간다고 선언했다. -이 내용이 무엇인지 깨닫는 순간 당신의 삶이 바뀌지 않으면 안 된다는 것을 또한 깨닫게 될 것이다.- 이것이 실존에 관한 이야기다. **있는 것이 나타나는 것이다.** 그의 실존도, 나의 실존도 이것으로 심판한다. 말이 아니고 생각이 아니며, 실존이다. 그것만이 당신이다.

중학생이 되었어도 여전히 체력이 달렸다. 운동을 열심히 했지만, 기운이 갑자기 생기는 것은 아니었다. 아직도 그랬다. 아마도 몸이 약하고 먹지 못한 상태에서 운동을 겸해서 그럴 수도 있었다. 학기마다 혹은 1년에 한 번 정도는, 1주 혹은 2주를 휴학하는 시간을 가져야 했다.

방학을 제외하고 그렇다. 중학생 시절엔 몇 차례, 휴학해야 했다. 체력이 달려서 숨 쉬는 것도 어려웠다. 폐가 짓눌리는 것 같고, 호흡이 가쁘고 흡입되는 산소량이 현저히 적다는 느낌이 들었다. 초등학생 시절에는 휴학 대신 결석으로 대신했다. 희망이 없어 보이는 상태였다. 몸이 아프고 힘이 달리고, 기가 빠져 늘어지면 아무것도 할 수가 없었다. 공부는 사치였다. 죽느냐 사느냐의 문제였다.

중학교 2학년 혹은 3학년의 일이다. 누나가 다니던 교회는 인천, 창영동에 있었는데, 헌책방이 많았던 오래된 지역이며 우범지역이어서 두려웠는지 그곳까지 에스코트해 달라는 누나의 요구를 사나이답게 지켜주려고 호기롭게 나섰다. 가로등이 있는 곳은 자동차 도로뿐이던 시대다. 밤 10시가 되면 사랑의 종소리가 스피커를 통해 들렸다. "사랑하는 청소년 여러분, 부모님이 기다리시는 집으로 돌아갈 시간입니다."라는 내용이었다. 밤 12시 에는 통행금지가 있었다.

---
34) 교회 내에서 다른 모임을 갖는 자. 어떤 모임이라도 이것으로 분열이 일어난다. 필자주.

그날도 교복을 입고 누나를 에스코트했다. 부잣집 말고는 교복 이외의 옷이라고는 없던 시절이다. 에스코트하고 돌아가려는데, 추우니 몸만 살짝 녹이고 가란다. 그러려고 교회에 입실했다가 깜짝 놀랐다.

아름답고 순수한 모습의 여학생들이 모여있었다. 고등학생 누나들은 정말 천사같이 아름다웠다. 어린 소년의 눈에 비친 고등학생 누나들은 성숙하고 아름다운 천사 그 자체였다. '이렇게 아름다운 생명체가 있다는 말인가!' 여자가 모여있는 것도 처음 보았다. 정신 못 차리는 가운데 예배가 시작되었다. 얼결에 앉아서 예배에 참석했다. 여학생들의 웃는 모습에 시간 가는 줄 모르다가 잡힌 것이다. 거부하고 싶지 않은 행복한 구속이었다.

설교에는 모세가 등장했고 바다를 가르는 장면이 소개되었다. 궁금증이 생겼다. 바다는 사람이 가를 수가 없으니, 하나님이 갈랐다면 그것은 당연히 있을 수 있는 일이었다. 그렇다면 모세는 누구길래 그 힘을 빌린다는 것인가? 그리고 그것을 응해주었다는 것인가? 그 원인이 있다면, 같은 조건만 갖춘다면 내게도 나타난다는 이론이 된다. 이것이 그동안 생명을 걸고 겪어온 카오스의 세계에서 겪어온 창조의 섭리가 아닌가!

설교가 마무리 되어갈 때, 나는 나도 모르게 손을 번쩍 들었다. '질문해도 됩니까?' 심각했다. 다른 사람의 시선은 내겐 필요하지 않았다. 평생의 기회가 온 것이었으니 심각했다. 이 모순을 공개적으로 물어보면 거짓을 말하지는 않을 것이라고 생각했다. 그것을 이용한 것이다. 영악한 어린 시절이었다. 설교자는 당시 인하대학교 대학원에 재학 중이었던 김승권 간사였다. 시간이 지난 후에 ㅇㅇ교회를 개척한 목사님이시다. 반색하며 그러라고 기회를 주었다. 어리고 철없어 보이는 초급자가 하는 질문이었으니 환영해 준 것이었다.

"모세가 누구길래 바다를 가를 수 있나요?"

"믿으면 됩니다. 믿으면 하나님께서 하십니다."

성경에 적힌 말씀이니 그 말씀을 전하는 사람이 누구이든지 옳은 가르침일 것이라는 생각이 들었다.

"저도 믿을 수가 있나요?"

"그럼~, 믿으면 됩니다"

"그렇다면 믿겠습니다!" "wow~"

"환영합니다."

모두 박수했고 환영해 주었다. 웃음꽃이 만발했다. 그들에게는 상식을 깬, 웃기고 재밌고 감사한 일이 일어난 것이었다. 그야말로 살아 있는 예배가 드려지는 순간이었다. 그리고 이 순간부터 지금까지 이끌림을 주신 창조자를 대면하는 삶이 시작되었다.

행복이 밀려왔다. '이방인들이 듣고 기뻐하여 하나님의 말씀을 찬송하며 영생을 주시기로 작정 된 자는 다 믿더라(행13:48)'라는 현상은 당연한 파장이며 창조의 질서다. 이것이 창조의 섭리이다. 태어나면서부터 빠져 있던 카오스의 세계였으며 존재를 향한 강력한 이끌림이었으니, 당연히 창조자에 의한 것임을 알게 되었다. 듣는 순간 '이것이 창조의 질서다!'라는 확신이 들었다. 이럴 때, 확신이라는 개념이 믿음과 연관이 있는 것이다.

그리고 이때부터 성경을 읽기 시작했다. 성경에 있는 일들이 그대로 내 안으로 들어왔다. 예외 없이 그랬다. 왜 이런 가르침이 있는지를 알 수 있었다. 내가 겪어온 카오스의 세계가 모두 창조의 섭리에서 나타난 것이라니! 감격이었다. 정말이지 미칠 것 같은 놀라움이었다.

내가 살아온 15년 평생을 '나는 누구인가?'라는 질문으로부터 시작하여 정신이 들면서는 언제나 '창조의 비밀'이며, '우주와 만물의 질서', '죽음 이후의 세계', '죽음을 두려워하는 이유', '현재의 삶이 어떠해야 창조의 질서에 합당한 것인가?', '세상 사람은 무엇에 의해 움직이는가?' 등 아무런 동기 없이 가르쳐 주시기만을 바라며 기대하고 바라고 두드렸던 온갖 궁금증들이 하나씩 나타나고 있었다. 우주가 열리는 느낌이었다.

나면서부터 코마에 빠지는 삶이 이어지는 과정을 겪어온 나로서는 달리 표현할 방법이 없다. 어쩌면 특별한 경험을 체험한 것이며 동시에 고통의 무게를 극복한 것이다. 엄밀하게 말하면 견뎌내고 생존한 것이라 해야 할 것이다. 그러니 감사 외에 무엇을 할 수 있단 말인가! 사도 바울이 경험한 세계가 내게도 일어났다는 것은 감동이며 사명감마저 드는 과정이었다. 내가 그런 경험을 한다는 것이 송구스러울 뿐이다. 살아 있다는 것이 내가 바랄 수 있는 최상이라고 느끼던 시절의 이야기다.

이때부터는 성경을 읽을 수 있었고, 바로 이 성경에 창조의 질서가 쓰여 있다는 것은, 피할 수 없는 사실이었다. 그리고 고민하고 갈등하던 모든 문제가 고스란히 원인과 결과까지 나타나 있었다. 성문화된 '경'이 있다는 것은 내겐 기적이었다. 엄청난 대사건이었다. 창조자와 언약을 맺은 아브라함과 그 후손들이 인류의 모델로 선정되어 이끌림을 받고 그 삶에 열매를 맺었을 때와 그 반대로 이끌림을 거역하였을 때 나타나는 여러 사건을 기록한 것이 성경이었으니, 성경은 태어나면서부터 카오스의 상태에서 갖게 되었던 모든 궁금증에 대한 충분하고도 넘치도록 명백한 증언이 되었다.

나면서부터 가지고 있었던 여러 궁금증이 모델로 선정된 선민들이 행하고 겪는 과정을 통해서 나타난 것을 알게 되었다. 모든 사유의 범주를 넘어 그 이상의 것들이 원인부터 결과까지 고스란히 기록되어 있었다. 기적이다. 내 삶에 나타나신 은총이었다. 정말 감격스럽다. 지금도 새롭다. 이것만 가지고도 내 인생을 송두리째 드려야 할 당위성으로 충분했다.

중3이 되었다. 부흥회라는 것을 하였다. 간사로 있던 곱사등이 간사가 존경하는 분이라면서 '화곡 감리교회' 목사님을 모셨다. 회개하라는 말씀이 선언되었다. 가르치는 대로 '회개의 영'을 달라고 기도했다. 모든 죄가 생각이 났다. 신기한 노릇이다. 잘못일 수가 없는 것이 죄라고 지적되어 나타났다.

얼마나 송구하던지, 울고 또 울었다. 죄의 용서를 빌고 나니 이런 기도, 저런 기도 하고 싶은데 말로는 한계를 느꼈다. 더 빨리 고백하고 싶었다. 더 많이 기도하고 싶었다. 소통하고 싶었다. 그러는 과정에서 혀가 꼬이기 시작했다. 너무 욕심을 낸 것 같았다.

그러나 멈춰 지지가 않았다. 혀는 이미 꼬여 있었고, 중국말과 같은 소리가 나왔다. 뭐가 잘 못 된 것 같았다. 그러나 나쁘지 않았다. 계속 그런 식으로 기도하고 있었다. 내가 말하려는 기도는 없고 혀가 꼬여서 나는 소리는 또 뭐란 말인가? 혀가 꼬이면 꼬이는 대로, 나는 내 생각으로 그렇게 기도하는데 말은 이상하게 나왔다. 그래도 계속 머리로 생각하는 것을 말하고 혀는 맘대로 움직였다. 혀가 그렇게 하는 것이니 놀라웠다. 그 과정에서 내 머리에 누가 손을 얹었다.

당시 군목이었던 담임 목사님께서 '겨자씨 중공선교회(후에 인천성결교회)'를 개척해 놓고 사역하다가 군목으로 불려 갔던 상태였다. 휴가를 나온 것이란다. 황ㅇ관 목사였다. '우리 창수에게 중국 방언 주심을 감사합니다'라는 기도였다. 처음 뵙는 분이었는데 내 이름을 누군가에게 물은 모양이었다. 놀라서 기도를 멈췄다. 키가 크고 잘생긴 젊은 장교였다. 그의 큰 형님은 모 당의 국회의원을 지내고 교육부 장관을 지낸 황ㅇ여 전 장관이었다.

그것이 무엇인지 주변 사람에게 물었다. '은사'라고 했으며, 선물이라는 것인데, 사랑하는 자에게 주시는 선물이라고 했다. 나는 놀랐고 감동했으며 송구했다. 견딜 수가 없었다. 그리고는, 다시 강단 앞에 엎드렸다. 한없는 눈물이 쏟아졌다. 송구한 마음에 견딜 수가 없었기 때문이었다.

소문난 강사가 되어 있었다.

사도 바울이 예수 도당을 진멸하려고 군사들과 함께 그들이 모여있는 다마스커스로 마차를 타고 이동하던 중에 군사들과 함께 들었던 예수의 음성, 예수와 대화를 했던 사건, 그리고 그 순간에 눈에 비친 강력한 빛으로 눈이 멀어 마차에서 떨어졌으며, 그리고 소경이 되어 '직가'라는 곳에 머물며 치료를 받던 중에 '아나니라아'라는 제자가 자신의 숙소까지 찾아와 명령을 받았다며 자신을 안수하여 눈에서 비늘 같은 것이 떨어지면서 보게 된 바로 이 모든 사건은 '실존론적 사건'으로 일어난 일이었다.

생각이 아니고 상상이 아니었다. 나타난 것이었다. 사도 바울이 바로 이 사건에 감동된 것이다. 실존적인 사건에 마음과 뜻을 모두 내어놓은 것이다. 믿음은 상상이 아니고 생각이 아니며 실존이라는 것을 체험하고는 그는 고민에 빠졌다. 이 사건을 통해서 그는 크게 감동하며 며칠 동안 '홀로 있음'의 시간을 가졌다. 눈이 회복되기를 기다렸던 것이다.

그리고 그가 얻은 결론은 창조의 섭리가 '예수가 그리스도'가 되신 것과 같으며, '하늘의 것'이 '땅의 것'이 되는 섭리가 그리스도 안에서 통일을 이루려 하신다는 것을 깨닫게 된다.(엡1:10) 눈이 회복되는 기간 동안 '홀로 있음'으로 그는 창조자와 만나는 경험을 한다.

아나니아의 안수를 받고 온전해지는 '즉시로' 유대인들이 모여있는 회당에 나가서 누구보다도 강력하고 분명하게 "예수가 그리스도이시다"라는 카피를 전제로 창조의 섭리와 목적, 예성된 섭리와 예수가 그리스도가 된 사건의 연관성을 풀어냈다. 모든 제자가 사도들로부터 들어왔던 바로 그 복음을 사울이라고 불렸던 바울에게 전해 듣는 것은 매우 현실감 있고 놀라운 경험이었다. 자신을 체포하려고 군인과 함께 파견 나온 그가 예수가 그리스도임을 선언하고 그 이유와 원인과 목적을, 율법을 참고해 가며 선언하는 것을 보고 모두 깜짝 놀라게 된다. 제자로부터 들어온, 바로 그 복음이었기 때문이었다.

'사울아, 사울아 왜 네가 나를 핍박 하느냐?'라는 음성을 군인들과 함께 들었던 경험, 그것으로 두려워하다가 강력한 빛에 눈이 쏘여 소경이 된 것, 그것에 놀라 낙마한 일 등을 비롯해 그가 실존적으로 경험한 모든 일들이 창조의 섭리와 어떻게 연관되는 것인지를 고민하고 창조의 섭리를 깨닫게 된 계기는 '홀로 있음'을 통해서였다. 존재의 본질, 창조자를 만나게 된 것이다. 그리고 눈이 회복되기까지 그가 정리한 창조의 질서는 "예수가 그리스도이시다"라는 copy로 귀결된다는 것이었다. 그리고 그가 전한 복음이 오늘날 이방인인 우리에게도 전해진 것이다. 삶이 바뀌는 것은 바로 이러한 실존론적 사건이 있었기에 가능한 것이다. 누구에게나 그러하며 내게도 그랬다.

"내게 이런 은사를 주시다니요! 이런 것이 없어도 내가 당신만을 믿고 따를 것인데, 이런 선물을 주시나이까?" 감격하고 송구해서 머리를 들 수가 없었다. 선물을 주시다니요! 실존적으로 창조의 섭리와 이끌림에 대해서 깨닫게 되는 순간이었다.

자격이 없었으니 감당할 수가 없었다. 17년만의 만남이었다. 감사함과 송구함에 통곡이 나왔다. 그리고 고백하였다. "내 목숨을 내놓겠습니다. 내가 어디에서 잠을 자더라도 잠들 수 있는 정도의 건강만 있다면, 그리고 무엇을 먹어도 소화가 될 정도의 건강만 주어진다면, 생명을 드리겠습니다!" 소화며 잠자는 것이며 자유롭지 않은 시절이었고 살고 죽는 것이 문제가 될 정도의 상태였기 때문에 미래를 담보로 거래를 한 것이었다. 숨 쉬는 순간까지 따를 것이었다. 지금도 변함이 없다.

중3의 시절의 겨울은 길고 길었지만 깊고 깊은 영적 교재의 시간이었다. 모든 것을 다 버려도 바꿀 수 없는 것이다. 중학교를 마치는 그 해부터 새해 첫날이 되면 금식기도를 했다. 삼일간이었는데, 이틀째가 가장 힘들고 며칠을 금식하더라도 이틀째가 가장 어렵다. 체내의 에너지로 유지하는 것과 음식물로 인한 에너지로 채워지는 과정에서 나타나는 현상으로 보였다.

그때부터 매년 1월 1일이 되면 3일간 금식하며 기도를 드렸다. 고기라고는 명절과 새해 그리고 생일이 전부였던 시기였으니 가장 값진 것을 드린 것은 틀림없다. 어렸고 몸도 약했지만, 그런 것은 나의 의지와 상관이 없는 일이었다. 창조자께서 정말 계신 것인지 이제야 갈등을 시작하는 사람과 내가 다른 것은 당연한 것이 아닌가! 16년간 목숨을 걸고 찾고 구하고 두드린 '이것이 무엇인가?'를 전제로 카오스를 경험하며 창조의 질서를 좇아 삶을 드려온 사람과 교재가 좋고 선진 문화가 있는 교회의 문화에 매료되어 이제 막 교회에 들어선 사람과의 차이가 없다면 창조자는 존재하는 분이 아니실 것이다. '무엇이 되었든 차별이 근본 가치다.' 차별을 두지 않는 개념과 가치는 존재하지 않는다. '무엇은 무엇보다'라는 개념이 기본적으로 가치를 구분하는 기준이다.

고1이 되었다. 미션스쿨에 입학했다. 1906년 개성의 송학동에서 출발한 개성 '송도 중고등학교'다. 이 학교는 6.25때 피난 내려온 학교로 독립운동가인 윤치호 선생께서 설립한 감리교 재단의 학교법인이다. 지금은 인천의 송도에 고등학교만 독립하여 조성되었고 중학교는 인천시 중구 답동에 그대로 유지되고 있다. 당시의 학교는 교사도 옛날 것이고 마당도 100m 길이의 트랙이 없었다. 정문에서 교사로 이어지는 언덕까지를 모두 합쳐야 비로소 60m가 나왔다. 게다가 중학생도 운동장 수업을 했다. 아기들이었다.

교목이 계셨고, 중,고등학교 신입생에 한 해서 1년간, 주 1회 성경공부 시간이 있었다. 이상했던 것은 몇 주가 지났어도 교목 선생님은 '예수가 그리스도가 되셨다'라는 사도 바울의 copy를 언급하지 않으셨다. 그래도 선언은 해야 한다고 생각했다. 다른 목사와 다를 바가 없었다. 그래서 찾아뵈었다.

대화 중,

'왜 예수를 믿으라는 선포를 하지 않으십니까?'라고 여쭈었다. 대단히 공손하고 예의 바르고 다정하게 말씀을 드렸다. 이야기 도중에 어른께서는 이미 두 손을 벌벌 떨고 계셨다. 목소리도 떨렸다.

"자네도 해봐, 학교 커리큘럼이 있어서 그대로 해야 하는 거야"라며 두려워하셨다. 역정을 내는 것이 아니었다. 두려워하셨다.

어린아이의 질문에 하나님을 두려워하는 그 모습은 대단히 아름다운 모습이었다. 나는 그분의 손을 꼭 잡아 드렸다.

"이해합니다. 목사님, 그러나 복음이 선포되어야 합니다. 목사님 성경공부 시간을 제게 주십시오, 제가 복음을 전하면 그들 중 여러 명이 하나님 앞에 나오게 될 것입니다"

"자네 공부는 어떻게 할 건가?"

"걱정 마십시오, 저는 하나님께 드려진 사람입니다." 덮어놓고 이야기하고는 해당 시간의 학과목 선생님께 허락을 받았다. 응하지 않는 분은 아무도 없었다.

그리고 고1, 중1 두 학년의 성경 시간을 모두 다니며 창조의 섭리와 내가 겪은 카오스의 세계, 예수 그리스도와의 만남 등을 열정적으로 전했다. 목사님은 나를 소개하고 옆에서 계셨다. 협업이 이뤄진 것이다.

매우 만족해 보이셨고 기뻐하셨다. 행복해 하셨다. 얼굴도 밝아지셨고 수업을 마치기 전에는 늘 목사님께서 마무리를 해 주셨다.

'이렇게 훌륭한 학생은 보지 못했다. 여러분도 잘 믿어라. 하나님이 살아 계신다.'라며 마무리해 주셨다. 창조의 섭리, 예정된 계획 등이 중1 전체와 고1 전체에게 50분에 걸쳐 창조의 질서와 목적을 증언했다.

그것으로 인해 소문이 퍼지고 퍼져, 2년간 인천 시내의 24개 교회에서 집회를 인도했고, 많은 학생이 결단하고 창조의 섭리를 따르게 되었다. 고1 때 127명 이듬해엔 98명, 순수한 어린 친구들이 창조자를 기억하기로 작정하였다. 감사한 일이었다. 그들의 삶을 축복한다. 이때, 독일어를 가르치던 여교사께서 오셔서는 YMCA를 만들고 합창단을 만들어 활동하기도 했었다. 물론 내가 주역이었다. 그리고 고2 되던 때에 사모님이 되신다면서 결혼과 더불어 학교를 떠났다. 아름다운 추억이었다.

몸이 아파서 극복하는 과정에서 태권도, 권투, 유도 등을 맹훈련했었는데, 체육관에서 친하게 지내는 선배들이 하필 우리 학교에 다니고 있었다. 평상시처럼 형들과 재밌게 지냈었는데, 이것을 본 학생들은 내게 싸움을 걸거나 맞먹으려고 하지 않았다. 그 선배들은 전국대회에서 상을 받은 이력이 있는 유도 메달리스트였다. 모두가 유도대학을 갔다. 지금의 용인대다. 형님들은 장난꾸러기인 나를 좋아했다. 이것이 내가 학교에서 자유롭게 행동하는 원인이 될 수 있었던 것으로 보였다.

나는 건달들은 누구도 수업 시간에 선생님께 함부로 하지 못하게 했다. 동급생 중에 건달이던 신ㅇ섭군은 유명한 학폭 가해자였고 4대 독자로 학교에서 손을 대지 못하던 친구였다. 나는 그놈을 방황하지 못하게 하려고 방과 후에 그놈을 끌어안고 그놈의 집까지 갔고 20여 일을 그의 집에서 숙박하며 등하교를 한 일도 있었다. 건달들이 나를 경계하고 한편으로는 두려워했던 원인이기도 했다. 막힘이 없는 행보가 아닌가!

　부모도 좋아했지만, 그놈도 고맙게 생각했었다. 관심 가져주는 것이 좋았던 것이었다. 그 집에서 소고기 장조림이라는 걸 처음 먹어봤다. 학교에서의 일상도 엄한 행동을 하다가도 나를 보면 계면쩍게 웃었다. 고마워하는 눈치였다. 지금은 택시를 한다는 말을 오래전에 들은 일이 있다.

　어떤 친구는 공부 잘하는 친구에게 시비를 걸다가 내가 뭐라 하니까 며칠 결석한 아이도 있었다. 깜짝 놀랐던 것 같았다. 그리고 다시 등교해서는 내게 먼저 꾸벅 인사하고 존댓말 비슷하게 '미안합니다. 이젠 안 그럴끼요' 그런 식이었다. 사과하라고 하고 사과하는 모습을 보고는 그 이후에 잘 대해 주었다.

　장기 결석하는 놈 중에는 세력 싸움을 하다가 밀려서 학교에 못 나오는 놈들도 있었다. 웃긴다. 어린 것들이! 건달도 급수가 있는 모양이다. 나는 학생과장님께 외출증을 달라고 하고 그들이 있는 지역을 다녔다. -내게는 협상 능력이 있었다. 많은 것을 얻었고 경험했다. 오프라인에서 말할 것이다.-

　선생님께는 '돌아오게 할 테니 때리거나 퇴학은 면하게 해달라'라고 거래를 했다. 학교에서는 매우 좋아했다. 그리고 창영동 근처의 만화방을 돌면서 그들을 찾아냈다. 잘 설득하여 학교로 돌아오게 했고 그들은 학교를 잘 다니는 듯했지만, 고3에 자퇴하는 놈도 있었다. 그중 한 놈은 목사님 아들이었다. 마음이 아팠는데, 무엇 때문에 이렇게 된 일인지 알 수 없었다. 학교에서는 내게 고마움을 가지고 계셨다. 모든 선생님은 나를 보고 미소를 보냈다. 공부를 못하는 것 빼고는 문제 될 것이 없었다.

　가끔 학급 일로 보고하러 교무실에 들어가곤 했는데, 어느 날은 인사드리고 나오면서 미닫이문이 잘 안 잠겨서 이리저리 밀고 닫는 과정에서 몇 초 지체하다가 문간에 계신 선생님들끼리 하는 이야기가 들렸다. "제는 교육이 필요 없는 애랍니다. 대단히 훌륭한 아이라네요!"라고 말하는 소리를 들었다. 소문이 난 모양이었다. 눈물이 났다.

어떤 일은 내가 만들어 보고하기도 했고, 제안도 했다. 내게는 보고할 것이 보였고 선생님들과 상의하는 것을 좋아했다. 대 청소하는 날에는 나를 불러 묻기도 했다. '청소 상태 어떠냐?' '엉망입니다.' '다시 하라고 해!' '야~ 청소 다시 하란다. 검사한대.' 이런 정도였다. 반장을 못 믿고 나를 믿었던 것 같았다. 이런 방식이 교사로서 좋은 지도력이라고 말하기는 어렵지만, 학생의 문제를 나처럼 균형 있게 해결하는 사람이 없다는 결론을 내렸기 때문에 아마도 그랬을 것이라는 생각이 들었다. 어쨌든 내게 특별한 추억을 주시려는 의도가 다분히 보였다.

몇몇 선생님들이 잘 대해 주셨는데, 공부 못하는 나를 미치도록 좋아할 일은 아니었을 것이다. 어려서부터 생사를 넘나드는 통증으로 공부는 고사하고 생사를 다투는 과정을 겪느라 학업에는 신경을 쓸 수가 없었다. '이것이 무엇인가?' 그것이 전부였다. 고마운 내게 담임선생님은 개근상을 주었다. 2주 정도 빠졌어도 선물처럼 주신 것이었다. 만일 내가 반에서 중간만 갔어도 우등상을 주었을 것이다. 충분히, 그랬을 것이다.

당시 새벽기도라는 개념도 없는 선교회에는 과거에 유명한 DJ출신 건달 출신으로 이제 막 교회에 나오고 있는 곱사등이 간사가 선교회에 마련한 작은 방에서 살고 있었다. 나는 새벽에 찾아가 간사님을 깨웠다. 그리고 새벽기도를 했다. 둘이 한 것이다. 아직 몽 중인 분을 깨웠으니 황당했을 것이다. 그러나 나의 열심 있는 행위가 사랑스러웠을 것이다.

"지금이 어느 때인데 주무십니까? 일어나세요"

새벽에 그분을 깨우고 새벽예배가 열렸다. 얼결에 그분이 정신을 차리고 따라와야 하는 실정이었다. 여러 추억이 생각난다. 그사이에 교회를 옮겼다. 고1 때의 일이다. 선교회가 이단이라는 소문이 돌자, 누이가 나를 데리고 지금은 구청이 된 시청 옆에 있는 중앙성결교회로 옮겼다. 중공에 선교한다는 미친 사람들이라서 그렇게 소문이 났었던 것으로 보인다. 중국이라는 말도 사용하지 않던 시대였다. '중공'이라는 말을 안 쓰면 의심을 받던 시대다. 당시에는 이해하기 어려운 개념이었다. 그렇게 하루하루가 지나 고2가 되면서 새벽기도회 때마다 들리는 음성이 있었다.

-여기서 잠깐 짚고 넘어가야겠다. 음성에 대해서 오해하지 말기 바란다. 거짓말도 금하시기를 바란다. 그렇다고 해서 거룩해지지 않는다. 하나님의 음성은 소리가 분명하지만, 귀로 들리는 것이 아니다. 깨달음이라면 머리로, 느낌이라면 가슴으로 왔을 것이다. 그렇게 응답이 올 수도 있다.

그러나 음성을 말한다. 음성은 음성이지만 이 음성은 가슴에서 올라온다. 배에서 올라온다고 말할 수도 있다. 하여간 가슴을 통해 들린다. 귀로 전달되는(공명하는) 소리가 아니다. 음성을 귀로 들었다고 하면 거짓이다. 귀에 대고 속삭이는 대상은 사단이다. 성경을 살펴라. 답을 알 것이다. 음성을 말하는 것이다. 소리를 말하는 것이다. 응답을 말하는 것이 아니다. 깨달음을 말하는 것이 아니다. 소리다! 소리이지만 공명이나 파동이 외부로 퍼지지는 않는다. 그러나 명백한 소리다.-

새벽기도를 할 때마다 들리는 소리가 있었다. "내가 너를 ○○○를 ○○하는 ○○○로 만들 것이다"였다. 나는 이것이 궁금했다. 나는 그런 생각을 할 사람이 못 된다. 그럴 능력이 없기 때문이며 그러기를 소망하거나 기대하거나 생각한 일이 없었다. 그럴 처지자 아니었기 때문이다. 살아 있는 것만도 감사한 시절이었다.

공부가 묻고 답하는 과정이었다면 밀릴 것이 없었다. -필자는 학문은 그것이 아니면 안 된다고 믿는 사람이다.- 나면서부터 한순간도 쉬지 않고 생각하고 묵상하고 묻고 정리하는 과정을 해왔기 때문이었다. 학생부를 지도하는 과정에서 질의응답을 통해서 학생들도 학습을 시켰고, 마스터 과정에서도 그랬으며, 컨설팅하거나 상담할 때도 그렇게 했다. 그것 아닌 정형화된 방법으로는 사람을 키워 낼 수가 없다는 것이 필자의 견해다. -서울대도 의과대학도 보냈다. 그 방법은 차차 소개할 것이다.-

그런 내가 고등학생이 되면서 성적이 좋을 리가 없었다. 중학생 시절의 기초가 없었기 때문이었다. 수학의 경우는 특별히 더 그랬다. 당연히 그렇다. 그렇다면 지도자를 지도하는 것이 가능하지 않을 것이었다. 그런 꿈을 꾸거나 상상하거나 생각하거나 계획할 입장이 못 된다. 성적으로 보았을 때, 내 뒤로는 오전 수업만 하고 나가는 농구부가 전부였다. 그들을 빼면 내가 1등이었다. '가드사관학교'로 불리는 우리 학교는 경성제국대학을 졸업한 실력자 전규삼 할아버지가 지도하고 있던 학교로, 대부분 고대와 중앙대 등을 갔다. 김동광, 이충희, 신기성, 강동희, 김승현, 김선형, 최호, 안재욱, 전재홍, 김선형 등을 비롯한 한국 프로농구계의 걸출한 스타가 동문이었다.

그런 상태에서 그런 음성이 들려왔으니 궁금했다. 원하지도 않고, 소망해 본 일도 없다. 어려서부터 그래왔듯이 묻고 답하기를 계속하였다. '내 실력으로 되겠습니까?'라는 물음에 그렇지 않다는 답이 있었고, '공부를 해도 죽도록 해야만 그들과 견줄 정도가 될 것이지 않습니까?'라고 반문했다. 그렇다고 하셨으며, '그것이 가능할까요?'라는 질문에 '보장한다.'라는 말씀을 주셨다. -생각이 아니다. 기도다. 카오스에 들어간 상태의 기도와 마음의 소원과 바람을 간구하는 기도는 차원이 다른 기도다. 오프라인에서 설명할 것이다.-

이 정도라도 상관없다. 이끌림의 파도를 타면 된다.

초등학교 3학년 시절엔 담임이 불렀던 적이 있다. 1896년 1월 22일에 창립된 학교이며 2026년으로 130년의 역사가 되는 인천 '창녕 초등학교'에서의 일이었다. 당시에는 학령기의 어린아이가 넘쳐서 인원을 감당할 수 없게 되자 급조하여 학교가 하나 더 창립했는데, 새로 생길 학교 주변의 아동들을 모아 하나의 학교를 더 만들었다. 당시엔 한 반에 120여 명의 학생이 있어서 오전반과 오후반으로 나누어도 60명이 되었던 시절이다. 게다가 학년당 12학급이 있을 정도였다. 그야말로 바글바글했다. 수업이 되지 않으니, 학생들을 이리저리 분산하여 인천 중구에 '중앙초등학교'가 하나 더 설립되었다. 나는 4학년부터 수업을 들었다. 누나는 옮기자마자 1년 후 졸업해서 1회가 되었고 내가 3회 막내가 6회가 되었다.

창녕 초등학교의 일이었으니 3학년이었다. 선생님께서는 내가 반을 대표해서 시험을 보라고 하셨다. 이 말씀을 하시는 선생님은 평상시보다 조금 인자해 보였다. 평상시에는 버럭 화를 내거나 무시하는 듯한 태도가 보였다. 내 실력을 내가 알거니와! 대표라니 어떤 시험인지 궁금했다. 이 시험은 누가 봐도 초등학교 3학년 시험이 아니었다.

8절지 갱지에 '다음 그림을 보고 알맞은 낱말을 쓰시오'라고 해 놓고, 배 그림 밑에 괄호가 있었다. '배'라고 쓰는 것이었다. 모자도 있었고, 택시도 있었고, 짚신도 있었고, 트라이앵글도 있었다. 하나는 몰라서 나랑 같이 시험 본, 같은 반 친구에게 물었더니 입을 가르쳤다. 그것은 입술이었다. 다행히 만점을 받았고 시험 결과 여러 친구가 특수학교로 불려 갔다는 이야기를 들었다. 지진아를 위해 새로 생겨나는 특수학교로 보냈던 것으로 보였다.

박정희 대통령이 정치를 상당히 잘한다는 생각이 들었다. 어쨌든 담임 교사에게 나는 그런 사람이었다. 내 집의 페미니스트들도 당연히 그렇게 생각하고 나를 그렇게 대했을 것이다. 엉뚱한 대답을 했을 것이고 엉뚱한 질문을 했을 것이다. 누워있고 아프다고만 하는 게으른 사람일 뿐이었을 것이다.

내 생각은 오직 하나뿐이다. 나면서부터 그랬고 지금도 그렇다. '이것이 창조의 섭리에 합당한 것인가 아닌가?'이다. 나면서부터 흑암에 쌓여, 두려움과 허무와 끝없는 추락과 고통을 겪으면서 경험한 '카오스'의 세계에서 내게 다가온 질문은 '이것이 무엇인가?'였다. 그것 말고는 아무런 생각이 들지 않았다. 이것은 '존재는 무엇인가?'라는 질문이다.

파도를 선택하고 그 파도를 서핑하는 사람은 '나'다. 그런 내게 선생님의 질문과 나의 대답은 선생님이 공부하고 경험하고 배워왔던 기대와 전혀 다른 것이었으니 당연히 나를 지진아로 보았을 것이었다. 남들처럼 대답하지 않고 다른 세계를 말한다고 생각했을 것이다. 당연하다. 그렇게 배웠고 그렇게 경험했고 그런 기준으로 사람과 사물을 보도록 훈련되었기 때문이다. 이것이 교육의 한계이고 가치관의 한계이다.

어느 나라 말이든 '이것이 무엇인가?'라는 말부터 배우는 이유가 있다. 존재에 대한 개념 이해를 목적으로 하는 것이며, 이는 모든 사람이 가지고 있는 기본적인 가치관이고 내재 된 본성이다. 존재를 알아야 다음 일을 도모할 수가 있기 때문이며, 이것으로 창조의 섭리와 목적을 알고자 하는 욕구가 나타나게 된다. 누구라도, 어느 나라의 경우라도 같다. 이러한 이끌림이 창조의 섭리다. 깨닫기를 축복한다.

"내가 너를 ○○○를 ○○하는 ○○○로 세울 것이다!"

새벽기도를 할 때마다 주시는 음성이었다. 몇 주간 계속되었다. 그리고 사라졌다. 언약을 남기고 떠나신 것이다. 바람처럼 안개처럼 사라진 것이다. 의미만 남긴 것이다. 세례요한이 자신을 '외치는 자의 소리'라고 선언한 것이 이것이다. 이것을 받으면 된다. 여기서 운명이 갈린다. 정욕을 위해서 살면 동기를 가지고 대안을 찾으려 하니까 과녁에서 벗어난 것이다. 창조자께서 내가 그런 그릇이라고 정했다는데 이것을 거역하는 것이 말이 되지 않는다고 생각되었다. 창조자의 뜻과 섭리를 거역한다는 것은 내게는 있을 수가 없는 일이다. 내게 순종 이외의 가치는 존재할 수가 없다.

"언약을 지키십시오. 생명을 바치겠습니다!"

내가 할 일은 공부하는 것이었다. 창조자께서는 다음 일을 하실 것이다. 하는 것이다. 해야 한다. 바라는 것은 망상이며 거짓이다. 바란다는 것이 올바로 입증하려면 행하는 것이다. 행하지 않고 바라는 자는 병원에 있어야 할 자이다. 그래서 생명을 드리기로 했다. 연구하다 죽으면 순교라고 생각했다. 몸은 아팠지만 글 쓰는 일은 계속되었다. 암기라는 것은 없다. 창조의 본성, 존재의 본성을 좇는 작업을 하는 것이다.

이 음성은 고2 여름이었다. 새벽기도를 통해서 나눈 대화였다. 그리고 그때부터 그동안 해왔던 모든 집회는 멈췄다. 경험이 내 실존이 아니라는 것을 누구보다도 잘 아는 나였다. 나를 통해서 능력이 나타난 것이 나의 실존과 무슨 상관이 있다는 말인가? 그들을 고치시고 기적이 나타나는 것이 나와 무슨 상관인가? 그들에게 보이려고 하시는 일에 사용된 것은 영광을 돌렸다. 함께 해 주셨으니, 영광을 돌릴 일이 분명하다. 그것은 일방적인 나타나심이며, 돌들을 사용하실 수 있는 분이 나를 이용한 것, 이상도 이하도 아니며 내 실존이 아니었다. 기뻐하거나 감사한 것도 잘 못 된 사고다. 매우 위험한 스텝이다. 예수께서도 사도 바울도 '민망히 여기셨다'라고 기록하고 있는 이유가 있다. -왜 이런 말씀이 있는지? 그것을 설명할 것이다.- 그러니 내게 요구하는 것이 무엇인지 깨닫게 되었다.

그때부터 나는 논문 쓰는 훈련을 했다. 그렇게 이끌었기 때문이다. 다른 것은 따라갈 수가 없지 않은가! 언급한 그대로 생존을 위해서만 살았던 나였기 때문이며, 이미 놓쳐버린 것을 잡은들 성적에는 상관이 없는 것이었다.

이때부터 성경에서 다루는 주제라면 그것이 무엇이 되었든 논리로 정리했다. 그것이 세상의 모든 것이 아닌가! 그에 더하여 세상에 살면서 나타나는 뉴스의 주제와 사람들의 의문과 삶의 현상들을 논문의 주제로 삼았다. 성경을 읽고 묵상하고 바라보니 창조의 섭리가 보였고 세상이 보였다. 성경엔 이미 모두가 기록되어 있었다. 예언이나 환상이 아니다. 현상과 본질과 창조의 섭리와의 관계성을 통해서 보게 되는 것이다.

17년 동안의 훈련이 성경을 보는 순간, 해명되는 느낌이었다. 참고서나 '해답서'로 보이는 것이었다. 이끄심이 있었기 때문이며, 아무런 동기가 없었기 때문이다. '내 생각에는~'이런 생각을 해본 일이 없고, 지금도 없다. 오직 생명을 드리되 창조의 섭리에 합당한 삶을 사는 것에 드리기도 한 것이었다. 동기가 없어야 이끌림을 받는 것이다.

창조의 섭리를 따르며 모든 접촉점의 근원을 밝히는 일을 했다. 생각하고 또 생각했다. '홀로 있음'을 통해서 '가상공간에 드나들기를 18년이었다. 그것을 글로 쓰는 작업을 하기 시작했다. 그리고 나타내시고 알려주신 것들을 적었다. 원인과 원인을 융합하는 과정도 훈련했다. 무엇이 되었든 그랬다.

놀라운 것은 그동안 알게 하시고 보여주시고 깨닫게 하신 것들을 쓰면서 하나씩 밝혀내는 과정에서 어디서 오는지 알 수 없는, 정말 세상이 줄 수 없는, 그런 위로와 행복과 평안이 내려오는 것을 경험했다. 그래서 '천국을 맛보아 알라'고 하신 것이었으리라. 18세부터 시작된 여정에서 거의 모든 시간을 드렸다. 10년 여년 간은 거의 하루 20시간의 시간을 드렸던 것 같다. 세 번을 졸도했다. 생명을 걸기로 한 일이었으니 글을 쓰다가 죽으려고 했었다.

'죽었다 깨야 한다'라는 말은 이런 것을 말한다. 이것이 실제의 상황이다. 그래도 영광을 돌렸다. 그 이후 깊은 카오스의 세계를 하나씩 둘씩 받아 적어 가기 시작했다. 이러한 엑스타시를 경험하는 세월이 40여 년이었다. 행복하고 감사했다. 시기하지 말라. 질투하지 말라. 미친 짓이며 돌이킬 수 없는 악독이고 죄악이다. 누구라도 창조의 질서를 따르면 예외 없이 이런 자유와 평안과 위로와 행복을 느낄 수 있게 해 놓은 것이 창조의 비밀이라는 것이 입증되는 과정이었다. 말로는 하지만 그 상태에 들어간 사람이 얼마나 있을까? 우리는 이것에 관심이 있어야 하고, 내가 그러한가를 돌이켜야 한다. 조용히 행함으로 그런 사람이 되어가야 한다.

내게 임한 카오스의 세계를 정리하는 과정에서 창조의 질서와 섭리를 깨닫게 되면서 사도 바울이 경험한 그 세계가 내게도 임했다는 것을 알게 되었다. 송구하고 면목이 없었다. 임의로 경험할 수 없는 일들이 내게서 나타난 것이다. 창조자께 감사와 영광을 돌릴 뿐이다.

고2가 되면서 주로 한문 성경을 읽었다. 한문 성경을 사고 싶었던 이유는 모를 일이다. 내가 뭘 안다고 한문 성경을 샀을까? 몰라도 이끄시니 따르는 것이다. 우리 시절에는 본고사가 있었다. 본고사에 한문이 있었다. 본고사에서 보는 시험은 영어, 국어, 한문, 논문, 성경이었다.

영어는 헌책 참고서를 샀다. 그리고 그것을 편집해서 반복되는 것을 빼고, 영어를 그림으로 읽었다. '이 단어로 시작되는 것은 3번' '이런 박스의 예화가 있는 문제는 2번' 이런 식이었다. 모르면 방법이 없는 것이 아닌가? 성경은 언제나 읽었으니, 자신이 있었고 논문은 늘 글을 써온 터이니 자신이 있었다. 거의 만점을 맞은 것 같았다. 결과적으로 분에 넘치게 전액 장학금 대상자가 되었다. 입학하니 학생회는 없고 학도호국단으로 구성되어 있었다. 총 학생 장은 연대장이었다. 수업 시간에 교련도 있었다. 그런 과목은 언제나 A였다.

대학 입학 당시엔 수십 편의 아티클이 나왔고, 수십 편의 논문 초고가 나왔다. 그 이후에는 훨씬 더 많은 논문이 나왔다. '홀로 있음'에 깊이 들어가 '가상공간'에서 존재의 본질을 좇는 과정에서 깨닫게 된 창조의 비밀은 항존하는 섭리였다. 보잘것없는 수습 정도의 일천 한 논리였다. 그러나 길이 열리기 시작했다. 지도하고 계시지 않는가!

　그 많은 논문 중에서 '항존성에 관하여'라는 논문으로 완성한 시기는 스물이 되는 때였다. -20여 년간의 '홀로 있음'과 카오스의 상태를 경험하면서 받아 낸 섭리임을 감안(勘案) 하시기를 바란다.- 사도 바울을 제외한 고대로부터 사상가들이 그렇게도 알고 싶었지만 '인식'의 범주에 가려져 입증해 내지 못한 주제인 '존재'에 대한 자료를 입증할 수 있었다. -그리고 그것이 얼마나 중요한지가 '홀로 있음'을 통해서 입증될 것이다. -

　필자가 밝히는 존재에 대한 명제는 **'존재는 파장'**이다. 이것이 필자가 받은 존재의 본성이다. 데카르트의 '나는 생각한다. 고로 나는 존재한다.'라는 명제는 큰 파장을 일으켰으나 이것 역시 '인식'의 범주라는 것을 알게 되면서 스르 잠잠해졌다. 존재는 과연 무엇인가? 존재는 나타남이며 나타나는 모든 것은 파장을 가지고 있게 되어있다. '항존성에 관하여!'는 창조의 섭리와 존재의 본질에 대한 자료인데, 이것이 정리되어 스물에 나온 것이다. 하지만 입증할 자료가 없었다. 입증할 자료가 없으면 많은 인식론적인 글 중 하나에 불과하고 주장에 불과한 쓰레기가 된다. 그래서 그대로 사장(死藏)시키기로 했다. 후대가 알 수도 있고 모를 수도 있지만 그런 것은 내가 추구하는 바가 아니다. 모든 것을 태워버리고 죽으면 된다. 언젠가는 그렇게 할 것이었다.

나는 아무런 동기가 없다. 주시니 받고 기록할 뿐이며, 세우시기까지 훈련되어 준비하는 것, 말고는 아무것도 하지 않을 것이었다. 그리고도 많은 시간이 흘렀다. 기회를 주셔도 안 주셔도 상관없다. '나는 언약을 믿고 행하고 결과는 창조자께서 허락하시는 것이다' 주어도 안 주어도 그 책임은 창조자의 몫이다. 나는 내가 할 일만 할 뿐이다.

6개월만 사용된 세례요한만큼만 주셔도 감사할 뿐이다. 그리 아니하실지라도 만나주신 것만으로도, 감사할 뿐이다. 그 외의 아무런 동기가 없다. 마냥 감사할 뿐이다. 주신 사명을 위해 나는 내가 할 일을 할 뿐이다. 나머지는 창조자께서 하실 일이다.

그러다가 기적이 벌어졌다. 존재에 대한 과학적 증거가 나타났다. '존재는 파장'이라는 명제를 입증할 자료였다. **2020년 1월 17일 Science Advanced 誌**에 소개된 자료가 그것이다. 그리고 그것을 켑쳐하여 소개하였다. -'10장 있다는 것(Da Sein-존재)은 무엇인가?'를 참고하시기를 바란다.- 입증할 자료가 나타났기에 그동안에 있던 자료들을 모아 이제 책자를 발간할 수 있었다.

'하늘의 것'과 '땅의 것'이 만나는 그 중간 접점이 문화와 문명과 역사가 되어 인류에 나타나고 있었다는 것이며, 이 모두가 창조의 질서와 상관이 있다는 것은 놀라운 일이다. -2권에서는 그리스도께서 하늘의 것과 땅의 것을 통일하려 하심이라는 의미를 다룰 것이다.-

모두 창조의 섭리에 근거한 것이며 실존을 전제로 한 '나타남'에 대한 자료들이다. 창조가 존재라는 전제가 아니고서는 설명할 방법이 없다. '창조는 존재의 나타남'이다. '창조 이전'도 존재이며 창조 이후의 것은 존재가 아닌 것은 없다. 고대로부터 창조의 섭리를 제외하고 실존에 관해서 설명하는 노력을 해 왔으나 아무런 소용이 없었다.

그러나 사도 바울이 전개한 '하늘의 것'과 '땅의 것'이 그리스도로 통일을 이루려 하심이라는 전제(엡1:10, 3:)로 전개하면 곧바로 해답이 나온다. 그렇지 않았기에 존재의 본성에 대해서는 답할 수 없었고 '신비'로만 여겨졌던 것이 지나간 역사였다. 이 책자에서는 그 원인을 밝혀낼 것이다. 사도 바울이라는 택정(擇定)35)함을 입은 사도가 아니었으면 존재의 실상은 증명되지 않았을 것이다.

중학생 시절의 이야기로 돌아간다. 성경 공부 시간에 토의하는 문화가 있었다. 참으로 훌륭한 문화다. 많은 사람이 교회를 통해서 성장했고 국가의 여러 기관에서 활약하고 있다. 한 세대를 앞서가는 교육이 교회에 정착되어 있었다. 교회가 키워 낸 것이다. -이런 접근법은 17세기에 독일에서 시작된 방법론이 질의응답 성경 공부법이며 (dialogue preach)이라고 소개되었다. 독일이 여러 분야에서 앞서갔던 이유를 알 것 같지 않은가?- 한국이 경험하지 못한 교육방식과 토론 문화는 한국인 특유의 머리와 융합하면서 폭발적으로 돌아가게 만든 것이다.

성경을 배울 때는 늘 읽어오던 글이라는 생각이 들었다. 송구하지만 성경을 읽고 공부하는 과정에서 모르는 내용은 없었다. 나타난 것만 설명하는 것이니 그렇다. 심지어 신학적으로 그 말씀이 왜 있는지? 무엇 때문에 주시는 말씀인지에 대해서 알 수 있었다. 늘 듣던 이야기처럼 느껴졌다. 당연히 그렇다고 생각했다. 그러니 겸손이 필요했다. 어려서 느꼈던 그대로 어리석고 재미있고 부산한 아이의 이미지를 끝까지 견지해야 했다. 최근까지도 그래야만 했다. -그러나 이 책자가 태어나면서는 그 모습은 전혀 다른 모습이 될 것이다.- 예수가 제자에게, 간디가 인도인에게, 김구가 조선인에게, 장총찬(인간 시장-1981년 김홍신작)이 자기를 우상으로 여기던 동생에게 죽임을 당했다. 왜인지는 다 아실 것이다. 주변 상황으로 내 감정으로 사명을 소홀히 할 수가 없다. 예수께서도 싸우자고 달려드는 사람을 피해 도망했다.

---

35) 선정(選定)-여럿 가운데 가려서 택함-네이버

실존이 그 상태에 이르지 못하면 믿음이 없는 것이다. 믿음을 논할 수가 없다. 자신이 입증하지 못하면 거짓이다. 알고 모르고는 가치가 없다. 인식이기 때문이며 나타나지 않으면 소용이 없다. 내가 '그 상태인가'만 실존이고 '나'이다. 자신이 원하는 그 존재가 되려면 실제의 모습 실존 곧, 실상을 보여야 한다. 바라고 원하고 확신하는 그것 즉, 보이지 않는 그것의 증거가 있어야 한다. 이것이 믿음이다. 믿음이 있다면 이렇게 입증하라.

폐결핵에서 온전한 자유를

대학에 합격해 다니고 있었으나 휴학을 권고받기에 이르렀다. "폐병은 옮기는 병입니다. 이번 학기에 휴학하시기를 권고합니다" 당시에는 건강검진이 필수과정이었다. 폐병으로 유명한 사람들도 상당히 죽어 나가던 무서운 병이었다. 그러나 그것이 문제가 아니었다. 다음 학비를 마련해야 공부를 계속할 수가 있었다. 놀랍게도 성적우수 장학생으로 전액 장학금 대상이었지만, 다음 학기가 문제였던 시절이었다.

마침, 은행에서 아르바이트로 밤샘할 경비를 찾고 있었고 학생처에서 추천해 주어 그것 때문에 건강진단서를 뗐다. 그 당시에는 폐사진을 제출하는 것이 기본조건이었다. 그 정도로 폐결핵이 창궐하던 시절이었다. 그리고 입학할 때 건강검진 받던 그 병원에서 사진을 다시 찍어서 제출하게 되었다. 그 과정에서 예전의 내 폐의 모양과 상당히 다른 것을 발견했다. 온전한 모양을 하고 있었다. 의사에게 물었더니 문제없다고 했다. 원장님께 '폐결핵으로 입학할 때까지 문제였다'라고 했지만 믿지 않았다. 완전하다고 했다. 이때 완전한 폐 상태가 되었다는 것을 알 수 있었다. 입학 당시의 사진이 불과 3개월 만에 정상이 된 것이었다.

이게 무슨 일인가? 봄 축제가 있던 기간이었는데, 다음날 있었던 축제 기간 중 마라톤에 참석하여 8킬로 정도를 달렸다. 매우 힘들었다. 이 정도는 뛰어본 일이 없었다. 고3 입학시험과 더불어 20점의 프리미엄을 제공하는 체력장 시험에서 1km를 달리고는 뼈를 지탱하던 살들이 땅으로 스며드는 공포와 고통을 경험한 터였지만 폐결핵으로 가슴의 통증을 느끼던 내가 아니었다. 그것이 문제가 아니었다. 나는 달려야 했다. 입증해야 했고 영광을 돌려야 했다. 나 혼자만의 축제였다. 감사의 의식(ceremony) 이었다.

통증이 사라지니 밤을 새우는 등의 것은 아무것도 아니었다. 이런 것 때문에 절제라는 은사가 필요했던 것 같았다. 피곤한 것이라면 얼마든지 견딜 것 같았다. 아파서 잠을 자야 했던 적은 있지만 피곤해서 잠을 잔다는 개념 자체를 이해하지 못하던 때였다. 그리고 마라톤을 한 그 날 학교 식당에서 밤을 지새우며 글을 썼다. 영광을 돌리고, 내가 온전해졌다는 것을 입증해 드려야 했다. 그러고 싶었고 그것이 내가 인정받는 방법이라 느꼈다. 이렇게 글 쓰는 일이 계속되는 중에 어느덧 스물이 되었다. 그리고 질서의 섭리를 정리하는 글이 나왔다. '항존성에 관하여'였다. 그리고 그것을 녹여 간단명료하게 '홀로 있음'을 완성했다.

항상 존재하려는 성질이 우주와 만물에 있다는 것이며, 그러기 위해서 에너지가 발현되고 있다는 것이 주제다. 존재는 파장을 가지고 있고, 파장이 존재를 구성하는 '존재 양태'라는 것이다. 그 파장이 나타나는 것을 느낄 수 있는 기관이 사람 모두에게 주어져 있기에 '홀로 있음'을 통해서 '나만의 우주'인 '가상공간'으로 들어가 파장을 좇아 존재의 본성을 만날 수 있다는 것이 내용이다.

모든 존재가 파장을 발현하는 양태로 현존하고, 그것이 항속(지속) 되도록 '항존성'이 주어지기에 존재하는 것이다. 이 논문이 나오고 난 이후에 30년이 되어서는 **'항상성(恒常性)'**이라는 것이 있다는 것을 발견했다. '늘 같은 상태를 유지하려는 본성'이라는 의미인데, 그것은 본래 주어진 목적과 그 성향을 유지하려는 본성이 주어져 있다는 것이다.

　예를 들어; 사고로 팔이든 다리든 머리든 기타, 다른 내장 기관이든 기능을 잃은 사람이 그것을 극복하려고 노력하는 가운데 기능을 잃었다고 해도 활용 가능한 다른 기관과 세포가 자동으로 그 기능을 대신하려는 이끌림을 통해서 기능을 대신하여 본래의 본성을 유지하여 정상적인 활동을 하는 것을 보게 되는데, 이러한 것이 '항상성'이라는 것이다. 이것이 존재의 본성을 이해하는 매우 중요한 접촉점이라고 필자는 생각한다. 그런 항존성이 주어져 있다.

　신체에 그런 본성이 있으며 '시냅스'[36]를 통해 전파되는 파장이 기능을 갖는 과정에서 나타나게 된다. 세포가 신경선(神經線)으로 연결되어 기능하는 기능은 신경선이 절단되면 어렵다. 가수 강원래의 경우를 생각하면 쉽다. 그러나 불가능한 것은 아니다. 서서히 걷고 뛰다가 올림픽에 나간 선수들도 있다. 시냅스(synapse)와 같은 기능을 통해서 가능한 것이다.

　이런 기능이 몸에 있기에 신경세포가 기능이 없거나 소멸하면 다른 세포나 기관이 그것을 대체하여 항상 같은 조건을 유지하려는 성향이 있는 것이라는 견해다. 어떻게 보면 같은 내용이다. 그러나 필자의 '항존성'은 '실존'에 대한 논문이며, 세상에 존재하는 모든 것들이, 이러한 존재의 섭리로 만들어지고 유지되고 분해되고, 융합되고, 장(field)이 형성되고, 변형되는 등의 방법으로 존재하는 존재론에 대한 논문이어서 방향은 같고 개념이 다른 논제라 할 것이다.

---

36) 시냅스는 신경선이 연결되어 기능하도록 하는 기관과 달리 기관과 기관이 신경선으로 연결되지 않고, 전기 자극을 연결 촉매로 하여 분리된 기관이 작용하고 반응하는 과정에서 신체와 기관의 기능이 작용하도록 하는 기관을 말한다.- 필자 주

카오스는 존재의 보고다. 창조자께서는 이것을 전제로 천하 만물의 창조를 시작하셨다. 창조라면 무에서 유를 만드셔야 맞는데, 우리의 생각은 선입견에 불과했다. 이미 존재하고 있던 상태에서 창조하셨다는 것이 신비이다. 창조는 有에서 有를 창조하신 것이었다. 선입견을 모두 정리해 주는 명제다.

'창조(태초) 이전'부터 존재가 있었다. 그 상태에서 우주와 만물을 창조하셨다. 이 상태에는 '땅'이 있었다. 작업을 하려면 작업대가 필요한데 그 작업대가 땅이었다. 그 상태는 땅이 있고, 물이 있는 상태였다. 우리가 알고 있는 땅이 생겨나고 물이 생겨 난 때는 창조 '셋째 날'이었다.

땅! 곧 사람이 거주할 우주의 중심인 지구를 **1인칭(人稱) 시점**에서 조명해 가는 논리 구조라는 것을 알 수 있다. 사람이 땅에 살기 시작했고 이곳에서 우주와 만물을 바라본 것이기 때문이다. 창조자의 이미지(Imago Dei)를 가지고 있는 **존재를 1인칭으로** 선언하고 알게 하신 것이다. 놀라움을 금할 길이 없다.

이 상태에서 창조의 역사가 시작된다. 땅이 혼돈하고 공허하며 흑암이 **깊음위에** 있고(The earth was formless and empty, and darkness was **over the surface of the deep**.) 하나님의 영이 **수면 위에 운행하시는** 그 상태에서(The state in which the Spirit of God **moves over the water**) 창조가 시작됐다. 우주와 만물은 이 상태에서 창조되었다. 이미 '카오스'의 상태가 있었다. 이 상태에서 하나님의 영이 운행하셨다. 이런 질문이 가능하다. "그렇다면 하나님은 **누가** 만들었을까?"라는 것이다. 창조자께서는 '**스스로** 있는 자(I am that I am)'라고 선언하셨다. 스스로가 만들었다는 것이다. 그것이 알파(A)와 오메가(Ω)이며, 처음이고 마지막이라고 선언이다. **처음이라는 개념(실존)과 마지막이라는 개념이 있게 하는 존재라는 의미다.** 그 개념이 있다는 것은 '그 상태가 있도록 하는 존재가 있다는 것'(That there is a being that causes that state to exist)이며 그 존재가 창조자라는 의미가 된다. 놀랍다.

그리고 '빛이 있으라' 명하시니, 어둠과 구분되는 빛으로 혼돈과 공허와 흑암이 깊음위에 있는 상태를 밝혀주는 빛이 나타났다. 이 빛은 큰 광명인 태양, 작은 광명인 달에 해당하는 '빛'이 아니었다. 그것은 **넷째 날**의 일이다. '빛'은 어둠과 반대인 '빛'을 말한다. 요한복음 1장에 빛이 그것이다. 빛과 생명, 어두움을 좋아하는 사람이 그 빛을 미워했다는 증언이 바로 이것이다. 어둠에 해당하는 개념을 모두 물리치는 빛이 기준이 되는 비밀이 있었다. **인류는 이것을 따르는 것이 합당하다고 생각하는 존재로 만들어진 것이다.** 숨 쉬어야 살 수 있다고 생각하는 것 같은 기준이 되는 이끌림이다. 그것이 '빛이 있으라!'의 본래 의미다. 이끌림이다. 그것을 알게 하신다. 깨닫기를 축복한다.

이 빛은 어둠과는 반대며, 어둠의 상태를 물리치는 기준이다. 그것을 알게 하시려고 이것을 제일 먼저 구분하셨다. 이것이 첫째 날이다. 칸트가 말한 바로 그 '정언적 명제(categorical propositions)'가 이러한 원인 때문이며, 이것이 창조의 섭리다. 빛이 기준이며 이 빛을 좇는 것이 주어진 본성이라는 것이다. 창조의 이끌림이며, 창조자의 영이 사람에게 기관으로 불어 넣어져 있기에 그대로 이끌리는 것이지만 '양심'[37]에 대해서 연구된 바가 없어서 이를 입증하지는 못했다.

"사람은 왜? 도덕적으로 살아야 하는지를 모른다. 그러나 누구나 그것을 안다. 그런 이끌림을 누구나 가지고 있다. 그 이유가 무엇인가? 누구도 알 수 없다. 원인을 찾으려니 그렇다. 이미 인간이 존재하는 조

---

37) 필자의 창작 논문이며, 양심을 주제로 논문이나 책자가 나왔는지 세상의 모든 도서관을 뒤졌으나 찾을 수가 없었다. 알 수 없는 궁극적인 관심이며, 궁극적인 실제이니, 그러할 것이다. 필자는 이미 30년 전에 '양심론'을 탈고했다. 곧 편집하여 나타날 것이다. 필자 주.

건이 창조자의 '숨(영)'을 불어 넣어야 비로소 인간이 되는 것이다. 이것은 창조자의 속성으로, 창조의 비밀과 섭리를 알 수 있는 존재로 만드셨다는 의미이다.

그러므로 분명한 것은 그렇게 살아야 한다는 '정해져 있는 명제'가 사람에게 있기 때문이다."라는 것이 '정언적 명제'다. 이를 주장한 사람은 칸트이며, 그 이외의 사람이 명제화한 일은 없다. 정해져 있는 명제란? 누구나 동의 할 수밖에 없는, '주어져 있고, 정해져 있는' 바로 그것을 말하는 것이기 때문이다.

10장.
있다는 것(Da Sein 존재)[38]은 무엇인가?

고대로부터 존재의 본성을 알려는 노력이 있었다.

　존재의 가장 작은 단위로 알려진 것은 원자(atoms)다. 더 정확히 말하면 원자핵(an atomic nucleus)을 말한다. 이 원자들이 결합하면 더 큰 원소인 분자(molecules)가 된다. 분자로부터 물질이라고 명제화했다. 이론상으로만 있는 것이며 나타난 것 중 가장 최소한의 단위를 말하는 것이다. 그 이하는 있다고만 하고 그것을 '원자'라고 했다. 있고 작용하나, 실체를 알 수 없는 분자의 근원이며 생명체가 될 최소한의 단위가 분자다. 원자는 존재의 최소 단위인 분자를 이루는 요소, 원인이라고 규정되어 있었고 그 실체를 알 수가 없었다. 원자의 운동으로 폭탄과 에너지 등을 만들어졌다는 것을 알고 계실 것이다. 그런데 가장 작은 원소인 원자가 어떻게 구성되고 어떻게 연합, 융합하여 분자가 되는가에 관해서는 입증된 자료가 없었다. 원자가 어떤 양태로 존재하는지는 알 수가 없었다. 입증자료가 없는 것은 주장에 불과하다.

　2020년 1월 17일 이전까지는 그랬다. 그런데 놀랍게도 그것이 입증되었기에 '홀로 있음'을 마무리되었다. 원자의 파장이 있으므로 원자가 융합하고 분자의 단위까지 합력하고 이때부터 물질도 되고 생명체도 되었다는 것이 입증된 것이다. 그 발표가 없었다면 필자는 그동안의 논문을 모두 태우고 지금처럼 조용히 있다가 부르시면 가려고 했다.
　전자와 전기의 관계도 그렇다. 전자가 흐르면(flow) 전기가 생긴다. 이는 전자가 없다면 전기가 통하지 않는다는 의미가 되고, 전기란 전자

---
38) 독일어이며, '다 자인'으로 읽는다. - 필자 주

의 움직임으로 인하여 생기는 에너지의 한 형태가 된다는 의미가 된다. 원인과 결과며 상호 보완이다. 한마디로 전자들의 흐름이 電氣다. 전(電:lighting, thunderbolt)과 기(氣:energy, vitality)로, 번개 같은 기운 즉 '빠른 기운(quick energy)'이 전기다.

전기가 이동하는 속도는 매우 빨라서 1초에 30만km를 갈 수 있다. 지구를 7바퀴 반이나 돌 수 있는 속도다. 작은 입자의 흐름(flow)을 전기(electrics)라고 부르고, 전기를 흐르게 하는 더 작은 입자를 전자(electrons)라고 부른다.

전자는 전기라는 운동으로 입증되는 존재이다. 바람에 의해서 안개가 흩어지고, 낙엽이 구르고, 여인의 치마가 날린다. 바람에 의한 것이기에 바람의 존재를 입증하기 위한 여러 소재는 보이지 않는 그것을 입증하는 자료가 된다. 본성을 좇는 접촉점이 되는 것이다. 이것이 존재의 본성을 인식하는 방법론이다. 그러나 원자보다 더 작은 존재는 구분할 방법이 없었다. 가장 작은 존재를 원자라고 명제화했기 때문이다. 이론으로 구분한 명제다.

존재를 규정하려는 이 연구는 존재를 통해 원인과 결과를 도출할 수 있는 근거가 될 것이므로 매우 중요한 학문적 접근이다. 존재한다는 것을 입증하는 방법은 존재할 수 있는 최소한의 입자들이 모이고 모여 존재가 된다는 존재론적 증명뿐이다.

모든 존재는 '원자의 결합물'로 이루어져 있다. 이 원자는 원자핵(an atomic nucleus)을 중심으로 작은 입자(전자)들이 결합하여 분자(numerator)가 되고, 분자들이 결합하여 물질(material)이 된다.

물질마다 원자핵과 전자 구성(component)의 원인과 형태가 다르지만, 기본적으로 분자에는 원자핵, 전기에는 전자들이 결합 되어있는 것이다. 융합, 연합, 합력이 존재의 양태다. 존재는 그렇게 나타난다.

그런데 원자핵과 전자는 열, 마찰, 빛 등 외부 자극에 의해서 원래

궤도에서 이탈하면서 자유로이 이동할 수 있는데, 이렇게 자유로이 이동하는 전자를 '자유전자(free electron)'라고 하고(자유전자가 많다면 전기가 잘 흐르게 된다) 이 현상을 '도체(導體:conductor)'39)라한다. 전자가 적으면 전자가 잘 흐르지 않으며 전자가 흐르지 않은 이 상태를 '부도체(不導體:nonconductor)' 물질로 구분한다.

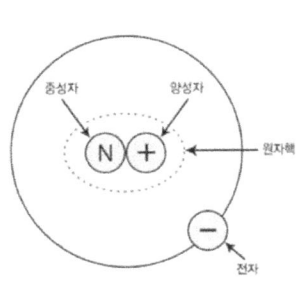

여기서 전기는 전자의 흐름 또는 이동을 말하며, 전하(電荷:an electric charge)40), 전류(電流:an electric current)41), 전압(電壓:an electric voltage)42) 등이 발생한다. 이것들이 각자의 방식으로 존재하는데, 존재하는 방식은 운동, 합성, 결합, 분리의 고유의 파장으로 존재한다.

그러므로 모든 존재는 운동(파장을 발현:發現·發顯)하면서 존재하는 것이다. 파장을 통해서 운동(자장의 발현)하지 않으면서 존재하는 물질(존재)은 창조 이후에는 없다. 모순이기 때문이다. 더 나아가 원자, 전자, 중성자(neutron), 양성자(proton)와 같은 운동의 에너지가 위 '그림'과 같이 각자의 방식으로 '항존(恒存)'하기에 가능한 일이다. 이미 주어진 양태이고 파장이라는 것이다.

과학자들이 발견한 최소 단위의 존재인 '원자'는 쉼 없이 스스로 결합, 융합, 분리, 긴장하는 등의 운동을 하면서 존재하고 있다. 존재의 양태가 존재라는 '고정된 개념'으로 있는 것이 아니고, '운동하는 과정이 존재다.' 이것이 존재를 입증하지 못했던 원인이었다. 천재 중의 천재라는 '화이트헤드'는 그 '과정을 존재'라 하였으나, 그 과정 중에 있

---

39) 열 또는 전기의 전도율이 큰 물체-네이버
40) 물체가 띠고 있는 정전기의 양- 네이버
41) 도체내를 전도하는 전기의 흐름- 네이버
42) 전기장이나 도체 내에 존재하는 두 점 사의의 '전위차'-네이버

는 존재가 무엇이냐는 필자의 질문에 대답할 어떤 자료도 남기지는 못했다.

필자는 1982-3년에 '항존성에 관하여'라는 논문을 통해 이것을 '존재는 파장이다!', '존재는 실존이다!', '존재의 파장' '존재는 에너지다!' 등의 개념으로 소개한 바가 있다. '존재의 본성'을 입증하기 위해서는 존재가 발현하는 파장을 좇으면 본성을 만나게 되어 있는 것이 우주와 만물에 주어진 질서다. 누구나 가지고 있는 자기만의 우주인 '가상공간'에서 그 본성을 좇을 수 있게 되어 있다.

'원자들의 거동[The behavior(conduct) of atoms]'이 있기에 가능한 것이며, 세상에 있는 모든 것은 바로 이 '원자들의 거동'이라는 운동에너지에 의해 구성된 것이다. 존재는 존재가 되도록 계속해서 공급되는 에너지와 파장에 의한 것이며, 존재를 구성하는 에너지와 파장이 쉬지 않고 운동하면서 존재를 유지하고 있는 것이다. 이런 현상을 '존재양태(存在樣態)'라고 한다.

이것을 발견하기 위해서는 여러 난관을 이겨내야 하는데, 그 실체가 너무 작은 단위이기 때문이었다. 최초 구성단위인 원자의 크기는 머리카락 두께인 μm(micrometer)[43]의 100만분의 1의 크기이며 -재료공학에서는 이를 A(angstrom)[44]이라는 단위를 사용한다- 이는 0.1nm(nanometer) 정도의 크기이다. -1 나노미터는 1/1000 마이크로미터이고, 1 마이크로미터는 1/1000 mm이다.- 이 최초의 구성요소인 원자와 원자가 결합하여 조금 더 큰 단위인 분자가 되는 과정은 신비다.

실험된 바가 없고 이것이 입증된 바도 없다. 원자가 서로 같은 값인

---

43) 그리스어 μῑκρός(micros)에서 유래했으며, '작은'이라는 뜻이다. 'mecro'의 반댓말이며, 미생물(micro-organism), 미시경제학(microeconomics) 등의 단어에 쓰인다. -나무위키

44) 【物】옹스트롬(=~ ùnit)《빛의 파장의 측정 단위; 1밀리미터의 1,000만분의 1; 기호 Å, A, A.U.》-네이버

1:1로 결합하여 분자라는 하나의 물질이 되기는 하지만 결합의 개념이 다르기 때문이다.

   존재가 되려면 계속 원인이 공급되어야 한다는 전제가 있어야만 존재가 되는 것이라는 것은 필자가 '항존성에 관하여'를 통해서 밝힌 바 있다. 계속 피를 공급하고 호흡을 하며 내장 등 기관(器官)이 활동해야 살아있는 것과 같이 계속되는 파장이 유지되어야 존재로 확인된다. 변형되었어도, 결합 과정에서 본질이 바뀌었어도, 존재하고 있다면 존재 양태를 가지고 있다는 것이다. 결국 파장을 발현하지 않는 존재는 없는 것이다.

   언급되었듯 20세기 초에 '항상성'[45]이라는 것이 소개되었다. 필자가 말하는 항존성과는 근본이 다르나, 접촉점이 같고, 창조의 섭리에 합당한 '루틴'을 발견한 사례라 할 것이다.

   이렇게 흘러온 존재에 관한 연구는 2020년 1월 17일 혁명을 이루었다. Science Advanced 紙에 그것이 입증되었기 때문이다. 이 자료는 유튜브를 통해 볼 수 있도록 캡처해 놓았다. 원자가 일정한 간격을 유지하면서 '붙었다 떨어졌다'를 반복하는 과정이 존재가 유지되는 과정임이 입증된 것이다. 이는 존재가 탄생한 순간부터 사라지는 순간까지 '존재는 존재 상태 그대로 있다.'라는 개념을 뒤엎는 연구 결과다. -소위, '존재는 있는 것이다'라는 개념의 한계를 극복한 존재에 대한 명확한 입증자료다.-

   예를 들자면; 중앙아시아의 사막 한가운데 철로 만든 대형 선박이 녹슨 상태로 버려진 동영상을 볼 수 있을 것이다. 이곳은 중앙아시아에 있는 과거의 아랄해이다. 이 호수는 너무도 커서 바다와 같은 곳이었고

---

[45] 생체가 여러 가지 환경 변화에 대응하여 생명 현상이 제대로 일어날 수 있도록 일정한 상태를 유지하는 성질. 또는 그런 현상. 1926년 미국의 생리학자 Walter B. Cannon이 그리스어 접두사 'homeo'(동일한)와 'stasis'(그대로 유지하다)를 합성하여 제안하였다는 점이 널리 인정된다. -네이버.

세계 4위의 위용을 자랑하는 호수였다. 휴양지로도 대단히 유명한 곳이었다. 그러나 러시아가 목화밭을 만들려고 둑을 쌓았더니 물길이 막혀 사막이 된 사례다. 이제는 불과 10%에 해당하는 정도의 호수로 쪼그라들었다. 불과 40년 전에는 깊은 강이었다. 그러나 현재는 사방 100킬로 이내에는 물이 없는 곳이 되어버렸다. 현재는 이름도 바뀌어 아랄해에서 '아랄쿰 사막'으로 바뀌었다. 그곳은 강의 기능을 상실했다.

강이었던 때가 있었고 강이 아닌 상태로 버려진 그곳은 현재 사막이다. 강이나 바다가 되려면 조건이 있다. 계속 물이 유입되어야 하고, 고기들이 살고 있어야 한다. 어부가 살고 생선들이 거래되어야 한다. 사람들이 모여들고 물건을 실어 날라아 바다와 강의 구실을 한다. 많은 크고 작은 배들이 북적이던 곳에 물이 사라지니 이제는 강이 아니다. 사막이다. 이름도 바뀌어 '아랄쿰 사막'이 되었다.

강과 바다가 될 조건이 사라지면 강도 바다도 아니다. **그에 합당한 조건이 계속 공급되었을 때만** 존재로 규명되는 것이며, '아랄쿰 사막'을 보라. 이렇게 계속 실존적으로 존재가 되도록 공급되는 파장이 있어야 존재가 된다. 이 파장이 없으면 존재는 없는 것이다.

존재가 되도록 계속 공급되는 에너지와 파장이 있어야 존재가 된다. 돌도 그렇고 철도 그렇고 나무며 물이며, 생각이나 정신, 의식도 계속 유지되도록 에너지와 파장이 공급되어야 존재다. 이 조건이 갖춰져야 비로소 '존재하는 것'이다.

발표된 자료에 의하면 원자핵이 0.1 나노미터와 0.3 나노미터의 거리를 유지하며 붙었다 떨어졌다는 반복하면서 원자가 유지되는 것이 발견된 것이다. 2020년 1월 17일 Science Advanced 紙에 실리고 유튜브로 소개된 내용에 이것이 실렸다. 다행이고 감사하다. 입증할 자료가 없어서 그동안의 논문을 모두 불태우려 했던 생각을 접을 수 있었던 계기가 되어 세상에 '홀로 있음'이라는 책자로 태어날 수 있었다.

존재는 파장이다.

　원자의 상태로 있을 때는 존재로 인정하지 않았다. 존재가 될 구성 조건을 갖추지 않았다면 아직은 형체가 아니기 때문이다. 그리고 이날, 원자가 '붙었다 떨어졌다'를 반복하는 '과정 중(process)'에 있는 것이 발견되었다. 이것이 원자 융합의 원리이고 분자로 존재가 되는 원인이라는 것이 인류 최초로 발견된 것이다. **존재가 구성되도록 파장이 계속 주어져야만** 존재가 되는 것이 입증된 것이다. '존재의 양태가 유지될 만한 조건이 계속 공급되어야 존재가 되는 것' 그것이 2020년 1월 17일에 입증된 것이다. '항존'하도록 에너지와 파장이 계속 발현되고 있는 것이다. 이것이 존재다.

　이전까지의 과학자들이 밝혀낸 존재의 양태를 보면; 원자와 원자 간의 일정 거리가 떨어져 있는 상태를 '유지하는 것'을 '결합'이라고 했다. 원자와 원자가 결합 되어 분자가 되고, 분자와 분자가 결합하여 존재의 양태를 갖는다고 이해했지만, 이제부터는 그 '상태로' 있는 것이 아니다. 서로가 거리를 두고 '떨어졌다 붙었다'를 반복하는 상태를 계속 유지하는 것으로 결합이 이루어진다는 것이 입증된 것이다. 존재가 '과정'이라는 명제를 제시했던 화이트헤드의 견해도 이것을 입증하려다가 미완성으로 마친 상태라 하겠다.

　초 정밀도의 전자현미경을 통해서 이것을 살펴보았더니, 이 원자들이 거리를 좁혔다가 또, 다시 떨어지기를 쉼 없이 반복하면서 존재가 '되어가는'[46] 과정 중에 있음이 입증되었다. 거리는 0.1-0.3nm(나노미터)

---

[46] 되어가는 과정 중에 있는 것이라는 '과정철학'의 개념이 적용될 수 있지만, 화이트헤드의 개념은 그것이 아니다. 그의 존재의 양태는 '시간과 공간'을 전제로 작용하는 것이며, 어제의 존재, 오늘의 존재, 조금 전의 존재, 0.0001초 전와 같이, **존재는 존재를 유지되는 과정에 있다는 것**인데, 이것은 필자와 다른 개념이다. 필자의 존재는 존재가 되도록 에너지가 계속 공급되고 있으며, 그 원인이 사라지는 순간 모든 존재는 융합으로 유지된

정도로, 머리카락 두께의 백만분의 일 정도의 작은 물질들이 일정 거리를 두고 파장을 발현하는 과정에서 원자와 원자가 결합하여 분자가 되는 것이 발견된 것이다.

필자는 이것을 '파장(wavelength)', '파동(waves)'이라고 설명해 왔었다. 그리고 정확히 일치했다. 이것이 필자가 주장하는 '항존성'이며, 恒存하도록 원인이 주어지고 있을 때까지만 존재하는 것임이 입증된 것이다. '항존성에 관하여'라는 논문이 나온 지 40년이 훌쩍 지나서 이 존재가 입증된 것이어서 감개무량하다. 그리고 이제야 그동안 기획했던 자료를 정리하여 발간할 수 있게 되었다.

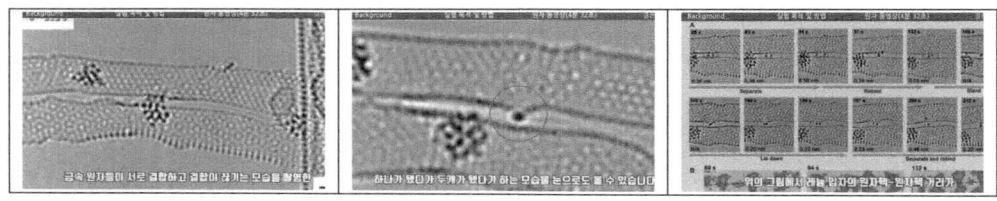

이 자료가 나오기까지 영국의 ULM University의 재료공학과와 University of Nottingham의 전자현미경 팀이 2020년 1월 17일 Science Advances 誌에 최초로 이것을 확인하는 영상을 공개하는 쾌거를 올렸다. 머리카락 100만분의 1의 크기를 봐야 하는 실험이었다.

작은 단편을 통해서 우주 전체의 현상을 알 수 있는 단초(端初)를 제시한 연구이다. 너무도 놀람과 감사한 일이 선물처럼 주어졌다. 내 인생 전체를 보상받는 기분이라고 생각되었다.

물질의 최초 단위인 원자가 원자와 더불어 결합하고 분리되는 역할을 반복하는 형태를 이루게 되는 것을 최초로 발견한 것인데, 원자의 구성

다는 '존재 융합의 거리'를 스스로 유지할 수 없어서 터지거나 흐드러지게 된다는 것이므로 과정철학의 존재와는 다르다. 이것이 화이트헤드를 비평하는 접촉점이며 그의 주장의 대부분은 필자의 항존성으로 비평했다. 기회가 주어지면 오프라인 상에서 논하기를 원한다. 필자 주.

은 언제든지 떨어지고 붙는 과정을 반복하는 양태로 존재하여 물질을 구성하며, 이러한 과정을 반복하며 물질과 생명체들이 유지되고 있음을 입증한 인류 최초의 자료다. 이제는 존재에 대해서 언급하는 사람들이 나오기 시작할 것이다. 존재는 파장이다. 동영상을 참고하시기 바란다.

https://www.youtube.com/watch?v=NYD-JPLRY7k-4:35 참조

모든 존재는 파장이 있고, 그 파장은 서로 이끈다.

이끄는 것이 존재의 본성이다. 그래서 그 파장을 좇다가 존재의 본성이 발견되는 것이다. 발현되는 것이니 발견할 수 있는 것이다. 창조는 존재의 나타남이며, 존재하는 모든 것은 파장을 발현하고 있기에 파장을 본질적으로 가지고 있는 존재들은 서로에게 영향을 미치는 것이다.

화이트헤드는 이것을 '유기적 관계', '유기체 철학'이라고 설명한 바가 있다. 이미 주어진 존재는 파장을 가지고 유지되도록 조성되어 있기에 파장과 파장의 결합, 융합, 긴장 등을 유지하는 과정을 가지고 존속하고 있기 때문이다.

우주와 만물은 존재로서 파장을 발현하며 그런 상태로 존재가 유지되는 과정 중에 있다. 그러므로 존재가 되기 위해서 발현하는 파장은 서로 연관되어 영향을 주고 영향을 받는다. 미미하거나 강력하거나 정도의 차이가 있을 뿐이다. 그러면서 시간과 공간이라는 차원의 영향을 받고 있다는 루틴을 전제한다면 존재는 '과정적 상태'에 있다고 할 수 있다. 즉, 무엇과 무엇이 융합하고 합력하여 새로운 파장을 일으키는 존재가 되어가는 것이라는 의미를 갖는다. - 같은 개념이나 화이트헤드의 과정과는 근본이 다르다.-

그러므로 순수하게 개별적으로 존재하는 것은 있을 수 없으며 모든 것은 서로 영향을 주고 영향을 받는다. 파장을 가지고 있는 존재는 파장의 특성상 융합하고 분리하고 결합하는 등의 기능을 나타내고 있기 때문이다.

불교에서는 '유기적 관계성'에 대해서는 말할 때는 '연기(緣起)의 법(法)'과 '공(空)'을 비교할 수가 있다. 이미 주어진 질서 내에서의 창조의 근본을 좇으려는 노력을 해 왔다는 점에서 그렇다. 석가모니불은 '홀로 있음'의 상징적인 인물이다. 이미 주어진 나타남의 현상에 대해 근본(존재)을 밝히려고 했다. 그것이 '홀로 있음'을 통해 얻는 가장 귀중한 접촉점이다. 이 과정에서 동기를 버리고, 존재의 본성으로부터 발현하는 존재의 본성을 좇고 좇으면 그 본성을 만나게 되는 것이, 바로 창조의 목적을 발견하는 가장 본질적인 방법론이다.

석가모니불은 그것을 찾으려고 '홀로 있음'을 통해서 '가상공간'에 들어갔으며, 정욕을 좇지 않으려고 먹고, 자는 것까지 최소한으로 하며 창조의 질서와 이끄심에 합당한 사람이 되려고 정진했다.

누구나 창조의 섭리가 이끄는 이끌림에 직면한다.

'이미 정해져 있는 질서'를 따르는 것이 지혜다. 정해진 루틴이다. 이것을 알도록 만들어진 존재가 사람이다. 발견하면 우주와 만물이 그 루틴에 적응하고 살아가야 한다는 것을 알게 된다. 미리 준비하기도 하고 더 지혜롭게 그 원리와 본질에 더 깊숙이 들어가 본질을 보고 조작하는 단계에까지 이르게 된다. -세포, 유전자 등의 개념이 그것이며 후에 깊게 나눌 것이다.- 동물은 창조의 본성을 따르되 생존을 위해서만 산다. 육체만을 따르고, 육체의 본성만을 추구한다. 그러나 그것을 정욕이라고 하지 않는다. 정과 욕심이 있는 존재는 사람뿐이기 때문이다.

그래서 변형되지 않은 창조의 본성은 그들을 통해서 발견하기도 한다. 루틴을 가지고 있는 것이 우주와 천하 만물이기 때문이다. '동물 같은 반사신경을 가졌다'라는 말이 나오는 이유다.

동물에게는 창조자의 영이 없으니, 양심도 없다. 본성을 좇아 살아가는 것이다. 그러나 본능과 욕구를 넘어 심리와 감정, 정서도 있다. 적응하는 과정에서 안정감, 필요, 위험성 등을 느끼는 것이 가능하기 때문이다. 그러나 사람은 눈, 코, 입, 귀, 피부와 같은 몸의 기관과 더불어 '심령'이라는 '마음'에 자리한 창조자의 속성이 거하는 '기관'이 주어져 있다. 마음에 창조자의 속성이 기관으로 주어져 있다는 것은 놀라운 일이며 육체를 가지고 있는 다른 개체와는 완전히 다른 존재다. 창세기에는 '우리와 같이 되었다'라고 선언하신다.

정리하면, 동물도 사람도 육체(flesh)를 가지고 있고 그 육체를 유지하기 위해 하는 일은 사람과 다를 바가 없다. 같은 육체의 기능을 가진 것이다. 그러므로 굶주림에 처했다거나 계속되는 스트레스가 있었다거나 하는 등이 아니라면, 길들일 수가 있다. 잠정적, 정서적으로 소통이 가능할 정도로 관리가 될 수 있다. 다스리는 존재이다.

사람은 육체로만 볼 수는 없다. 창조자의 영을 불어넣어 '기관'으로 가지고 있는 존재이기 때문이다. 창조자의 본성으로부터 이끌리는 것을 깨닫게 하는 것이 심령의 역할이다. 눈, 코, 귀, 입, 피부와 같은 기관이 내부에서 나에게 창조의 섭리를 알게 하는 것이 심령을 모시고 있는 존재이다. 서로가 서로에게 귀한 존재로 여기는지 아닌지로 상대를 알아볼 수 있다. 매너며 의리가 그 중심에 있는 것이다.

창조의 섭리와 깨달음, 이끌림을 온전히 마음으로 받으면 선한 마음, 곧 '양심'이라고 정의하고 있다. 힘쓰고 애써 이를 거부하려고 버티면 굳은 살이 배긴다. 딱딱하게 굳은살은 느낌이 없으며 불에 닿아 굳어버린 살과 같이 되었기에 성경에서는 '양심에 화인 맞은 자'라는 표현을 한다. 그의 말과 태도가 실존이 아니므로 매너와 의리를 통해서 상대를 이해할 수 있다. 성경은 그런 상태의 사람이 있다고 선언하고 있다. 그가 부모 형제든, 선배나 후배든, 파트너든 누구라도 벗어나기를 축복한다.

창조 이전에 미리 정했다 하여, '예정(predetermination)'이라고 한다. 그러므로 예정에 합당한 열매를 맺는 것, 창조의 섭리에 합당한 열매를 맺는 것만이 창조자께서 원하시는 모든 것이며, 이것이 바로 믿음이다. 행함을 전제로 하지 않은 믿음과 삶은 모순이며, 창조의 섭리와는 아무런 상관이 없다. 거듭 말하거니와 확신과 고백은 허구이며 실존이 아니다. 창조의 섭리이고 질서 자체이기 때문이다. 그것을 확신하고 고백해서 무엇 한다는 말인가! 지켜 행하는 것, 말고는 필요한 가치가 아니다.

'나만의 우주'에서 내가 찾고 구하고 두드리면 만날 수 있는 '존재의 본성'이 예비 되어 있는 것이 창조의 신비다. 이미 질서가 주어져 있다. 그러므로 누구에게나 주어진 자신의 가상공간에서 존재의 본성을 만날 수 있다. 이것이 창조의 목적이라고 계속해서 선언하고 있다. 신비이다.
이렇게 '하늘의 것'을 '땅의 것'으로 만드는 일을 누구나 해낼 수 있는 것이다. 나타내는 것이 목적이기 때문이다. 제한이 없고 한계가 없다. 그러므로 누구라도 '하늘의 것'을 끌어 '땅의 것' 곧, 문명을 만들어낼 수 있도록 하려는 목적으로 창조한 것을 잊지 말라. 공부는 사람들이 만들어 놓은 지식과 정보를 나열하고 공개한 것이지만, 하늘의 것은 창조자께서 만들어 놓으신 우주와 만물을 비롯한 모든 '존재의 본성(本性)'이 준비된 보고이다. 무엇이 되었든, 필요를 느끼고 문제를 발견하고, 편익을 주려고 무언가를 찾고 구하고 두드리고 있다면 반드시 열리게 되어 있는 것이 창조의 섭리이고 카오스의 세계이다. 이렇게 오늘날의 문명과 문화와 역사가 되었다.

　창조의 질서가 먼저 있고 그것이 일정한 루틴을 가지고 있기에 누구에게나 적용되는 것이다. 질서를 만든 위인이 없고 사상가가 없다. 누구도 할 수 없다. 질서는 창조자께서 만든 것이며 '있는 그것'을 발견하는 것만도 대단하다. 아직 발견하지 못한 것이 99.99999%라는 것을 잊지 말라. 독자께서 그 주인공이 되라. 남의 일을 방해하거나 시기 질투하는 악한 일을 하지 말라는 것이다. 악한 일보다 의로운 일을 택하라.
　이 질서 안에서 내가 좇고자 하는 그것을 좇으면 나타나는 것이 존재의 본성이다. 이 과정에서 위로부터 행복과 평안, 감사와 기쁨이 내려온다. 창조의 질서와 섭리를 깨닫고 행하여 자신의 실존으로 만들어 냈을 때 내려오는 은총이다. 그러한 가치가 이미 주어져 있고, 그 가치가 창조의 질서에 합당하게 행했을 때 내려오는 것이다.
　예를 들어 누군가 자식을 낳았다. 기뻐하려고 노력하지 않아도 기쁘다. 좋아하는 연습을 특별히 하지 않아도 기쁘고 행복하다. 그런 감정을 가지려고 노력하지 않아도 나타난다. '있는 가치'가 나타나는 것이다.

　그러한 이끌림이 있기에 가능한 것이다. 이것이 창조의 섭리이다. 이렇게 하나씩 둘씩 접근하여 창조의 섭리에 합당한 사람으로 만들어지기를 원하는 것이 창조의 목적이다. 창조자께서 이렇게 이끄시어 천국에 합당한 자가 되도록 훈련하는 것이다.
　거듭거듭 말씀드리거니와 확신과 고백이라는 인식으로는 실존이 바뀌지 않는다. 인식은 나타나야만 실존이며 믿음이다. 믿음을 확신이라고 규정한 성경 구절은 없다. 확신은 두려워하는 자들에게 하는 말이며, 또 하나는 이스라엘이라는 선민에게 주는 선언이다. '로마서 10장'을 함부로 해석하는 교리주의자를 삼가라. '행함이 없는 믿음은 죽었다'라고 말하는 사도 바울을 비롯한 어떤 제자도, 무엇보다도 예수께서 확신과 고백을 믿음이라고 말씀하신 일이 없다. 교리에만 나오는 허구다. 창조의 섭리와 모순되는 거짓말이다.

믿음을 가졌고 창조의 섭리를 좇으며 살아가도 바리세인과 서기관, 장로들과 종교 지도자들로부터 협박을 당하거나 두려움을 가지고 살아가는 자에게 '구속함을 받았는데, 왜 두려워하는가?' 등으로 사용하는 문구를 왜곡하는 것이 어째서 믿음이란 말인가? 확신했고, 고백했으면 영원한 천국까지 견인해 간다는 생각을 갖도록 왜곡하는 죄악에서 벗어나라. 그런 건 없다. '그러므로 나의 사랑하는 자들아, 너희가 나 있을 때뿐 아니라 더욱 지금 나 없을 때에도 항상 복종하여 두렵고 떨림으로 너희 구원을 이루라'(빌2:12)는 '행함이 없는 믿음은 죽었다'라는 '믿음의 본질을 왜곡하는 자는 저주를 받으라'고 선언한 사도 바울의 경계를 진심으로 깨닫기를 축복한다.

믿음의 조상 아브라함으로부터 언약을 받아 생명을 걸고 율법을 지켜온 '삶(행함)이 있는' 이스라엘 민족에게 '율법의 마침인 그리스도'를 확신하고 고백하여 '완전한 믿음'을 이루라고 주시는 말씀은 이스라엘 민족에게 전하는 사도 바울의 이스라엘 민족을 향한 울부짖음이다. 이것이 우리 같은 이방인에게 믿음의 '보편론'으로 몰아붙이려는 시도는 악이고 죄다. 창조의 섭리를 근본적으로 왜곡하는 행위다. 알고 모르고의 문제가 아니다. 틀리고 맞고의 범주를 넘어서는 악을 버려야 한다. 악한 누룩을 뿌려서는 안 된다. 악을 버리고 합당한 열매를 맺으라. 확신과 고백이 온전 하려면, 그에 합당한 열매를 맺을 때만 가능하다.

왜? 창조의 섭리, 예정의 섭리에 합당한 삶의 열매를 맺는 것이 믿음이라고 말하지 못하는가? 미혹에서 벗어나라. 스스로 거룩하다 하지 말

라. 악을 버리라. 죄를 버리라. 목숨을 걸고 행하고 행하며 목숨까지 버리며 율법을 이어온 선민, 이스라엘 민족! 그들에게만 확신과 고백이 필요하다. 그들은 언약을 지켜 행하고 있었다. 목숨을 걸고 그것만 지켜왔다. 그것의 의미와 목적을 알면 그것이 완벽한 믿음이 된다. 그래서 확신과 고백을 얻은 것이다. 거짓을 버려라. 사악하고 교만한 악행을 버려라. 당신들은 이스라엘 민족과 비교한 존재가 아니다. 깨닫기를 축복한다.

11장.
예수보다 부처가 600년 먼저 왔다

불교는 창조의 질서에 적응하라고 가르친다.

　부처는 '그런 것이다!'라고 가르친다. '이미 주어진 질서'를 알게 하려는 것이다. 그러니 질서에 적응하는 것이 사람이 할 수 있는 최상이라는 가르침을 준 것이다. 놀랍지 않은가! 그래서 그의 가르침은 간단명료하다. 우주와 만물은 '그렇게 만들어져 있으니 그런 것이다!' '그렇게 되어있는 것이니 그렇게 받아들이라'는 것이 붓다의 가르침이다. '세상만사가 그러한데, 그에 적응하는 것이 합당하지 않느냐?'라는 것이다. 속 태운다고 해결되는 것이 아니라는 것이다. 그가 한 말은 질서에 적응하라는 것이다. 창조의 질서에 합당하게 살라는 것이다. 우주와 만물이 그러하다는 것이다. 내가 우주와 만물의 질서를 바꿀 수 없다는 것이다. 놀랍지 않은가!

　그러나 그것의 본질을 사람이 알지 못하니 그것으로 인해서 갈등하는 것일 뿐, 그럴 필요가 없다는 것이다. 그것의 본질을 모르고, 모르기에 해결책도 모른다. 대안도 없다. '단지 그러한 질서가 있을 뿐이다!'라고 가르친다. 내가 우주와 만물과 질서를 어떻게 하려는 것은 잘 못 되었다는 가르침이다. 그러니 그에 합당하게 살아가야 한다는 가르침이다. 정말 훌륭한 가르침이 아닌가! 이는 창조의 질서를 말하는 것이며, 존재의 본성을 말하는 것이고, 존재가 나타나는 것을 설명하는 것이다. 그러니 질서에 적응하고 그러한 질서에 맞춰 살아가라는 것이다. 이런 행함에 대한 가르침을 붓다만큼 잘할 수가 있을까?

아시아의 성자로 불리던 성철스님도, 창조의 질서대로 살지 않으면 욕심과 죄로 인해서 지옥에 간다는 것을 깨달은 도인이다. 그래서 죄에 빠지지 않기 위해서 면벽수도(面壁修道-벽을 향해 좌선 수행)를 했다. 또, 말하면 죄를 지을까 봐서 묵언수행(默言修行)을 했다. 더 나아가 잠도 앉아서 잤다고 한다. 좌숙(座宿)이다. 왜? 이유는 간단하다. 육체가 편하면 죄를 지을 것이 뻔해서였다. 그래서 아시아에서는 그를 성자라고 불렀다. 인류는, 특히 아시안은, 무엇보다도 한국인은 '입신양명(立身揚名)'보다 더 큰 가치는 없다. 말은 쉽다. 생각도 쉽다. 그러나 고행이 주는 불편함과 고통스러움이 죄를 없애는 과정도 수단도 아니라고 말하는 사람의 말은 더욱더 귀중하다. 그러나 생각과 말과 확신과 고백으로 그것을 대신할 것이라는 생각은 미신이다.

성철이라고 그런 생각이 없었겠나? 그것으로 제어할 수 없는 죄의 정욕을 극복하려는 노력과 헌신이 귀중하고 귀중해서 그런 삶을 살아온 그를 성자로 받들고 있다는 것을 모르겠는가? 아마도 모르고 싶을 것이다. 당신의 고백과 확신이 천국으로 인도할 거라는 망상이 그의 삶을 어리석다고 부정하도록 만들 것이다. 왜 망상이라고 하는지 생각하기를 축복한다. 행하여 열매 맺은 것만 그 사람이다. 그는 죄를 거부하려고 노력했다. 극복하려고 노력했다. 그것이 내가 할 수 있는 최선이라고 믿은 것이다. 거기까지가 그를 성자로 보는 이유다.

이스라엘 민족에게는 다만 한가지가 필요했다. 확신과 고백이었다. 언약으로 주어진 율법을 조건 없이 행했던 그들이었으니 그렇다. 하지만 행함이 없으면 아무것도 아니다. 죽은 것이다. 덮어놓고 율법을 행하는 것에 관하여 사도 바울은 말하기를; '그들은 하나님의 의를 모르고 자기 의를 세우려고 애쓰고 하나님의 의에 복종하지 않았다.(롬 10:3)'라고 선언했다. 행함이 전제이며 행함의 목적과 원인을 알아야 했다. 율법의 마침이 그리스도를 얻는 것이며, '율법으로 말미암는 의를 행하는 사람은 그 의로 살리라'는 모세의 가르침을 전한다. 그러므로 마음으로 믿으면(덮어놓고 율법을 행하는 것이 아니니) 의에 이르게 될 것이며, 입으로 그것을 시인하면(율법의 행함과 마음으로 정해진 그것을 시인하며 가슴에 새기면) 구원에 이른다는 선언이 사도 바울의 (의로움을 행하지만 외려 그것으로 정욕을 쌓게 되는) '이스라엘'을 향한 간절한 울부짖음이 로마서 10장이다. 덮어놓고 행하는 것은 자기 의에 불과하다는 선언이다.

  그것이 왜 주어졌는지 알지 못하고 행하니 '오히려 하나님의 의에 복종치 않았다'라고 선언한다. 부자 청년에게도 단 한 가지가 필요했다. 진실로 율법을 다 지켜온 사람이었으니 예수께서도 '사랑하시며' 그를 받으셨다. 그리고 마지막 장애 요소 한 가지를 그에게 선물로 주셨다.

  성철스님같이 살아온 사람이 얼마나 될까? 그가 부자 청년과 같은 정욕을 구했나? 부자 청년은 정욕을 구하고 있으니, 정욕을 버리라[47]는 선언에 근심하며 예수를 떠났다고 기록하였다. 성철스님에게도 단 한 가지가 필요한 것이다. 이스라엘 사람처럼 자기 의를 위하여 율법을 행한 일이 있는가? 정욕과 반대되는 삶을 선택하려고 고난을 택했다. 죄와 단절되려고 했다. 세계인이 그를 성자로 대하는 이유를 알 만 하지 않은가? 그는 흔한 소통도 필설로 했다고 하며 상담을 받지도 않았다고 한다. 혀가 굳었기 때문이었다.

  이렇게 살아오며 수도했던 그였지만, 죽음이 임박한 것을 알게 된 그는 유언을 남겼다. '내 죄가 수미산(須彌山)[48]보다도 높게 쌓여서 지옥에 가게 되었다'[49]라며 절대자의 거룩함과 인간의 한계를 드러내는 유

---

47) 예수께서 그를 보시고 사랑하사 가라사대 네게 오히려 한 가지 부족한 것이 있으니 가서 네 있는 것을 다 팔아 가난한 자들을 주라 그리하면 하늘에서 보화가 네게 있으리라 그리고 와서 나를 좇으라 하시니, 그 사람은 재물이 많은 고로 이 말씀을 인하여 슬픈 기색을 띠고 근심하며 가니라(막10:21-22) 돈을 버리라는 것이 아니며 그것이 장애였다.
48) 세계의 중앙에 있다는 산. 꼭대기에 제석천(帝釋天)이, 중턱에는 사천왕(四天王)이 살며, 그 높이가 8만 유순(由旬-고대 인도의 이정(里程)의 단위《대유순·중유순·소유순의 세 가지이며, 각각 80리·60리·40리임)이라고 함- 네이버
49) **성철스님의 유언**: 내 죄는 산보다 높고 바다보다 깊은데 내 어찌 감당하랴 내가 80년간 포교한 것이 헛것이로구나 우리는 구원이 없다. 죄값을 해결할 수 없기 때문이다. 필히야

언을 남겼다. 정말 훌륭한 가르침이다. 노력해도 안 된다는 것을 설명하고 유언으로 남긴 그가 성자가 아니면 누가 성자란 말인가?

목사들이여! 그의 유언을 곡해하지 마라. '지옥에 간다는 것을 입으로 시인한 것'이 아니다. 그렇게 우려먹으라고 남긴 유언이 아니다. 본질을 왜곡한 아전인수의 가르침을 당장 집어치워라. 그대들이 창조자와 창조의 질서와 창조 이전의 예정된 섭리를 전하는 사명자가 아닌가! 본질을 보고, 어리석음을 버려라! 그가 한 말은 그런 말이 아니다. 거짓을 회개하라!

그가 한 말은; 사람이 아무리 거룩하게 살려고 해도 인간의 힘으로는 거룩해질 수도 없고, 죄의 소용돌이에서 벗어날 수 없는 것이라고 설파한 것이다. 16년 이상을 면벽수도(面壁修道), 20년 이상 묵언수행(默言修行) 해도 우주 만물에 비견할 수 없이 작은 존재가 거룩 성을 함부로 도전할 수가 없음을 선언한 것이다.

원하고 바라도 그렇게 되는 것이 아니라고 설파한 것이다. 그런 삶을 살아온 것이니 성자로 인정되는 것이다. 그렇게 할 수 있는 사람이 몇이나 된다는 말인가? 그래서 성철스님이 성자로 불리는 것이다. 그의 가르침을 폄훼하지 말라. 악하다. 추하다. 토악질이 나올 지경이다.

그만큼 고독함, 외로움, 인간의 한계를 벗어나는 것은 가능한 일이 아니라는 가르침에 깨달음이 있기를 바란다. 육체가 있기에 육체의 욕구를 버리고 창조의 섭리를 올바로 따르는 것은 어려운 일이라고 가르치는 것이다. 그는 존재의 본질을 보았고 존재의 나타남을 보았다. 정욕을 따르려는 몸의 욕구를 극복하고 창조의 섭리를 따르는 것 자체가

내가, 내가 잘못 했다. 내 인생을 잘 못 선택했다. 나는 지옥으로 간다. 20년 산 생활 16년 묵언 생활, 옷 한 벌로 30년 살고, 검정 고무신 한결래 뿐이었다. 그러나 죄의 뿌리는 못 벗는다. 내 죄가 수미산같이 높아 제일 깊은 지옥으로 간다... 고 기록하였다. 죄 가지고 산에 가면 죄만 생각이 난다. 섞여 있어야 생각이 덜 난다.- 1993.11.5 일간지 조선, 경향, 중앙 서울 등 4곳에 실린 내용

허무한 일이며, 사람의 노력에 한계가 있고 그것을 극복하려는 노력 자체가 고단한 일이라며, 죄에 빠지지 않도록 허무한 욕심을 버리라는 가르침을 남긴 것이다. 그가 아시아의 성자로 불렸던 이유가 분명하지 않은가! 거듭 말씀드리거니와 그의 유언을 왜곡하지 말라. 점점 더 악에 쌓이게 될 것이다.

    인간은 고독감에 대한 무기력으로 인해 점점 더 육체의 정욕이라는 트랩(trap) 안으로 빠져든다. 그것은 몸의 욕구, 정욕을 구하기 위해 동기를 가지고 무엇인가를 찾으려는 욕구로 인한 것이다. 이것은 몸을 가지고 있는 누구라도 겪는 과정이며, 이것으로 인해 갈등을 겪는다. 성철 스님은 그것의 한계를 극복하고자 정과 욕심을 버리려고 할 수 있는 최선을 다했다.

    이것을 극복하려고 종교에 깊이 빠져도 벗어날 수 없다. 종교성이 창조에 합당한 존재로 만들어준다고 생각하는가? 부질없는 생각을 버려라. 실존이 그에 합당해야 한다.

    무언가에 중독되면 더 깊은 나락으로 빠져든다. 왜일까? 동기를 가지고 그것을 좇으려는 것이 창조의 질서에 합당하지 않아서이다. 본질이 있고, 섭리가 있다. 질서가 있고 나타남이 있다. 우주와 만물이 있고 인간은 우주와 만물의 지체다. 그러면서도 창조자의 영을 가지고 있는 특별한 존재다. 그것을 알고 그에 합당한 실존이 되어야 한다. 그것이 무엇인지 몰랐어도 성철 스님은 죄의 근원이 육체의 정욕이라는 것을 알고 그것에 대항하려는 몸부림친 것이다. 그의 삶을 어떻게 볼 것인가!

존재의 근원을 밝히려는 노력은 놀라운 지혜다.

　존재는 실체이기에 존재를 알려고 했다. 구글을 통해서 발견한 서양의 예술 작품 중에 그림자 예술 전시회가 있다. 그림자에는 한 쌍의 연인이 서로 등을 대고 사랑의 밀어를 나누는 모습이었다. 사랑스럽고 아름다운 모습이었다. 그러나 그 앞에서 그림자를 만들어 내는 소재들은 놀랍게도 쓰레기였다. 환경을 생각하는 예술가의 아름다운 마음이 예술로 승화되며 여러 교훈을 남기고 있었다. 우리는 무엇을 본 것인가? 헛것을 본 것이다. 아름다운 환상에 빠져 있었을 뿐이다.

　'만경봉호'를 타고 꿈의 나라 '조선 민주주의 인민공화국'으로 달려갔던 교포를 포함한 일본인 수천 명은 그렇게 허상을 꿈꾸다가 굶주림과 이념교육에 빠져 고단한 삶을 살다가 죽어갔다. 이상 국가는 없다는 것이다. 쓰레기 예술의 교훈을 깨닫기를 축복한다.

　실체가 나타난 것이 아니다. 실체는 다르다. 허상을 보고 느끼고 바라고 꿈꿨던 모든 것이 모두 거짓되고 비참한 결과를 초래한다. 생각은 허구다. 확신과 고백도 허구다. 인생사가 그러하다. 행하여 열매 맺는 것이 아니면 거짓되며 비참하다. 이미지만 있고 실체는 없는 그런 정신현상에서 살아가는 것이다.

　우리 속담에 '거북이 보고 놀란 가슴 솥뚜껑 보고 놀란다.'라는 속담이 있다. 있지도 않은 것을 있다고 하는 어리석음, 이념에 사로잡혀 잘 되고 있다고 생각하지만, 아무런 것도 얻지 못하고 독재에 시달리는 북한을 보라. 그것을 동경하는 악한 정치행태를 보라. 그 모든 것이 허무다. 인식의 세계이며 나타나지 않는 한 가치가 없다. 존재로 나타나고 규정되지 않은 명제를 아무 개념에나 붙여 사용하면 그 논리는 방향을 잃게 된다. 그래서 존재의 본성을 알려고 했다.

존재는 학문으로는 알 수 없는 세계다. **가치의 문제가 아니고 입증할 문제다.** 보이면 된다. 나타나면 된다. 그것이 전부다. 오래전부터 부정선거에 대한 이슈가 나왔지만 계속 덮어왔다. 선관위는 그것에 관해서 토론하자고 한다. 놀랍다. 그 논리가 놀라울 뿐이다. 입증할 문제를 토론하자고 한다. 이념이 그렇게 무섭다. 까면 된다. 가치의 문제가 아니다. 입증하려면 까면 된다. 다른 방법론으로 국론을 분열시키려는 것은 자유 대한민국이 원하는 방식이 아니다.

존재란 '있는 것'이다. '보이는 것'과 '보이지 않는 것'이 있는데, 그것을 어떻게 입증할 것인가? 나타나는 것은 보이는 것으로 인하지 않고 보이지 않는 것으로 인한 것인데, 그것의 실체는 무엇이며, 그 원인과 본질은 무엇인가? 나타난다면 어떤 방식으로 나타나는 것인가? 등에 대한 근본적인 질문에 대답할 수 없었기에 존재가 무엇인지 입증해 내지 못했었다.

그래서 존재는 신비로 여겨졌고 그 원인으로 인해서 종교에서만 다루었다. 신비한 존재와 신비한 존재의 나타남이니 신성시한 것이다. 이것을 종교성이라고 말했고 이 종교성을 버리라고 선언한 것이 사도 바울이다. 본질을 볼 수 없고 '덮어놓고' 그렇다고 생각하는 것은 허구이고 무모하며 죄이기 때문이다.

엄격한 의미로는 절대자의 존재를 전제로 지혜를 얻기 위해 간구하고 사모하는 일을 해 왔으며, 문제의 해결을 위해, 무사안일을 위해, 건강과 행복을 위해 '무언가 나타나기를' 원하는 것이, 신앙이라고 여겨왔으니 당연했다. 내 맘으로 간절하고 진지하면 무언가가 나타날 것이라는 기대로 절대자를 앙모(仰慕)하는 것을 신앙으로 보았다. 창조의 질서를 따르고 정욕이 아닌, 신을 달래기 위해 제물을 드리는 등 축원(祝願)이 오랜 세월 이어오던 것이 종교의 행태였다. 사도 바울이 '종교성'을 비판한 이유가 이것이다.

보이지 않지만, 알 수 없는 세계에 대한 간구가 이어진 것이다. 절대자를 신비라고 여겼기에 간구하고 사모하고 묵상하고 관상하고 참선하는 것으로 존재를 깨달으려고 했다. 더 깊은 교감을 가지려는 몸부림이었다.

그러나 너무도 모순되게도, 신비하나 존재하는 그것을 입증하기 위해서 무엇을 노력하고 어떻게 볼 수 있는지에 대한 갈등이 커지면서 우주와 만물 등의 '존재'를 '인식'으로 받아들이려고 했었다. 방법이 없었다. 존재에 대한 깨달음이 없었기 때문이었다. 정리가 되지 않아서이다. 다만 '존재하는 것이 존재'라는 것에는 동의했다.

그래서 '존재는 있는 것'이라는 선언만 반복되었다. 이것이 그동안 있었던 존재에 대한 이해였다. 알 수 없으나 있는 존재를 **인식이라는 범주**로 이해하려는 학자의 한계였고 지혜자가 겪는 모순이었다. 그래서 존재는 있다고 확신하고 받아들이는 것으로 마무리되곤 했었다.

이것이 긍정적으로는 형이상학으로 학문을 발전시킨 원인이며, 인류가 사고의 체계를 폭넓게 인식하게 되는 계기가 되었다. 인류의 역사는 이렇게 흘러와 현대에 이르고 있다. 그러나 존재에 대한 개념이 형성되지 않으니, 주장만 많아지고 결론을 못 내는 일들이 점점 더 많아지고 있으니, 그것이 존재에 대해서 알고자 했던 인류의 갈망이었다.

예수가 오기 600년 전에 이미 석가모니가 있었다.

예수가 오기 600여 년 전에 석가모니도 이것을 다뤘고, A.D. 1-2세기경에 낳고 죽은 대승불교의 창시자인 '나가르주나'도 다뤘으며, 공자도 소크라테스, 플라톤, 아리스토텔레스, 어거스티누스, 데카르트, 칸트, 화이트헤드와 비튜겐슈타인 등에 이르기까지 많은 사상가 철학가 종교가들이 존재를 다뤘다. 물론 답할 수가 없었다. 인류의 단 한 사람 사도 바울만이 존재에 대해서 언급했을 뿐이다.

　카오스의 세계를 경험한 일이 없기 때문이다. 혹시 그 세계를 질병, 사고 혹은 기타 원인으로 그 세계를 경험할 수 있다. 그러나 동기를 가지고 접근하면 '홀로 있음'으로 알게 된 창조의 섭리에 심각한 왜곡을 초래하게 된다. 안타깝게도 무당 등 그에 준하는 분들이 대상자들이다. 이슬람이나 불교, 기독교에도 그런 사람은 얼마든지 있다. 독생자 외아들과의 관계에서 창조자의 이끌림에 대해서 알 수가 없었기 때문이었다. 카오스를 경험한 사람만이 알 수 있도록 하시는 비밀은 무엇 때문인가? 왜 그렇게 나타나도록 하셨는가? 이것이 또한, 신비였다. 그러나 명백하다. 동기가 없어야 하고, 창조의 질서를 온전히 따르기 위해서 '홀로 있음'으로 존재의 본질을 좇게 되는 질서를 경험하도록 하기 위한 것이다. 이때 위로부터 임하는 행복과 만족과 평안과 위로를 경험하도록 하기 위한 것이며, 이것을 통해 천국을 맛보도록 하기 위한 것이다. 벗어날 수 없는 이끌림으로 천국을 사모하고 따르며 그에 합당한 열매를 맺도록 이끄시는 이끌림이 바로 '홀로 있음'을 통해서 나타나는 것이기 때문이다.

　내가 그리스도 안에 있는 한 사람을 아노니 십사년 전에 그가 세째 하늘에 이끌려 간 자라 (그가 몸 안에 있었는지 몸 밖에 있었는지 나는 모르거니와 하나님은 아시느니라)

　내가 이런 사람을 아노니 (그가 몸 안에 있었는지 몸 밖에 있었는지 나는 모르거니와 하나님은 아시느니라) (고후12:2-3)

　이 상태는 의식은 있으나 나른하고 무기력한 상태가 되고, 몸이 굳어 있는 상태가 되며, 고통이 극심하다 못해 그 이상 아플 수 없는 상태에서, 몸에서는 식은땀이 나고, 두려움과 허무함이 전신을 감싸고 있으며, 어둡고 캄캄하며 아무것도 보이지 않고 누군가 흔들기 전까지는 계속 추락하는 상태로 있다가 아침을 마주하여 하루의 일상이 시작되는 상태이다. 필자는 이것을 태어난 직후부터 20년을 겪었다.

이 상태를 자세히 설명하기가 어렵다. -오프라인에서 질의응답을 한다면 조금씩 풀어갈 것이다.- 사도 바울은 이 상태가 지속되는 이유를 '약할 때 강하기 때문'이라는 하늘로부터 내려온 응답을 가감 없이 증언했다. '보이지 않는 세계는 나타난 것으로 인한 것이 아님'을 선언했다. 연약하게 된 것은 그리스도의 능력이 머물러 있도록 하기 위함이라는 응답을 선언하기도 했다. 깨닫기를 축복한다.

사도 바울은 철저히 '존재론적'인 관점에서 우주와 만물과 창조의 섭리를 선언하고 설명했다. '존재와 나타남' 말고는 창조를 말할 수 없고, 모든 것이 '인식'에 머무는, 그야말로 실제가 아닌 이념과 확신이라는 허상에 머무는 '종교성'이 되고 말 것이다. 창조 이후에 나타난 모든 것들은 실제적인 사건이며, 창조와 상관이 없는 실존은 존재할 수 없기 때문이다. 그는 실존적인 현상과 나타남으로 인해 창조의 섭리를 경험하고 전해온 사도 중의 사도이다. "너희는 말로만 믿어라, 나는 행함으로 나의 믿음을 입증할 것이다" '입증'이 아니면 거짓이다. 허구다.

덮어놓고 언약과 율법을 행해온 선민에게 율법을 주신 목적과 그 목적의 끝이 그리스도임을 일러주기 위해서 확신하고 고백을 더하여 온전하게 된다는 선언을 99.6%에 해당하는 이방인에게 적용하려는 시도는 왜곡이며 거짓이다. 창조의 질서에서 있을 수가 없는 모순이 된다. '행함이 없는 믿음은 죽은 것'이 실존이라는 존재의 본질이기 때문이며, 행함을 전제로 한 '확신과 고백'이, 마음과 의로 믿고 따르는 믿음이며, 이것 없이 '주의 이름을 부르는 것'은 실존과 상관이 없기에 허구이고 거짓이 된다. '보이는 것은 나타난 것이 아닌, 보이지 않는 것으로 인한 것'이라고 선언되어 있다. '하늘의 것'이 '땅의 것'이 되는 것과 '그리스도 안에서' 이것을 통일하려 한다는 창조의 본질을 의미한다. -이 내용은 2권에서 세세히 다룰 것이다.-

붓다는 모든 존재의 근거에 대해서 밝히고 싶었다. 존재가 어떻게 만들어졌는지에 대한 그 신비를 알고 싶었다. '무엇이 있다'라는 것을 알 수 있는 것이 창조의 이끄심이기에 그는 순전한 맘으로 그 본질을 알려고 했다. 철저하게 '홀로 있음'을 통해서 그 본성을 찾으려 했고 그 본성을 깨달았다.

사람은 육체를 가지고 있기에 육체의 정욕을 좇으려는 욕구가 있으며 이것으로부터 자유 해야 한다는 것을 알고 가르쳤다. 육체가 가진 한계인 생로병사의 문제가 인생 주기에 나타나는 문제이며, 이런 동기(動機)50)가 없어야 존재의 본성을 온전히 만날 수 있다고 역설했다. 육체의 목적을 위한 것으로 곧바로 갈아타게 되어있으며, 무당이며, 신비를 주장하는 종교인 등이 이에 속한다.

그러나 우주와 만물에 나타나는 존재론적 현상에 대해서 알려고 노력하고 깨달으려고 수련하는 그들의 삶을 비난할 근거는 없다고 본다. 다만, 이것을 깨달은 위대한 석가모니불을 '영적 존재'로 생각하려고 하는 것이 문제가 될 수 있다는 것은 지적해야 한다고 생각한다.

'창조의 질서'와 '육체의 정욕'의 관계성을 발견하고 깨달은 그분이, 이 문제의 해결자인 그리스도보다 600년 이전에 세상에 왔다는 것은 거역할 수 없는 사실이다. 그래서 그것이 어떻다고 말하려는 것이 아니다. 예수의 가르침과 선언은 하늘의 것이며, 예수보다 600년 먼저 왔던 석가모니불과 같은 가르침을 하고 있다면, 예수가 붓다에게 배워 전했다는 의미로 적용하는 것이 가능할 것인가에 대한 이야기가 제기되는 것이 바로 이 '시기'의 문제다. 먼저 온 그가 최소한 예수의 가르침을 통해서, 창조의 섭리를 좇으려고 했던 것이 아니라는 것을 확인해야 한다.

---
50) 의사 결정이나 어떤 행위의 직접적인 원인. 계기- 네이버

이것이 중요한 정점이며 비밀이다. 창조의 질서는 창조자의 독생자 외아들이 나무 십자가에 매달려 죽어야만 창조의 섭리와 예정된 계획들을 완성할 수 있다. '육체의 정욕'이 창조의 섭리를 좇을 수 없도록 미혹하고 있기 때문이다. 이것을 해결할 한 사람을 창조 이전부터 미리 정해 놓았다. 가장 합당한 때에 보내려고 예정해 놓은 것이다. 이때를 '경륜(經綸)의 때'라고 하며, 사도 바울의 등장과 더불어 로마가 세상을 하나의 통로와 길로 연결해 놓은 때에 보내신 것이다. 이스라엘이 망했든 흥했든 그것은 관계가 없다. 세계가 하나로 연결되는 그때, 사도 바울이라는 유일하게 '존재와 창조의 질서'에 대해서 깨달은 바로 그 사람을 준비해 놓고 예수를 보내신 것이다. 그가 언제 나타나도 그것은 창조자께서 정한 때이며, 석가모니가 정욕이 죄임을 선언하고 이것으로 인해서 극락에 갈 수 없게 되었다는 것을 선언한 시기가 예수보다 먼저라는 객관적인 진실과 그 문제를 해결하려고 예수를 보내시는 때와는 상관이 없다. 이것이 비밀이며 혼란의 원인이다.

예수로 인해서 죄 문제가 해결되도록 예정해 놓은 후에 창조를 시작하셨다는 사실을 깨달으면, 부처가 예수보다 600여 년 빨리 오셨다는 것을 강조하는 것은 큰 의미를 갖지 못한다.

인간에게 창조자의 숨(영혼)이 불어넣어져 완성된 존재가 인간이므로 죄에 대해서 거부하는 것이 합당하다는 것을 모를 수가 없게 되어있기에 석가모니가 정욕을 좇지 않을 것을 강조한 것은 창조의 섭리를 좇아 살아가려는 바른 '양심'이며, 선한 마음을 가진 선량한 사람이라는 증거이다. 그러나 그가 바르게 양심을 좇아 죄의 행위를 버려야 한다고 주장한 것이 '창조자의 위치'에서 하는 일이 아니다. 그러므로 창조의 질서와 예정된 섭리를 만드신 창조자라고 주장하는 것은 모순이라는 것을 깨닫기를 바란다.

'홀로 있음'을 통해서 누구라도 창조의 질서에 나아갈 수 있는 것이며, 양심의 이끌림으로 창조의 섭리에 합당한 열매를 맺을 수 있게 된다는 것이다. 이것이 사도 바울이 아브라함을 '믿음의 조상'인 동시에 모든 '이방인의 모범'이 되었다고 선언한 증거이다. -이것을 이미 언급하였으며, 구체적인 사안은 2권에서 상세히 밝힐 것이다.-

600년 '먼저 깨달았다'라는 주장의 의도는 알겠으나, 그것과 예정된 섭리를 좇아 오신 예수의 때는 창조자께서 정하신 가장 합당한 조건의 때와 상관이 있다고 사도 바울이 선언했다.

예수가 불교의 성지 티벳 고지 등을 방문해 여러 스님과 학문적 교류를 하였다는 등의 주장은 창조의 섭리와 상관이 없다. 3년 6개월 동안 예수의 일상이 날자 별로 사건별로 낱낱이 기록되어 있다. 이동 동선까지 나타나고 있다.

제자들과 한 시도 떨어져 있지 않았다. 그들 모두를 데리고 혹은, 아무 말 없이 홀로 떨어져서 떠난다는 것은 물리적으로 가능하지가 않다. 게다가 공생애 삼 년 반을 시작하는 시점 그 이전에는 부모의 충실한 장남으로 아버지의 보조로 '목수 일'을 돕던 아들이었다. -'석수'였다는 문제를 제기하는 사람도 있다.-

선지자들이 오신다고 했던 바로 그분이 자신임을 여러 사건을 통해서 모두 입증하였으며, 하나님의 아들이라는 것을 입증하고 십자가에서 처형을 당하셨다. 그리고 부활하셨다. 그것이 목적이었기 때문이며, 티벳에 다녀오는 것과 죽음을 위해서 보내심을 받은 것과는 연관성이 없다. 목적이 그것이었기에 잡혀가시기 전에 제자들에게 '자신이 장로와 서기관의 고난을 받고 죽게 될 것이며 그것을 위해서 육체를 입고 이 땅에 보내심을 받았다'라고 선언했다.

불교의 종교적 행위는 석가모니불이 원하는 것이 아니었다. 정욕을 버리고 살라는 것이 그의 가르침이다. 그는 대단히 선량한 사람이다.

필자가 '홀로 있음'은 '카오스'의 세계라고 하였던 것을 기억하시기를 바란다. '홀로 있음'은 '가상공간''가상현실'로 들어가는 '문'이라고 한 이유가 있다. 더 나아가 '카오스'의 상태는 'reset''reboot'의 상태로 반복적으로 돌아가는 것이다. 이것이 카오스의 상태다. 동기는 어떤 것이라도 개입할 수 없는 상태다.

창조의 섭리는 아무런 육체의 동기가 없는 상태에서 창조자의 이끌림에 순응하는 삶을 말하는 것이다. 동기가 있으면 그것을 좇는 과정에서 정욕에 빠지게 될 것이기에 그것으로 인해 죄의 정욕으로 이끌려 가게 되는 것이다.

그러나 석가는 최소한의 음식으로 연명하며, 자고 쉬는 등의 일들을 최소화하려는 노력을 기울이고, 고난을 택하는 삶을 통하여 정욕과 상관없는 삶을 살아야 하는 것을 깨달았다. 정적의 상태 즉 '카오스'의 상태를 반복적으로 유지하므로 그가 창조의 섭리에 합당한 이끌림을 가지려고 언제나 정진하였다. 그리고 그는 그런 몸의 상태를 유지하게 되었으니, 우주와 만물의 현상과 나타남에 대한 깨달음과 몸으로 창조의 섭리와 이끄심을 나타내는 단계에 이르는 온전한 이끌림을 찾은 것이다.

이 깨달음은 그동안 그가 생각하고 고민했던 생로병사의 구체적인 경험이며 대각성이었다. 그가 '홀로 있음'을 통해서 얻은 것은 창조의 질서에 대한 것이며, 이러한 이끌림을 통해 창조의 섭리에 합당한 삶을 사는 것을 선언한 것이다. 그는 80세까지 건강하게 살 수 있었던 것도 절제된 삶을 살며 창조의 질서에 합당한 실존이 되어야 한다는 믿음을 가졌기 때문에 가능한 것이었다.

대승불교의 연기(緣起)와 공(空)

　불교는 물론 석가모니로부터 시작되었다. 그리고 1세기 경에 그의 사상을 받아 대승불교의 창시자로 인정받는 나가르주나(용수보살:龍樹菩薩)의 '공(空:nothingness)사상'은 깊은 '존재의 세계'를 찾으려는 이끌림으로 인해 얻어낸 결과라는 평을 받는다. 석가모니도 그렇고 나가르주나도 그러하며, 고대로부터 철학자와 사상가들은 왜? 사유가 깊어지면 '존재의 근원'을 찾으려는 것일까?

　나가르주나가 말하는 존재란; 무엇과 무엇이 결합하여 만들어진 것이다. 원자와 원자의 결합이 분자라는 '최소한의 존재의 단위'를 만들고 그것이 연합하여 온전한 존재가 된다는 것을 2,000년 전에 밝힌 것이 그의 존재론이다. 귀납법적인 접근으로 본다면; 존재의 원인자를 작은 단위로 나누고 나누어 더 이상 나눌 수 없는 그 상태에 있는 그것이 '존재의 근원'이라는 것을 발견했다.

　나타난 모든 '존재는 존재의 근원으로부터 나타나는 것'이라고 보았다. 그리고 그것이 창조자의 일이며, 나타난 모든 것이 창조자에 의한 것이기에, 존재의 근원인 '空'이라는 '그 상태를 만나는 것'이 '절대자를 만나는 것'이라고 믿는 것이다. 그것이 그들이 추구하는 것이며 그것이 불심 곧 믿음이라 할 것이다.

　'공'의 상태란; 존재를 계속해서 무한대로 나누고 또 나누면 '없는 존재'가 된다. 그 이상 나눌 수 없다는 이론적 상태에 있는 원자나 원자핵을 수천억, 수백 경만큼 나누고 또 나누어 그 이상 나눌 수 없는 그 상태가 '공'이다. 이 상태는 존재가 있으나 잡히지 않고 보이지 않고 나타나지 않는 상태다. '비어 있는 존재'가 된다는 것이다. -존재가 되려고 '비어 있는 것(void)'이며, 중국 '송나라' 때 와서는 그것이 '無'의 개념이 된다.-

그러나 나뉘어 있을 뿐이며 없는 것이 아니다. 있지만 비어 있는 것이고, 비어 있지만 있는 것이다. 이것이 '空'이다. '비어 있는 이것'에서 '존재'가 나온다. 없지만 있는 것이며 있지만 나타나지 않는 것이다. 필자는 이 상태를 '존재의 인큐베이터'라고 설명했며 '카오스(Χάος / Chaos)'51)와 비교하였다.

이 상태로부터 존재가 나타나는 것이기에, 있는 것(色)은 없는 것(空)에서 나온 것이고, 그 반대로 없는 것(空)은 있는 것(色)으로부터 존재하는 것이라는 표현이 나왔다. 이것이 우리가 잘 알고 있는 색즉시공, 공즉시생(色卽是空, 空卽是色)이다.

존재와 존재가 결합하는 원인이 있고, 흩어지는 원인이 있다. 세상은 '원인과 결과'라는 과정으로 이루어진 세계다. 이것이 '연기'52)다. 영어로는 'Dependent Origination(의존적 기원)'이라 할 수 있고 한국말로는 '조건반사'라고 말할 수 있다. 조건이 없으면 반응이 없고, 반응이 없으면 조건이 없는 것이다.

이것을 필자의 존재론으로 설명하면; 파장을 가지고 있는 모든 존재는 서로에게 영향을 미치고 있고, 파장이 발현되며 존재가 유지되는 것이다. 존재가 유지되도록 공급(발현)되는 에너지가 있기에 '그에 합한 현상'이 나타나는 것이라고 설명할 수 있다. 불교에서의 연기(緣起)는 원인과 결과가 작용하고 있으며, 이런 작용이 우주 만물에 가운데 나타난다고 주장한다.

---

51) "입을 벌리다(chainein)"라는 뜻을 갖고 있다. '거대한 틈' 또는 '텅 빈 공간', 즉 공허(void)의 의미에서 파생했다. -나무위키.
52) 연기라는 술어의 어원은 빠띳짜사뭅빠다paticca-samuppada이다. 여기서 빠띳짜paticca는 '무엇을 의지하여'라는 뜻이고, 사뭅빠다samuppada는 함께 위로 간다는 문자적인 뜻으로 일어남, 발생, 근원을 뜻한다. 중국에서는 연기로 정착되었고, 영어로는 Dependent Origination으로 정착되고 있다. 우리말로는 '조건발생'으로 직역된다.- 초기불교입문, 연기란 무엇인가? 연기(1):연기는 12연기로 정리된다|작성자 Nissarana

인생은 무엇이고 문명은 무엇인가?

질서를 적응하며 살아온 것이 '인생'이며 '문명'이고 '문화'다. 숨겨져 있는 창조의 질서를 발견한 것은 위대하다. 그것을 이용해 무언가를 만들어 내는 것, 또한 귀한 일이다. '하늘의 것'이 '땅의 것'이 되는 과정이며, 창조의 목적이 실현되는 현장이기에 그러하다. 새로운 것을 발견해 내려는 욕구는 창조자의 속성을 닮아가려는 사람의 본성이다. 그런 마음을 갖도록 창조된 존재가 사람이며, 우주와 만물이며 창조자의 목적이다.

그런 욕구가 사람의 본성에서 꿈틀댄다. 그렇게 만들어진 것이 사람이기 때문이다. 그런 욕구를 가진 사람이 무언가를 발명하게 되고, 그들은 개인의 명예와 인류의 편익을 위해서 여러 가지로 노력하면서 오늘날과 같은 문명에서 살 수 있게 되었다. 더위와 추위는 물론이고 이동수 단도 격조가 다르게 변하고 있다.

'한 명의 천재가 백만 명을 먹여 살린다.'라는 말이 있다. 트렌트를 읽는 것이다. 그리고 루틴을 적용한 것이다. 그런 사람이 성공한다. 그리고 성공한 그들이 주도한다. 인류의 역사는 소수에 의해서 움직인다. 그들이 영향력을 가지고 있다는 전제로 다음 산업이 일어나고, 연계된 사업들이 발생하고 그것이 문명이 되고 문화가 되며 역사의 한 페이지가 된다.

사도 바울의 존재론을 규정한 개념이 있다. '하늘의 것'이 '땅에 나타나기를' 대기하고 있다는 것이다. 존재를 나타내려고 준비해 놓았고 그것이 창조의 목적이라고 선언했다. 필자가 '홀로 있음'을 통해서 진심으로 바라고 원하고 찾고 구하면 존재의 본성으로부터 파생하는 파장을 좇을 수 있게 된다고 언급한 것이 바로 이 선언 때문이다. 나타내는 것이 목적이니 그것을 찾고 구하고 두드려 발견하면 되는 것이 아닌가!

우주와 만물을 지으신 창조의 寶庫에 들어가라. 그곳에서 찾고 구하고 두드려라. 그러면 찾고 구하고 열린다. 나타내려 한다고 하지 않는가! 그 과정은 '홀로 있음'을 통해서 '나만의 우주'인 '가상공간'으로 들어가 개발하고 극복할 문제들을 올려놓고 맘껏 상상하고 구상하고 응용하는 과정을 거쳐 본질을 찾아내는 일을 하면 된다. 창조는 존재의 나타남이며, 나타내려고 우주와 만물을 창조했다.

대승불교의 창시자 나가르주나

석가모니의 가르침을 계승하되, 그의 가르침에서 핵심적인 요인 들을 원인을 찾아가는 연구를 통해서 몸과 맘의 절제와 고행 등을 추구하던 삶에서 우주와 만물과 세상과 '나'라는 주제로 넓혀 고행을 통해서 찾고 구하던 창조의 섭리에 대해서 연구한 사람을 들라면 단언코 나가르주나다.

1-2(혹은 2-3) 세기 사이에 낳고 죽은 대승불교의 창시자인 '나가르주나'는 석가모니의 가르침에 대해 도전했으며, 석가모니와 다른 주장을 펼치며 존재의 본질에 대해서 접근하는 학문적 쾌거를 보였다. 그가 본 '연기적 관점'은 사물에 고유한 실체성, 혹은 자성을 부정한다. 존재하는 사물의 존재 구성의 본성과 존재가 스스로 되었다는 개념에 대한 부정이다. 원인자에 대한 최소한의 접근이 있었다는 것이다.

형태를 가진 존재를 명시적으로 부정하고 그것을 사유의 배경으로 이해한 것은 매우 존재의 본질론적인 해석이며, 사람에게 잠재된 일반적 성향이 '실체론적 사유'를 기본 틀로 이해했기 때문으로 이해된다. 실체론적 사유는 실존을 말하는 것이며, '나타난 것'의 본질과 근원 등을 말하는 것이다. 그러나 나타난 것은 보이는 것이지만 사람의 눈으로 보이지 않아도 나타난 것이 있고, 나타났어도 그 실존의 근원은 본래 그 실존이 나타나도록 하는 원인에 의한 것의 연속성, 연계성, 연기성 등에 의한 것이라는 것이 나가르주나의 존재론적 이해다.

그는 본래 불자가 아니었다. 물론 불교적인 배경을 가진 나라에서 공부한 사람이며, 매우 사유가 깊은 사람으로 알려져 있다. 그의 연구는 불교적인 종교성을 배경으로 연구하려는 사람은 아니었지만, '중론'이라는 저서를 통해서 존재에 대해서 언급하면서 불교적인 가르침을 현양(顯揚-이름이나 직위 따위를 세상에 드러냄)하는 배경이 되어 '대승불교'의 창시자로 여겨지고 있다.

나가르주나가 저술한 '중론'은 '공' 사상과 '연기론'을 중심 사상으로 다루었다. 존재에 대한 접근이며, 근원을 다루어 근본을 이해하도록 하려는 의도가 읽히는 대목이다. 그리고 비어 있는 것이 존재이고, 연관성을 가지고 있는 우주와 만물의 존재들은 결국 비존재라는 것이 그의 주장이다.

존재의 근원은 비존재로 인한 것이며, 비존재는 본래 존재라는 것이어서 서로 연관성이 있는 연기라고 하였다. 우주와 만물이 나타나고 있고 빛나고 있지만, 그것들은 결국 비존재라 하였는데, 나타난 것이나 실제로 연관된 것으로 영향을 주는 대상들이 아니라고 본 것이기 때문이었다.

그러나 비존재는 존재하지 않는 것을 말하는 것이 아니며, 존재하되, 현상을 이루고 있는 존재의 원인을 넘어서, 그것의 '본성'을 이해하려는 과정에서 그 존재의 구성 요소들에 대한 존재성, 현상 등에 관해서 연구하는 과정에서 '비존재의 존재화'[53]가 바로 그가 주장하려는 학문의 배경이라고 할 수 있다.

---

53) 존재와 비존재의 연관성은 '공'사상으로 동일한 개념이 되며, 나타나는가 아닌가의 개념만 개입될 뿐이다. 그러므로 물아일체도 같은 개념이며, 색즉시공, 공즉시색 또한 같은 개념이다. 이것이 존재의 본질이며, '양태'라는 것이 나라르주나의 존재론의 본질이다.-필자 주

그는 '바라문 계급'[54] 출신으로 1-2(혹은 2-3) 세기 사이에 낳고 죽었으며, 남인도 사람이다. 그는 어려서부터 총명했기 때문에 '바라문들'이 베다를 낭송하는 소리를 듣고 문장을 암송하고 뜻을 이해했을 정도라고 소개되고 있다. 머리가 비상했던 그는 '바라문'을 이해하는 정도는 넘어 정규교육으로 구분되는 천문, 지리 등에 대해서도 상당한 학식을 가졌고 특히, 예언 등 여러 가지 비술을 체득했다고 한다.

전설이지만, 그는 은신술 즉, 변장술을 익혔고, 이 방술을 이용하여 왕궁에 들어가 궁중의 미녀들을 범하는 등의 쾌락을 즐겼다고 기록되어 있다.

어느 책자에는 궁녀를 모두 범했다는 기록도 있는데 자세한 것은 알려진 바가 없지만 임신한 궁녀를 보고 범행한 그를 잡으려고 왕이 명령을 내렸고, 그를 따라 방술(方術)을 익힌 자들이 대부분 잡혀 처형되었고, 나가르주나는 간신히 빠져나왔다는 자료가 남아 있다.

그는 이 사건 이후에 깊은 생각에 빠졌고 쾌락이 죄의 근원이라는 것을 깨닫고 출가하여 승려가 된다. 히말라야에서 늙은 승려 한 사람에게서 '대승 경전'을 전해 받고 이것을 읽으며 정진하였고, 인도 전역을 다니며 자료를 모으는 작업을 하면서 승려들과 격론을 벌인 자로 유명하다. 일종의 도장 깨기이며, 우리식으로 보자면 김삿갓 같은 인물이라 할 것이다.

---

54) 브라만(산스크리트어: ब्राह्मण 브라마나)은 크샤트리야, 바이샤, 수드라와 함께 힌두 사회 내의 4대 바르나 중 하나로, 최상위 계급에 해당한다. 브라만의 전통적인 직종은 힌두교 사원이나 사회 종교 의식에서 사제(푸로히트, 판디트, 푸자리)가 되어 찬가와 기도로 결혼식을 엄숙하게 치르는 등 통과의례 의식을 수행하는 것이다.
전통적으로, 브라만들은 4개의 사회 계층 중 가장 높은 의식적 지위를 부여받으며, 그들은 정신적인 교사(구루 또는 아차리야)의 역할도 했다. 실제로, 인도 문헌들은 일부 브라만들이 역사적으로 인도 아대륙에서 농부, 전사, 상인이 되었고, 또한, 다른 직업들을 가지고 있었다고 암시한다.
인도의 정치인 자와할랄 네루와 그녀의 딸인 인디라 간디는 브라만 계급이다.- 위키백과 그는 전국을 다니는 과정에서 제자를 많이 받아드렸고 지혜자로 칭송을 받았다. 그는 부처님이 가르치신 가르침과 차이가 있다는 것을 시인했고, 조직을 갖추고 전통을 만들려는 의도로 의복을 입는 등의 차별화를 기했다. 가르침과 계율도 다르게 했다. 수정으로 된 방에 홀로 거하며 제자들도 선별해 받기도 했다. 혁명가라는 사람들이 주로 이렇게 한다. 히틀러가 그랬다.

소승불교의 승려들이 그를 심하게 시기하게 되었다. 정통성이 없다는 것이다. 이단으로 몰린 것이다. 그들은 나가르주나를 찾아와 "당신이 오래 살기를 원치 않는다"는 말에 상처를 받아 방에 들어가 며칠 동안 나오지 않아 문을 부수고 들어가 보니 고요히 누워 죽어 있었다고 한다. 큰 깨달음을 가진 그의 이름은 이후에 정해졌는데, 그의 어머니가 '아르주나'라는 나무 아래에서 그를 낳았으므로 아르주나라고 했으며, 용이 그의 도를 완성 시켰다고 하여 그의 이름에 나가르[龍]라고 했고 비로소 그의 이름이 '나가르주나'가 된 것이다.

그의 저서 '중론'은 그가 저술한 여러 책자 중 주저이며, 중심 사상이다. 서울대학교 '철학사상' 별책 부록 3호에 소개된 그의 저서를 소개하면 다음과 같다.

1) 『중론송』(中論頌, Madhyamaka-karika)
2) 『십이문론』(十二門論, Dvadasa-dvara-sastra) 한역만이 현존한다. 공사상을 열두 가지 항목으로 서술한다. 내용상으로는 위의『중론송』을 발췌한 것이라고 할 수 있다.
3) 『공칠십론』(空七十論, Sunyata-saptati) 티벳역만이 남아 있다. 공사상을 70개의 게송으로 노래한 것.
4) 『회쟁론』(廻諍論, Vigrahavyavartani) 정통 바라문 계통인 니야야 학파의 사상을 비판하면서 공사상을 현양한 비판서. 70개의 게송과 주석으로 이루어져 있다. 산스크리크원전, 티벳역, 한역이 남

아 있다.

5) 『육십송여리론』(六十頌如理論, Yuktisastika) 60개의 게송으로 공사상을 천명한 저술. 한역과 티벳역이 있다.

6) 『대지도론』(大智度論) 100권으로 구성되어 있다.『대품반야경』(大品般若經)에 대한 주석서. 경전의 단순한 주석이 아니라 나가르주나의 해석과 사상을 경에 기탁해서 드러낸것이다. 저자에 대해서는 의문의 여지가 있다. 쿠마라지바의 한역만이 남아 있다.

7) 『십주비바사론』(十住毘婆沙論, Dasabhumi-vibhasa-sastra) 쿠마라지바의 한역만 남아 있다.『십지경』(十地經)에 대한 주석으로 아미타불에 대한 염불 등 신앙을 위주로 한 수행론을 설하고 있다. 후에 정토사상의 발달에 영향을 주었다.

8) 『대승이십송론』(大乘二十頌論, Mahayana-vimsika) 유심 사상이 서술되어 있다. 20게송으로 된 단편이다. 산스크리트원전, 티벳역, 한역이 있다.

9) 『보리자량론』(菩提資糧論) 깨달음을 얻기 위한 여러가지 요건을 서술한 것. 한역만 있다.

10) 『인연심론』(因緣心論:Pratityasamutpada-hrdaya-karika) 7개의 게송으로 연기설의 요체를 드러낸 글. 산스크리크 원전, 티벳역, 한역이 있다.

11) 『친구에게 보내는 편지』(Suhrllekha) 남인도 사타바하나왕조의 국왕에게 쓴 서간 형식의 시가. 왕의 처신에 대한 조언이 실려 있다. 티벳역이 있고, 세 종의 한역이 전한다.

12) 『라트나발리』(Ratnavali)역시 왕에게 보내는 조언을 서간형식으로 기록한 것이다. 산스크리트 원전, 티벳역, 한역이있다. 한역의 제명은 『보행왕정론』(寶行王正論)이다.[55]

---

55) 2004년 서울대학교 논문 '중론' 서정형 저, 철학사상연구소, 별책 3권 참조

모든 책자는 '중론'을 펼쳐낸 것으로, 존재에 대해서 언급하고 있다. '존재란 무엇인가?'라는 질문에 '없는 것이다'라는 대답을 하게 되고, 없다면 어떻게 없는 것인가? 라는 질문에는 '있는 것의 근원이 나뉘고 나뉘어 존재하지 않는 것으로 여겨지는 상태에서 있게 되었으므로, 없다 함은 **있기 위해서 없는 상태**이며, 있다 함은 **없는 것으로 인해서 있는 것**'이라고 하였다. 이것이 색즉시공공즉시색(色卽是空空卽是色) 이다.

그는 모든 존재는 연관성을 가지고 있으며, 무엇의 원인을 무엇이 되고, 어떤 것은 어떤 것이 될 원인에 의해서 어떤 것이 된 것이라고 하므로 우주와 만물의 존재는 '서로가 원인이 되고 서로가 결과가 되고 과정이 되며 현존하게 되는 것'으로 이해하는 사고의 폭을 가지고 있는 사람이다. 필자가 그를 연구한 것이 바로 이런 그의 존재에 대한 깨달음을 귀하게 보았기 때문이다.

나가르주나가 『중론』을 통해 그동안에 불교 내에서 설파하고 있었던 존재에 대한 이해를 올바로 잡고자 하는 것이었다. 그가 바로잡으려는 오류는 설일체유부[說一切有部-이하 '유부']의 주장이다. "설일체유부"의 문자 그대로의 뜻은 모든 법(一切法)이 존재하다(有)고 설명하는 부파(部)로, "과거, 현재, 미래의 3세에 걸쳐 법의 실체가 존재한다. 즉, 법의 실체는 **항상 존재한다**"[56]라는 뜻의 삼세실유법체항유(三世實有法體恒有)는 설일체유부의 주장을 대표하는 명제이다.

나가르주나가 모순이라고 생각하고 바로잡으려는 설일체유부는 존재에 대한 해석에 대한 모순을 밝히려는 것이다. 법이 존재하고 있으며, 과거, 현재, 미래의 3대에 걸쳐 실체가 존재한다고 하는 것이다. 그러나 그런 법이 항상 존재한다는 것에 관해서 나가르주나는 이것을 부인했다. 혁파하려고 했다.

---

56) 항존성에 대하여 설명하려는 것이라 할 것이다.- 필자 주.

공에 대한 그의 주장은 석가모니의 사상과 일치하는 면모를 가졌다. 헛되다는 것이다. 그러나 헛된 그것은 아무것도 없는 개념의 無(Nothingness)를 말하는 것이 아니며, 존재가 나타나지 않은 상태 있는 존재인 空(Emptiness)[57]의 상태를 말하는 것이기에 개념이 다르게 전개된다.

그는 말하기를; "일체의 사물은 공(空)하다. 열반도 공하고 생사윤회도 공하다. 번뇌도 공하고 반야 지혜도 공하다. 일체는 공함으로 평등한 것이다. 궁극적으로는 번뇌가 공하므로 번뇌를 끊을 필요도 없고, 지혜 역시 구할 필요가 없다. 다만 번뇌와 지혜가 공함을 여실히 보아야 한다. 생사윤회 역시 마찬가지이다. 생사윤회가 공함을 알지 못하고 그것을 실체화하고 있는 한에는 그것에 얽매여 굴레를 벗어날 수가 없다. 그것이 실체가 없이 조건적으로 현상하는 것이란 사실, 즉 공성을 여실하게 통찰함으로써 비로소 열반을 증득할 수 있는 것이다"라고 하였다.

이는 '있다는 것'을 전제로 한다. 허무한 것으로 표현되지만 실제는 허무한 그것이 있다는 것이며, 그것이 우주 만물의 현상이라는 것이므로 '물아일체'를 말하는 것이며, 실존하여 나타나는 현상을 말하는 것이므로 우주와 만물의 지체 중 하나인 인간은 그 만물의 섭리와 현상 중 하나라고 주장하는 것이다. 그러므로 그는 일체가 모두 '공'하므로 평등하다고 한다. 우주와 만물에 나타나는 현상이며 그런 현상은 삶에서 나타나는 일상이라고 말한다. 있는 것이 나타나는 것이며, 나타나는 것은 있기 때문이다. 그러나 그것은 만물의 섭리이고 현상이다. 그것을 받아들이라는 것이 그의 사상이다.

열반도 그렇고, 생사윤회도 그러하며, 물체도 그렇다. 번뇌, 반야지혜, 열반도 그러하다. 이 모든 것은 있는 것이다. 이것을 벗어날 사람은

---

[57] 송나라 때에는 이 공의 개념이 무(nothingness)의 개념으로 변환되었고 공동으로 사용된 개념이다.- 필자 주

없다. 이러한 현상들이 나타나는 것은 우주와 만물의 섭리이며, 우주와 만물은 이렇게 유지되고 그 상태에 있는 것이라는 것이다. 이 상태를 느끼고 깨닫고 우주 만물의 지체 중 하나가 되는 그것이 열반이라고 말했다.

이제론(二諦論)에서는 "사물[法, dharma]은 존재하는 것도 아니요[非有], 존재하지 않는 것도 아니라[非無]는 것이 소위 비유비무(非有非無) 중도(中道)이다. 여기서 존재하지 않는 것도 아니라[非無]는 것은 존재하되 실체로서 존재하는 것이 아니라, 연기적으로 형성된 현상으로서, 관습적인 의미에서, 이름[假名, prajnapti]과 언어[言說, vya- vahara]로서 존재한다는 의미이고 이것이 곧 두 가지 진리 중의 세속적 차원의 진리[世諦, samvrti-satya]를 가리킨다.

그러나 사물은 그 자체의 본성[自性, svabhava]을 가진 실체로서 존재하는 것은 아니다.[非有] 이것이 사물의 공성[空性, sunyata]이며, 제일의제(勝義諦), 혹은 궁극적 차원의 진리[眞諦, 第一義諦, paramartha-satya]이다."라고 하였다.

이는 있고 없는 것이 이제이며, 그 중간의 것은 없는가? 라는 것이 이제론을 비평하는 학자들의 견해다. 나가르주나는 있는 것도 아니고 없는 것도 아니며 그 중간에 있는 것이 '중도'라고 말한다.

"사물 곧 法은 있는 것도 아니고 없는 것도 아닌 상태의 것이 아니며 완전한 '공'의 상태를 말하는 것이어서 비유, 비무, 이 줄에 해당하지 않고 비유비무(非有非無)의 중간에 있다"라고 했다. 존재의 근거는 없는 것이 아니고 있되 완전한 '공'의 상태에 있는 것이라고 주장한 것이다. 이것이 중도(中道)다. 있거나 없는 것만이 아니다. 모든 개념에서 그렇다.

나가르주나에 의하면 '비어 있는 이 상태'에서 존재가 나온다. 그 상태가 무엇인지 별도로 언급된 적이 없다. -이것에서 존재가 발현된다는 것이다.- 존재의 근원이 있어야 존재를 논할 수 있는데, 그는 (알 수는 없지만) 비어 있는 상태가 '공'이라는 것이며 이곳이 존재의 근원이라고 말하는 것이다. 계속 반복되는 개념은; 있는 것(色)은 없는 것(空)에서 나온 것이고, 그 반대로, 없는 것(空)은 있는 것(色)으로부터 존재하는 것이 된다. 있다고 하는 존재와 없다고 하는 존재가 존재의 출발점이라는 주장을 하는 것이며, 없는 것을 존재로 여기는 개념을 선언한 것이다. 이것이 우리가 잘 알고 있는 색즉시공, 공즉시색이다.

'色'이란? 나타난 존재가 가지고 있는 양태(樣態)를 말하는 것이다. 존재하는 그것은 형태를 가지고 있고, 형태를 가지고 있는 그것은 일정한 양태를 가지고 있는데, 존재는 '나타난 것'이므로 나타나는 '형상'인 色을 가지고 있다. 보이지 않는 色도 존재하는 이상 色이다. 그러므로 존재하는 모든 것을 色을 가지고 있고 존재가 곧 色이다.

존재와 존재가 결합하는 원인이 있고, 흩어지는 원인이 있다. 관계성이 주어지고 연관성이 주어진다. '무엇은 무엇'과 '무엇이 무엇으로' 인해서 존재하고 융합하고 변화되는 관계성이 존재와 존재의 관계성으로부터 나타나게 된다.

이렇게 세상의 모든 존재는 '원인과 결과'라는 과정의 연속으로 이루어진 세계다. 이것이 '연기(緣起)'다. 불교에서의 연기는 원인과 결과가 작용하고 있으며, 이런 작용이 우주 만물에 가운데 나타난다고 주장한다. 결혼이 인륜지대사(人倫之大事:Marriage is a major life event.)로 본 이유도 이런 것이다. 이렇게 원인과 결과 등의 관계성을 인연생기(因緣生起)라 하였다.

예를 들면; 'H' 두 개와 'O' 한 개가 융합하여 'H_2O_1'가 된다. H 하나와 O 하나는 융합되지 않는다. H가 두 개 있어야 O 하나와 결합 되어 새로운 존재인 물이 된 것이다. 모든 존재는 이렇게 만들어졌다. 서로 밀어내거나 서로 융합하거나 서로 결합하여 새로운 존재가 된다. 그런 질서가 이미 존재하고 있기에 나타나는 현상이다. 우주와 만물은 이렇게 유기적으로 융합하고 장(field)을 가지고 지체로서의 역할을 서로가 관계를 맺으며 나타내고 있다. 모든 존재는 그냥 만들어진 것이 아니며, 어떤 원인과 원인이 융합한 상태이며 연관되어 나타난 것이라는 의미가 된다.

우주와 만물의 물리적 현상뿐만 아니라 우주의 존재 양태와 사람, 사람과 사람의 관계성에서도 서로가 서로에게 원인이 되어, 융합하여 서로에게 연관성을 갖게 하는 관계가 형성하는 것이다.

이러한 현상이 세계에 가득하다는 의미로 현상계(現象界)의 모든 존재 형태가 '연기의 법에 의해서 존재한다'하여, '緣起의 法'으로 가득한 '世界' 즉 '법계(法界-연기의 법으로 만들어진 세계)'라고 부르는 것이다. 이 세상의 존재는 반드시 그것이 생겨날 원인(因)과 조건(緣) 즉, 연기의 법칙에 따라서 만들어진다는 것이다. 연기법(緣起法)을 원인과 결과의 법칙이라고 하며, 줄여서 인과법칙(因果法則) 혹은 인과법(因果法) 또는 인연법(因緣法)이라고도 한다.58)

연기(緣起)는 인연생기(因緣生起)라는 말에서 기인한다. 이 말은 '인(因: 직접적 원인)'과 '연(緣: 간접적 원인)'에 의하여 생겨나며, 원인이 없는 것이 없다는 것이다. 서로가 서로에게 원인과 결과가 되어 나타나는 것을 말하는 것이다. 인과 연을 합하여 '인연(因緣: 통칭하여, 원인)'이라 하였고, 원인이 누구에서든 바로 이 원인에 따라 '생겨남'59)의 준말로 사용되는 단어가 바로 '인연'이다. 또한 '법(法)'이란 법령, 조례, 법칙 등과 같이 원칙이 주어져 있는 것을 말한다. -법이란 항상 같은

---

58) 필자의 논문, '화이트헤드의 神觀과 나가르주나의 空사상'(1994)을 통해 확인하기를 바란다. 한국에서는 협성대 총장을 지냈던 류ㅇ종 박사와 필자가 이 분야에서 가장 잘 알려진 학자이며, 사제관계이다. 그러나 내용은 판이하게 다르다. 존재론에 대한 접근과 내용은 자료 그대로이고, 다원론자와 복음주의자의 관점에서 존재론과 신 존재 증명을 다룬 논문이다. -필자 주.
59) 존재가 파장을 가지고 있고, 그 파장이 서로 융합하고, 결합하고 때로는 장(filed)을 형성하기도 하며 새로운 존재로 나타나기도 하는 것이 우주의 축제라고 설명한 바 있다. 참고 바란다. - 필자 주.

결과가 나오고 누구에게나 같은 결론이 나타나며, 언제나 실험이 가능한 것이 법이라는 단어의 정의이다. 이것을 말하려는 것이다.-

붓다는 말하기를; 연기법(緣起法)[60]은 자신이나 다른 깨달은 이(如來-석가여래라는 말이 여기에서 나온 말이다)가 만들어 낸 것이 아니며 법계(우주)에 본래부터 항상 존재하는 법(法)이라고 한다.

필자는 존재는 '이미 있는 것'이 '나타나는 것'이라고 설명했으며, 존재의 파장을 좇아 파장을 타고 서핑을 하면 결국 존재의 본성에 도달하게 되는 것이라고 설명했다. 붓다가 그것을 말하고 있었다. 존재가 되도록 나타나는 파장이 발현되고 있기에 그것을 따라 흘러가면 '이미 있는 존재'를 만나게 되는 것이다.

그리고 이들, 여래(如來: 문자 그대로는 '진리[如]로부터 온[來] 자' 또는 '진리와 같아진[如] 후, 즉 진리와 하나가 된[如] 후, 즉 완전히 깨달은[如] 후 다른 사람들을 돕기 위해 세상으로 나온[來] 자')들은 이 우주 법칙을 완전히 깨달은 후에 다른 이들도 자신처럼 이 우주 법칙을 완전히 깨달을 수 있도록 돕기 위해 그것을 12 연기설 등의 형태로, 즉 아직 완전한 깨달음에 이르지 못한 사람들도 이해할 수 있고 사용할 수 있는 형태로 세상에 드러낸 것일 뿐이라고 말하고 있다.

모든 현상의 본질적인 양상, 즉 진여(眞如)까지도 뜻한다. 진여는 眞 같을진, 如같을 여로, 산스크리트어 '타타타(तथाता, tathātā)'이며 그 의미는 "그것이 그것이다"라는 의미다. '산은 산이요 물은 물이다'라는 성철 스님의 가르침이 이 사상에서 기인한 것이다. '있는 그대로 보라'는 것이다.

---

60) 연기법경(緣起法經)에서 언급했다.

과정철학의 유기적 관계론과 과정주의

　과정철학의 '유기적 관계'와 '과정주의'는 불교에서 말하는 '연기(緣起)의 법(法)'과 공(空)의 관계로 정리할 수 있다. 필자가 '항존성에 관하여'라는 논문을 발표한 최초의 시기는 1982-1983년이었다. 이 논문이 바로 과정철학의 유기적 관계와 과정주의, 그리고 불교의 '연기의 법'과 '공' 사상을 포함하는 이론과 비견되는 존재론이라 할 수 있다.

　물론 학문이 일천 한 나이여서 공부한 일이 없다. 사도 바울이 체험한 카오스를 통해 얻게 된 창조의 섭리를 나열한 것이며, 이미 존재하는 질서를 기록한 것에 불과하다. 묵상하고 고민하는 과정에서 알게 된 것을 기록한 것이다.

　화이트헤드는 '존재의 근원'인 절대자, 창조자를 설명하려 했다. 우주와 만물의 조성에 대해서도 언급하려고 했다. 고대로부터 모든 학자, 사상가 등은 존재의 근원인 창조자, 절대자를 찾으려 하지 않고, '창조물인 존재'에 대해서만 관심을 가지려 했기에 그 본질, 근원을 알지 못했던 것이었다고 감히 말하고 싶다. 물론 화이트헤드도 그 허들을 넘지 못한 것은 사실이다.

　다만 존재의 본질을 모른다고 할지라도, 눈에 보이는 존재들은 본질이 있어도 본질을 둘러싼 제2, 제3의 원인에 의해서 융합, 변형과 장(field)의 상태를 유지하고 있다는 것에 동의하고 있다는 면에서는 그동안의 학자들과는 계(界)를 같이한다.

　'존재는 되어가는 과정 중에 있다'라는 것이, 과정철학의 명제다. 과정 중에 있는 현상, 형태를 표현하려 했다. 소위 진보를 이룬 것이다. 그가 존재의 원인이 있다고 하고, 절대자의 실존에 대해서 언급하였다는 점에서는 상당한 진보를 이룬 것이었다.

그는 절대자에 대해서 언급하기를, '누구나 가지고 있는 심성 깊은 곳에 있는 실존'이라는 개념으로 '궁극적 실제(Ultimate Reality)'라고 하였다. 또, 모든 사람이 본능적으로 가지고 있는 존재와 실존에 대한 궁금증과 존재의 원인을 '궁극적 관심(Ultimate concern)'이라고 명명했다. 이러한 점에서는 상당한 진보를 이루었다.

이것이 만일 존재의 본질에 대한 이해로부터 시작한 것이었다면 좋았을 것이나, 카오스를 경험하지 못한 상태에서 이것을 언급할 수는 없는 일이다. 그렇다고 창조의 질서에 대해서, 창조의 질서는 육체의 정욕과 대치되는 파장이 있는 '존재'라고 이해할 수 있었던 것도 아니었다. 사도 바울을 연구한 철학자, 신학자가 아니었기 때문이며, 그의 학문은 수학으로부터 출발해서 우주의 기원, 우주의 생성, 절대자의 개입과 인식 등, 순차적으로 발전되어 온 입장이기 때문에 그렇다.

그러나 이 정도만 되어도 상당한 진보를 이룬 것이다. 금세기에 들어서 그의 이런 접근은 그의 제자 찰스 핫숀(Charles Hartshone)과 존 캅(John. B. Cabb)의 유명세로 인해 '클레어몬트:Claremont'이라는 명성 있는 대학에 '과정연구소'를 만드는 계기가 되었다. 캅이 이 연구소를 맞았고 한국에는 연세대학교의 오영환 교수가 캅의 제자이다.

과정이라는 현상을 존재에 접목하는 대단한 진보를 이루었다. 그러나 존재의 실체에 대해서 언급할 수 없었다. 존재가 있고 그 존재가 어떤 원인에 있어서 존재의 나타남이 과정 중에서 발견되고 나타나고 있는 과정에 대한 언급을 한 것이었으나 그것만 가지고도 상당한 진보를 이룬 것이다.

그는 이미 25세에 자기가 다니던 켐브리지 대의 트리니티 칼리지에서 수학 강사로 재직했고, 같은 해에 '보편대수론(universal algebra theory)'이라는 저서를 발간하면서 수학자로 등극한 상황이었으며, 이 저서로 인해서 수학계의 추천으로 1907년에 국립학회 회원이 된다.

우리가 잘 알고 있는 세계적인 철학자가 된 버트런드 러셀(Bertrand Russell. 1872.5.18.-1970.2.2.)과 공저 '수학의 원리(Principia Matimetica)'를 세 권이나 발간한 수학자로 학문의 세계에 입문한 사람이다. 특히 그의 저서인 '과정과 실제'는 세계 4대 난서(亂書) 중 하나로 선정될 만큼의 어려운 자료이기도 하다.

화이트헤드가 나타나기 전까지의 존재는 '있는 것'이었다. 그러나 존재에 대해서 질문을 던진 이유는 바로 그 '있는 것'이 무엇이냐는 것이었기에 또 막연해지고 또 가라앉는 형국이 되는 것이었다. 이것이 존재가 신비인 이유이고 그래서 존재를 알 수가 없었다. 화이트헤드는 그것 때문에 '과정'이라는 현상을 '존재'와 '인식' 사이에 끌어넣어 논증하려고 시도했던 것이고 상당한 진보를 이룬 것은 사실이었다.

여기에 유기적인 관계에 대한 개념을 더 보탰더니 솔로가 듀엣이 되고 듀엣이 트리오가 되는 과정 중에 있었던 것도 사실이다. 그러나 그는 여전히 절대자인 창조자는 '궁극적 실제', '궁극적 관심'이라고 정의할 수밖에 없었다. 인식의 범주에 있는 창조자를 존재로 표현하려는 시도는 여느 학자들과 다름없이 이어지고 있었다.

존재의 본질을 깨닫기 위해서 의식의 파장을 타고 서핑하는 '과정'을 학문의 '방법론'으로 적용하는 지혜를 가진 학자였으니 매우 좋은 접근이라 할 것이다.

과정이란 존재가 시간 적으로 일정한 공간에 존재하는 양태를 취하기에 어느 시점에서 변형이 올 수 있다는 것을 전제하는 이론이다. 그러나 실존하는 그 존재가 아니면 존재가 아니라는 것이 그의 관찰이었다. 그래서 과정과 실제가 그의 대표 저서가 된 것이다. 변형과 영향을 초래할 원인이 존재가 아니기 때문이며, 존재는 여러 원인과 함께 존재하는 과정 중에 있는 것이라는 의미이다.

그가 변형을 초래하는 영향에 대해서 말한 이유는 '열역학 제2 법칙'

을 통해서 입증할 수 있는데, 이는 본래의 것은 시간이 지나거나 공간이 바뀌는 과정에서 변형이 일어나거나 왜곡이 발생하게 되어있다는 것이고, 시간이 지나면서 본래의 것은 훼손되고 여타의 원인으로 원형에 대해 혼란을 겪을 수 있다는 것이다.

시간이 지나면서 더욱더 새것이 되거나 원형으로 복원되는 존재는 없고 그 반대로 더욱더 낡아지고 변형되어 본래의 존재 형태를 잃어가는 것을 말한다. 이것은 진화론에 대한 반대급부로 제시되는 논리 중 하나이다.

열역학 제2 법칙과 과정철학

집을 비우고 몇 년간 해외여행을 하고 돌아왔더니 집이 깨끗하게 정리되어 있는 일은 없다는 것이다. 부품들을 쌓아 놓았더니 몇 년 후에 그것이 비행기로 변해 있는 일은 없다. 그 반대로 상태가 원형을 잃어가고 기능을 잃는 과정을 겪게 되는 것이다. 이것이 '열역학 제2 법칙'이다.

존재의 변형이라는 과정상에 있는 존재라는 개념으로서도 존재의 본질, 본체를 여전히 알 수가 없었다. 과정 중에 있는 것은 확인할 수 있으나, '보라! 이것이 존재다!'라고 할 수 있는 것이 존재에 대한 이해가 아니다. 그러나 모든 존재가 존재로 있지만, 시간과 공간에 제한을 받는 존재이므로 '과정'이라는 개념으로 존재를 설명했다.

사람, 개구리의 예화처럼 모양이 전혀 다른 존재라도 존재가 변화 되어가는 과정 중에 있기에 존재는 '유기적 관계'라고 말한 것은 상당한 진보를 이룬 접근이었다. 존재 양태의 상태를 말하는 것이며, 존재는 모두가 과정 중에 있다는 시간적인 개념이 적용된 접근이라는 생각이다.

화이트헤드의 존재라는 개념은 대단한 진보를 이루었으며, 과정을 존재의 본질로 볼 수 있겠지만 그가 간과한 것은 '존재가 과정 중에 있는 것'이므로 '존재에 대한 명제'가 아니어서 여전히 본질을 논하지 못한 것이다. 그러나 '존재가 과정 중에 있다'라는 개념은 의미가 깊다. 존재의 본질은 몰랐어도 그만한 학자도 없었다. '신 존재 증명'은 존재론적인 현상과 나타남의 확증을 통해서 입증해야 한다는 것이 필자의 주장이다.

서양철학에서의 존재론

고대로부터 존재에 대한 개념을 잡으려는 노력은 끝도 없이 이어졌다. 그러나 본질을 알 수가 없었다. 그 과정이 계속 반복되면서 플라톤과 아리스토텔레스 시대 이후 철학자들은 '영원한 본질(permanent substance)'에 근거하여 '참된 실재(true reality)'를 영원한 것으로 가정하였다. 고대로부터 알고 싶어 하던 '참된 실재'란 본질적인 의미에서의 존재의 본질을 말한다.

'주어진 존재들'은 절대자께서 만드셨고, 보시기에 좋은 것(The Good)[61]이라고 하셨으니 완전한 것이며, 완전한 그것은 창조자께서 파기하기까지는 '항존(恒存)'한다는 가정에서 출발한 개념이었다. 그러나 과정이란 영원한 본질에 거부되거나 종속되는 것으로 보았다.

즉, 고전 존재론은 어떤 실재가 '변화된다는 것'을 부정하였다. -이것이 존재를 몰랐던 원인이었다. 지금까지의 존재는 정해져 있는 것이었다. '있는 것'이 존재였다. 이 존재에 과정이라는 개념이 융합되어 나타났으니 이해할 수 있는 개념이 아니었다.- 존재는 '있는 것'이라는 고

---

[61] 진선미 철학을 차용한 것이다. 진(The Truth), 선(The Good), 미(The Beauty)가 그것이며, 진은 옳은 것, 선은 좋은 것, 미는 아름다운 것 모두를 상징하고, 상징하는 것, 존재하는 것, 영향을 미치는 것 등에 모두 같은 영향이 나타나는 것을 의미한다. 필자 주.

정관념에서 벗어나지 않으면 존재를 이해할 수 없게 된다. 존재하는 그 것이 유기적인 형태의 생물이거나 혹은 고형화된 존재라 할지라도, 시간과 원인에 의해서 변형되어가는 것에 대해서 언급할 수 없다면, 존재에 대해서 이해하지 못하고 있는 것이란 의미가 된다. 그러나 그것을 명제화할 철학적 접근이 없었다.

그러나 헤라클레이토스(Heraclitus Ἡράκλειτος, 기원전 535년 ~ 기원전 475년)[62]를 비롯한 화이트헤드(Alfred North Whitehead 1861-1947)[63]와 같은 철학자들은 '존재의 물리학(the physics of being)'과 '생성의 물리학(the physics of creation)'을 구별하였다. 화이트헤드는 "고정불변하는 실재(reality)란 이 세상에 존재하지 않으며, 철학적 개념(또는 안목)만으로 이해되는 우주는 진정한 우주가 아니다"라고 했고, 실재(reality)란 과정(process)이라고 주장했다. 존재는 고정불변의 실재가 아니라는 것이다.

이는 나타나고 작용하는 '현상'을 말한 것이다. 존재의 본질에 대한 이해가 아직은 형성된 것이 아니다. 존재는 무엇인가? 실재(실존)하는 것이 가지고 있는 특징은 '과정'이라고 할 수 있다. 존재가 시간과 공간의 조건에 따라서 나타나는 현상이기 때문이다. 이것은 존재에 나타난 특징이며 존재의 본질이 아니다. '존재는 변한다. 어떤 원인 때문에'라고 언급했다면 논리가 맞을 수가 있다. 잘 못 규정된 명제일 수는 있으나 '논리 구도'가 맞는다는 것이다. '존재=변화되는 것'이라는 명제가

---

62) "만물은 움직이고 있어서 무릇 모든 것이 머물러 있지 않는다. 사람도 두번 다시 같은 물에 들어갈 수 없을 것이다."라고 주장하면서 만물이 유전(流轉)한다고 주장하였다. 그는 "선(善)도 악(惡)도 하나인 것이다. 위로 향하는 길이나 아래로 가는 길도 다 같이 하나인 것이다. 우리 가운데에 있는 생(生)과 사(死), 각성(覺醒)과 수면(睡眠), 젊음과 늙음의 양상도 모두 같은 것이다. 이것이 전화하여 저것이 되고 저것이 전화하여 이것이 되기 때문이다."라고 하면서 생성의 원리로서 "대립" 또는 "다툼"을 제시하였다. -위키백과

63) 영국의 수학자이자 이론물리학자이다. 그는 케임브리지대 강사를 거쳐 런던대에서 응용수학 및 이론물리학 교수의 경력을 가지고 있다. 그가 정식으로 철학 교수가 된 것은 63살의 나이에 미국 하버드대의 초청을 받은 뒤였다. 이후 12년간 철학을 강의했으며, 미국의 6대 고전철학자 중 한 명으로 인정받고 있다.

가능하지 않으니 이미 어긋난 시도라 하겠다. 존재에 대한 명제가 주어진 것은 아니다. '변화하는 과정에 있는 존재'가 무엇인지를 밝히는 것으로부터 존재를 논할 수가 있는 것이다. 인식의 벽을 넘는 것은 세계적인 천재라도 쉬운 것이 아니다.

우주가 수시로 변모하고, 자전, 공전하고, 수시로 폭발, 분리, 융합 등이 작용하고 있다. 이러한 현상으로 보아 '존재가 변화하는 것'이라는 존재의 양태를 언급한 것은 존재에 대한 깨달음은 사실이나, 존재 자체가 언급되지 않는다면 아직은 존재를 논한 것이 아니다. 변화하는 '과정 중에 있는' 것을 존재라고 한다면, '특정된 그것'이라는 존재가 있어야 하고, 그것이 어떠하다는 명제가 있고 '그것이 변한다. 어떻게, 왜, 원인은 무엇인가?' 등이 언급되어야 논리가 된다. 또한, 생각과 개념만으로 우주 만물을 규정하거나 상상하는 것은 존재를 이해하고 있는 것은 아니며, 실재하는 존재가 아니다.

시간은 흘러가고, 공간은 변해가며, 몇 분 전의 것이 지금의 것과 다르고, 현상도 효과도 그러하다. 현재의 존재와 과거의 존재 그리고 미래의 존재가 다르게 변화하는 모든 과정을 가지고 있다면 존재를 규정할 수가 없게 되는 것이다. 모든 존재는 '시간과 공간이라는 우주론적 대 전제 위에' 존재 '되어가고 있는' 존재이기 때문이다.

한편으로는 '존재는 나타나는 것'이기에 그렇게 볼 수도 있다. 그러나 '존재 자체'를 언급하는 것과 '나타나는 현상을 말하는 것'은 다르다. 고구마 냄새가 나는 그것이 고구마라는 것을 입증하지 못한다면 그것은 고구마는 아니다. 고구마로 느낄만한 여러 현상이 있을 뿐이다. 그러나 그의 논지는 귀하다. '시간과 공간이라는 우주론적 대 전제 위에' 되어가고 있는 것이 존재다. 창조물이기 때문이다.

그러므로 단편적으로 보았을 때, 존재는 '있다(There is/are)' 혹은 '없다(There is/are not)'로 설명할 수는 있다. 그러나 그것은 존재에 대한 이해가 아니다. 변화 되어가는 '과정 중에 있다(There is in the process)'라고 해야 한다는 것이 화이트헤드의 주장이다.

존재가 시공간에 제한을 받으면 나타나는 현상에 대한 해석이라고 볼 수 있다. **필자는 여기에 딴지를 걸겠다. '과정 중에 있는 존재가 무엇이냐?'라는 질문에 대해서 답변하지 못한다면 존재를 이해한 것이 아니라는 것이 필자의 견해다. 어물쩍 넘어가지 마시라. 선배여!**

모든 존재는 '시간이라는 과정' 중에 있다는 것을 보았다. 세상 만물만 그렇지는 않다. 몸도 맘도 그렇고, 의식도 그러하며 정신도 그렇다. 어려서 늘 놀던 넓은 놀이터가 성장해서 가보면 대단히 작게 느껴진다. '몸'이 작으면 '의식'의 세계도 작아진다. '행동반경'이 작으면 '사고와 감정'의 반경도 작아진다. '자녀에게 가장 큰 선물은 여행'이라는 격언이 바로 그것을 대변한다. 비교 가치를 가지고 세상을 보는 눈을 갖게 도움을 주는 것이니 대단히 좋은 선물이다.

모든 '가치'는 '비교'를 통해서 입증된다. 그러므로 부모가 자녀에게 비교의 가치로 세상을 보고, 문화를 보며, 시장을 보고, 사상, 철학, 가치관 등을 볼 수 있다면 어느 나라의 것을 어디로 옮겨놓으면 돈이 되고, 가치가 되는지를 알게 된다. 여행을 통해 그러한 것을 접촉점으로 삼게 되면, 이미 상당한 루틴을 가진 사람이 된 것이다. 그들이 성장하면서 그런 가치로 사업도 하고 학문도 하고 물건도 제작하고 발명한다면 그의 성공은 예약된 것이라고 봐도 무방할 것이다.

크게 보면 크게 그려지고, 작게 보면 작게 그려진다. 무엇을 어떻게 볼 것인가가 그 사람이 되는 이유이다. 환경에 지배를 받지 않으면 더욱더 아름다운 경험을 하게 될 것이다. 환경에 몰입되지 말라. 환경을 딛고 극복하는 자신을 그려라. 남의 시선과 관심에 자신을 의지할 필요도 없다. 판단도 받지 마라. 자신의 가치는 자신이 만들어가는 것이다.

'실존'이란 '그런 존재'가 되었을 때 사용하는 개념이다. 육체의 정욕을 따라 행하여 열매 맺는 삶은 가치가 없다. 육체의 일이고 정욕의 발산이다. 밥을 먹어도 행복하지 않고, 고급 사치품 가방을 명품이라며 자랑하고 다녀도 행복이 내려오지 않는다. 행복이라는 실존이 내게 임하지 않는 것이다. 그 가치가 내게 임재할 수 있는 과정에 놓여 있어야 한다. 바람이 부는 곳에 있어야 바람을 맞고 구름이 있는 곳에 가야 비를 맞는다. 따르는 것이다. 서핑하는 것이다.

그에 합당한 파도를 타고 서핑해 들어가는 과정에서 내려오는 것이다. 존재는 내가 만드는 것이 아니다. 일정한 상태에 이르러야 나타나는 현상이다. 시기 질투할 필요가 없으며 교만해야 할 이유가 없다. 그 실존적 사고와 현상 때문에, 창조에 합당한 파도를 탈 수 없다면 억울하지 않은가? 당신 속에 자리하고 있는 악한 것이 발현되는 것일 뿐이다. 그에 합당한 사람이 되려고 훈련해서 얻은 것이라면 그것이 무엇이 되었든 감사한 조건 이상의 것은 아니다.

선량하게 살아야 한다는 이끌림이 있는 이유는 무엇인가?

사도 바울이 우주와 만물의 창조와 섭리에 대해서 그리고 '하늘의 것'이 '땅의 것'이 되는 것을 '그리스도 안에서 통일'을 이루려 하신다는 말씀을 창조의 섭리라고 전한 비밀을 깨닫기를 바란다. 이보다 확실한 존재론적 접근법은 없었다. 그러나 그 주장의 의미를 해석해 줄 학자가 지난 2천 년 동안 나타나지 않았다. 그것이 곧 존재론을 입증하는 과정이었음에도 그러했다. 고대로부터 지금까지, 누구도 밝혀내지 못했다. 심리적 현상으로 이해할 수 있을 뿐이었다.

'카오스'의 상태에서 조명하는 것이 아니면 알 수 없게 하신 것이 창조자의 섭리이기 때문이며, 주장과 가설, 인식론적 합의와 동의 등은 존재가 아니며 무엇보다도 창조자의 섭리가 아니기 때문이다. 사람에게 불어 넣어진 기관(organ)이 있다. 눈, 코, 귀, 입, 피부는 육체에 주어진 기관이고, 창조자의 **숨(영)**을 직접 불어넣어 **마음**에 거하게 한 기관이 있다. 그것이 **심령**이다. 이 속성이 창조의 이끌림에 대해서 알게 하고 따르게 하는 기관이다. 마음에 자리하고 있기에 '심령'이라고 부른다. 마음으로 온전하게 이끌리면 창조의 섭리에 합당한 실존이 나타나게 된다. 이것을 선한 마음 곧 '양심'이라고 한다. -양심론에서 직접 다룰 것이다. 세계의 모든 도서관을 수십 년 동안 들락였어도 아직도 양심에 대한 아티클 하나가 없다는 것은 있어서는 안 될 일이다. 왜인지는 이미 설명하였다.-

그러나 창조의 섭리를 좇지 않고 죄의 정욕을 따르는 자는 확신과 고백을 했어도 실존적으로는 죄의 파도를 서핑하는 자이다. 이끄는 그것을 하지 않고 욕구만을 따르는 것은 '짐승과 같다'고 표현되어 있다. 궁극적으로 행복과 평안을 얻을 수가 없고, 잠시 즐겁고 재미있고 풍성해 보이는 그 짓을 하고 싶다. 악한 육체의 정욕으로 이끌리는 파도를 타는 행위이다.

12장.
'하늘의 것'이 '땅의 것'이 되었다.

　창조는 존재의 나타남이다. 존재하는 모든 것은 나타내기 위해서 만들어 놓은 것들이다. 누구에게나 나타나도록 하려는 것이다. 그것이 목적이다. 그 목적은 찾고 구하고 두드리는 자에게 나타나게 되어있다. 누구에게나 차별이 없다. 구할 것이 무엇인지 정하고 바라는 것이 무엇인지 정하고는 '홀로 있음'으로 '나만의 우주'인 '가상공간'에 들어가라. 누구에게나 주어져 있고 차별이 없는 공간으로 들어가라. 맘껏 구하고 찾고 두드리면 나타나도록 만들어 놓은 것이 '창조의 섭리'다.

　남을 시기하고 질투하며 악에 빠져 있을 이유가 없다. 악한 것이다. 당신도 들어가라. 당신만의 세계다. 그리고 그곳에서 찾고 구하고 두드려라. 그러면 보이기 시작한다. 파장이 보이는 것이다. 그 파장을 좇으면 구하고 찾고 두드리던 바로 그 존재의 본성을 만날 수 있다. 이것이 창조의 섭리다. 이것이 창조의 루틴이다.

　존재의 본성을 만나기 위해서 맘껏 유영하고 찾고 구하고 두드리는 공간이 나만의 우주인 '가상공간'이다. 나타내려고 만들어 놓은 것이 우주와 만물이다. 이것을 명심하라. 누구나 들어가고 누구나 만들어 낼 수 있다. 개발하라. 발명하라. 진보를 이루라. 이곳에서 얼마든지 가능하다. 그것으로 문명을 만들고 문화를 만들고 역사를 주도하라!

　성공한 사람은 예외 없다. 자기만의 우주인 가상공간에서 찾는 것이다. 그들에 의해서 인류가 풍성해졌다. 문명의 진보가 이루어졌다. 지금도 변함없이 계속되고 있다. 그들은 이곳에서 원하는 그것을 찾고 있다. 그리고 그것으로 인류에게 문명을 선물했다. 이젠 당신 차례다. 내게만 주어진 나만의 우주가 아닌가! 이것은 언약이다. 창조자께서 그렇게 하려고 우주와 만물을 창조했다고 하지 않는가!

번잡함에서 벗어나서 '홀로 있음'의 상태로 전환하라. 잠잠한 중에 내가 알고자 하는 그것을 찾고 구하고 두드려 좇으라. 공부도 연구도 개발도 운영도 가능하다. 무엇이든 가능하다. 연애도 그렇다. 이미 주어져 있는 가치가 나타난다. 질서가 나타난다. 그것을 찾고 있는 것이니 나타나는 것이다.

모든 존재는 파장이 있고, 파장을 좇아 서핑하듯 따라가서 그 본성을 만나는 것이다. 오늘날의 모든 문명은 누군가가 바로 나만의 우주인 '가상공간'에서 상상하고 조합하고 응용한 것을 현실화하면서 만들어 낸 것이다. 이것이 문명이 되고 문화가 되고 역사가 되었다. 그것이 가능하게 만들어 놓은 곳이 우주와 만물이고 창조의 질서다. 이것이 '하늘의 것'이다. '땅의 것'이 되려고 무엇이든 준비된 곳이 하늘이다.

파장을 좇아 살아가는 삶이기 때문이며, 내 욕구와 동기를 모두 버리고 창조의 본성으로부터 파생하는 파장을 좇는 삶이 결국에 나타나게 되는 것이기 때문이다. 노출하려고, 나타내려고 준비한 창조의 섭리를 내가 이루는 것이기 때문에 그러하다. 그리고 그 방법으로 창조에 합당한 사람이 되어가는 것이기에 그러하다.

그러면 보상이 있다. 행복과 평안과 위로가 내려온다. 내게 주려고 이미 존재하는 그것을 주시는 것이다. 내가 마음먹어서 나타나는 것은 없다. 이미 있는 것이 나타내는 것이다. 그러나 나타나기에 합당한 조건을 갖추면 조건 없이 나타낸다. 다른 무엇으로도 바꿀 수 없는 그것이 내려오는 것이다. '눈(snow)' 이야기가 생각나실 것이다. 나를 위해 눈송이 하나하나를 조각해 놓으신 것을 발견하고는 얼마나 행복했는지 몰랐다. 느끼는 그 사람만 알 수 있다.

위로부터 내려오는 대가를 통해 육체의 정욕을 좇으려는 본성은 사라지고, '하늘에서' 내려오는 행복과 평안과 위로를 받는 것이 행복하고 기뻐서 정욕을 좇지 않으려는 이끌림을 받고 싶어 한다. 이것이 존재를 나타내시려고 파장을 일으키시는 창조자의 섭리이다. 이렇게 삶을 살아가도록 이끄시는 것이다.

모든 존재는 파장이 있어야 존재가 된다. 그러므로 '존재는 파장이다!' 파장이 유지되면서 존재가 되고, 그 과정에서 파장을 좇아 존재의 본성을 만나게 되고 그 목적에 부합한 사람이 되었다는 증거로 주어지는 대가가 그 배에서 생수처럼 흘러나오기 때문에, 본성을 좇아가는 것이다.

그런데 나만의 우주에서 나오면 육체의 정욕으로 가득한 세상을 접하게 된다. 뺏고 빼앗고 속고 속이고 죽고 죽이는 약육강식의 세상을 만나게 된다. 언제나 가상공간에 있을 수가 없으며 '하늘의 것'이 '땅의 것'으로 되어가는 과정에서 겪는 갈등은 너 나 할 것 없이 정욕으로 치닫게 된다.

부산에서 서울로 올라오는 수족관 차량이 목적지에 오면 물고기들이 멀미로 거의 폐사한다고 한다. 그래서 지혜로운 어부는 수족관에 천적인 물고기를 넣어 놓는다는 것이다. 몇 마리는 잡아먹힌다. 생존의 문제이기 때문이다. 그놈이 졸거나 멀미로 정신을 잃으면 산통 깨질 일이다. 악신을 만들어 놓으신 이유가 그에 해당한다.

수많은 물고기는 자기 옆을 스치듯 지나가는 천적 물고기를 접했을 것이고, 친구가 잡아먹혔다는 소식에 슬펐을지도 모른다. 그러나 살아야 한다는 생각으로 가까이 오는 놈을 피해 이리저리 다녀야 했다. 그야말로 죽고 사는 각축장이다. 온종일 씨름하느라 잔뜩 각성 된 물고기들은 생생하게 살아있을 뿐만 아니라 육질도 단단해서 먹기도 좋은 물고기가 되어 노량진의 큰 시장으로 몰려온다.

'하늘의 것'이 '땅의 것'이 되는 루틴은 '홀로 있음'으로 가상공간에서 구하고 찾고 두드려 만날 수 있다. 그리고 그것을 현실에 반영해 문명을 만들고 문화를 만들고 역사를 만들었다. 그런데 그것으로 끝나면 해

피엔딩이 될 것이지만, 세상의 복병은 우는 사자와 같이 삼킬 자를 찾아 헤매고 있다.

창조의 질서를 따르는 것 말고는 그 무엇도 없다.
"Nothing but following the order of creation!"

양심을 따라 창조자의 이끌림에 응답하는 것이 믿음이다. 그런 삶을 살아온 그의 실존이 믿음이다. 인식은 믿음과 상관이 없다. 가능성일 뿐이다.

'볼지어다 내가 문밖에 서서 두드리노니 누구든지 내 음성을 듣고 문을 열면 내가 그에게로 들어가 그와 더불어 먹고 그는 나와 더불어 먹으리라(계3:20)'

문을 두드리는 분을 맞이하는 방법은 문을 여는 것이다. 이스라엘의 문고리는 안에만 있다는 것을 잊지 말라. 안에서 열어주지 않으면 열릴 수가 없다. '신데렐라 콤플렉스'는 정욕일 뿐이다. 탕자가 돌아오기를 기다렸다는 말씀을 기억하시기 바란다. 이것 말고는 실존이란 존재하지 않는다. 정욕일 뿐이며 허상과 거짓을 좇는 죄의 삶일 뿐이다.

확신과 고백, 인정과 시인, 지식과 정보, 바람과 기대는 인식이다. 인식은 나타나기 전까지는 가능성을 가지고 있는 개념이다. 막연한 가능성일 뿐이다. 수정란과 무정란의 차이다. 똑같은 알이다. 그러나 품으면 수정된 알은 병아리가 되고, 수정이 안 된 알은 똥이 된다.

양심을 따라 창조의 섭리를 그대로 받아 삶의 열매로 나타내는 아브라함의 삶을 '믿음의 의'라고 선언한 것을 기억하라. '실상'이 나타나야 한다. '증거'가 나타나야 한다. 이것이 양심을 좇아 창조자의 이끌림이 나타나는 것이다. 나타난 그것이 그 사람이다. 생각했던 것 바랐던 것, 원했던 것은 인식이다.

그것이 '나타나면' 비로소 '그 사람의 것'이 된다. 그것이 그 사람이다. 그 중심에는 양심이 있다. 창조자의 이끌림에 합당한 열매를 맺으면 양심을 따른 것이고 아니면 합당하지 않다. 실상이고 증거가 되는 이유이다. 이것이 믿음이라고 선언했다. 사람에게 좋게 보이는 것을 말하는 것이 아니다. 창조의 질서에 합당한 것이어야 한다. 질서다.

나타나지 않는 확신은 '나르시시즘(narcissism)'[64]이다. 입증되면 실존이고 그렇지 않으면 거짓이다. 창조자의 섭리와 이끌림과 상관이 있으려면 그에 합당한 '열매'가 나타나야 한다. 창조 이후에 존재가 아닌 것은 없다. 입증이 안 되면 없는 것이다. 허구다. 정신 현상일 뿐이다. 그것이 바라는 것들의 '실상'이요, 보이지 않는 것들의 '증거'가 된다. 그것이 아니면 거짓이며 미신이다.

은혜는 그러한 섭리와 질서를 깨닫는 것이다. 그러므로 큰 은혜, 작은 은혜가 없다. 크게 깨닫든 작게 깨닫든 깨닫는 것으로 족하다. 그러나 믿음은 행하여 열매 맺는 것이므로, 큰 믿음 작은 믿음이 있다. 무엇을 행할 것인가? 창조의 질서를 따라 행하여 열매 맺는 것이다.

사도 바울은 언제나 말한다. 인식은 믿음이 아니다. 이해, 동의, 시인, 지식, 정보, 바람 등은 인식이다. 그것으로는 아무것도 나타나지 않는다. '믿음은 바라는 것들의 실상이고 바라는 것들의 증거다.' 실제로 나타나는 것이어야 하고 증거가 되는 것이 있어야 믿음이라는 명제가 완성된다. 이 명제를 벗어날 수 없다. 이것이 창조의 질서이기 때문이다.

하루에 34,000개의 개념이 스쳐 지나가는 인간의 머리에 몇 퍼센트가 남을 것이며, 남은 그것이 몇 퍼센트나 행동으로 옮겨져 자신의 실

---

64) 자아도취를 말한다.

존으로 만들 것인가? 실상으로 나타난 그것만 내게서 나타나는 믿음이다. 그래야 나와 조금이라도 상관이 있다. '나도 그런 생각을 했어!'라는 고백보다 어리석은 말은 없다. 그런 사람을 모욕하면 속이 시원해질 것이다. 그것이 어떻다는 말인가!

믿음은 '확신'에 기인한 것이 아니다. '정'에 기인한 것이 아니다. 양심에 이끌려 삶을 살아온 실존적 가치를 '믿음의 의'로 여겼다고 말씀한다. 신의를 가지고, 의리를 지키며, 양심을 좇는 삶을 말한다. 그것이 '믿음의 의'다. 믿음의 근거는 창조자의 속성이 창조자의 본성으로부터 받은 이끌림을 마음이 그대로 받아 망설이지 않고 삶으로 나타내는 삶을 말한다. 이러한 마음을 '양심'이라고 하였다.

창조자의 속성이 거하는 '마음'은 행동을 유발하는 기관이다. 숨 쉬려고 공기가 스치는 길목에 냄새 맡는 기관을 만들어 놓아 냄새를 맡을 수 있는 것과 같이, 마음에 창조자의 속성인 영을 불어넣어 심령이라는 '기관'이 되게 하셨기에, 창조자의 이끌림에 대해서 이끄는 그대로 받아 삶으로 나타나게 하려고 심령이라는 기관을 마음에 만들어 놓으셨다.

몸이 행동하도록 관여하는 기관이 '마음'이다. 육체를 움직이는 기관이 마음인 것이다. 창조자의 속성인 '영'을 콧구멍에 불어넣어, 숨 쉬는 모든 사람은 살아있는 영적 존재가 되게 하셨다. 마음에 기관으로 심어 놓은 존재가 사람이기 때문이다. 영적 존재이기에 창조자의 본성을 알 수 있는데, 이것을 마음으로 그대로 받아 삶으로 나타나도록 이끄는 온전한 마음을 '양심'이라고 명하는 것이다.

고대로부터 양심은 알 수 없는 개념이었다. 사도 바울만 그 정체를 알고 분명히 나열했다. 이방인의 제사음식을 먹을 것인가 말 것인가를 예화로 들면서 양심이 무엇이며 어떻게 작용한다는 것을 말했다. 필자는 사도 바울이 선언한 그것이 왜 그러한지를 창세기로부터 조명하여 그 근원을 밝히는 일을 했다. 곧 나타날 것이다.-

베드로는 '닭 울기 전에 네가 나를 세 번 부인하리라' 하시는 말씀 그대로 사형 선고를 받던 날 저녁에 그 현장에 있다가 계집종 하나가 '그도 한패다'라는 말을 하였으나 모른다고 부인하였고, 어떤 남자가 '당신도 한패가 맞지?'라고 말하자 거듭 부인했으며, '말투가 갈릴리 사람인데, 무엇이 아니란 말이냐?'라는 말에도 맹세하며 모르는 자라고 말하며 부인하는 말을 마치기도 전에 닭이 우는 장면이 나온다.

그리고 선생님이 하신 말씀이 기억나 밖에 나가 한없이 운다. 이것을 '양심에 걸려서'라는 말로 표현하였다. 그것 외에는 세상 어느 곳에도 '양심'이라는 주제의 논문은 없다.

몸에 있는 기관이 눈, 코, 입, 귀, 피부라면, 마음에 있는 기관은 '심령'이다. 이 모든 기관은 사람에게 주어진 것이며, 주어진 그것을 통해서만 느끼고 깨닫고 결정하여 자신의 실존을 구성한다. 선한 것이 무엇이며 온전한 창조의 섭리가 무엇인지 알기에 '창조의 섭리'에 합당하지 않은 일은 숨어서 한다. '양심'이 그의 마음을 혼란하게 하기 때문이다.

그러나 그것을 대놓고 하는 사람은 깡패라 하고, 깡패는 무당과 더불어 종교 지도자가 되어서는 안 되는 이유를 여러 차례 강조한 바가 있다. 하루아침에 될 수 없고 몇 번의 비행으로 될 수 있는 위치가 아니기 때문이다. 몸과 맘과 뜻과 정성과 열정과 젊음을 몽땅 바쳐야만 비로소 그 위치에 갈 수 있다. 그것도 보장되는 것이 아니다. 보통의 의지로 되지 않는다는 말이다.

모든 사람에게 환영을 받고 좋은 사람으로 인정되는 사람은 있을 수가 없다. 그러한 것을 강조하는 사람은 목사든 신부든, 승려나 무당이든, 엄마나 아버지나 선생님이라도 잘 못 된 가르침을 주는 것이다. 존재하는 가치가 아니기 때문이다. 그런 가치관은 허상이며 미신이다. 남들을 위해 살아가는 것이 아름다운 삶이라고 가르치는 종교는 개신교회 외에는 없다. 거의 모든 개신교인은 그렇게 살아간다. 그것을 우습다고 생각하는 사람들이다. 그들이 옳은가?

독자께서 21세기의 문명을 창조해 낼 인물이다. 찾고 구하고 두드려라. 그리고 바로 그 사람이 되어라. '하늘의 것'이 '땅의 것'이 되려고 준비된 것이 우주와 만물이고, 창조의 목적이다. 바로 당신과 더불어 나타내려고 예비 된 곳이 '하늘의 것'이다.

창조는 존재의 나타남이다. 일상은 창조의 질서에 적응하여 사는 것이다. 정욕을 위해서 삶을 드려서는 안 된다. 안정이 만족이 아니고 쾌락이 행복이 아니며 과업의 성취로 위로가 되지 않는다. 위로부터 내려오는 것이 아니면 바람처럼 사라지는 안개다. 내 속에 있는 것이 요구하는 것은 위로부터 내려오는 평안과 행복과 자유 그리고 위로다. 창조의 질서에 합당한 열매를 맺어가는 그 삶에 선물로 내려오는 것이다. 창조의 질서를 따르는 자에게 주시는 축복이다. 당신의 삶을 축복한다.

맺음말:

'해 아래, 새것이 없다!' 우주와 만물에 나타나기 위해 이미 모든 것이 **만들어진 상태로 있어 왔다(Everything has already been created to appear in the universe and all things).** 나타내기를 기다리고 있는 그 '하늘의 것'을 누구라도 '땅의 것'으로 만들어 낼 수 있다. 동서 사방을 보라! 우리가 누리고 있는 문명이고 문화고 역사가 모두 누군가의 '홀로 있음'으로 '하늘의 것'을 '땅의 것'으로 만들어 낸 것이다. 이미 만들어 놓은 존재의 본성을 좇다가 발견해 낸 것이다.

질서를 만들어 낸 사람이 없다. 다만 발견할 수는 있다. 질서는 나타내려고 창조한 것이기 때문이다. 그래서 '해 아래, 새것이 없는 것'이다. 주어져 있는 존재의 본성이 나타나는 것이다. 창조의 질서는 나타나려고 준비한 것이며, 누구나 예외 없이 자기만의 우주인 '가상공간'에서 만날 수 있다. 찾고 두드리고 구하면 만나는 것이다. 이것은 천재적인 머리가 없어도 된다. '관심'만 있으면 된다. 나타나려고 창조한 것이 창조자의 섭리이기 때문이다. 문명을 만들어 내는 것이 바로 사람이며, '하늘의 것'이 '땅의 것'이 된 것이다.

우주와 만물의 섭리는 적응하는 것 말고는 없다는 의미다. 내가 어떻게 할 수 있는 것이 없다. 적응하고 발견하고 그것을 이 땅에 실현하는 것으로 문명이 되고 역사가 되고 문화가 된다. 모두가 창조의 질서 안에 있는 것이다. 그리고 우주와 만물은 '하나님의 아들들이 나타나기를 고대하고 있다(롬8:19)'라고 기록하고 있다. 발견해 주기를 고대하고 있다는 의미다. 나타내려고 창조한 것이기 때문이다.

창조자의 형상(Imago Dei)을 불어 넣어 창조자의 본성으로 이끌리도록 마음에 기관(Organ)으로 창조자의 형상을 가진 존재가 바로 독자들이고 필자이다. '하늘의 것'을 '땅의 것'으로 만들어갈 수 있는 주체가 되도록 이끄시는 것이 창조의 목적이라는 것이, 언약이며, 그렇게 만들어 놓고, 그렇게 되도록 이끌어 간다는 것이, 창조 이후부터 계속된 선언이다. 그러므로 누구라도 창조의 질서를 좇는 그 사람은 창조의 섭리에 합당한 사람이며, 그 이끌림을 따라 그대로 흘러가면(flow) 예정65)에 합당한 사람이라는 확증을 받는다.

    그 사람이 누구인가? 창조자의 이미지를 불어넣어 창조자의 이끌림에 합당하게 행하는 그 사람을 말하며, 마음(心)에 기관으로 자리한 창조자의 영(靈)을 '심령(心靈)'이라고 하였으며, 선한 마음으로 이끄는 영적인 이끌림에 합당한 열매를 맺는 사람, 곧 하나님의 자녀라고 선언한다.
    누구에게나 그 사람에게만 주신 그 사람만의 우주가 있다. 그가 맘껏 유영할 수 있는 우주와 만물로 들어갈 수 있는 가상공간이다. 이것은 당신에게 주어진 특권이며 창조자와 당신만의 독대의 자리다.
    성적과 관계없고 아이큐와 상관이 없다. 성별도 관계없으며 종교성의 유무와도 관계가 없다. 어느 환경에 있든 그것과 상관없다. 나만의 우주인 가상공간에 들어가라. 그곳에서 창조의 질서를 만날 수 있다. 창조자께서 조성하신 질서이며 섭리를 접하는 것이다. 그리고 그곳에서 개발하고 발명하라. 원인을 찾으라. "신(神)께서 해 주겠지~, 신께서 아시겠지~"라는 생각을 버려라. 그것을 믿음이라고 말하려는 정신에서 무엇이 자라겠는가? 그것은 나태함이고 안일함이며 악하고 게으른 고백일 뿐이다. 누구도 빼앗을 수가 없다. 그리고 그것을 현실화하라. 그것이 문명이 된다. 문화가 되고 역사가 된다. 더 놀라운 것은 평안과 행복과 위로가 내려온다. 이것이 창조의 목적이기 때문이다. 독자께서 21세기의 문명을 개혁할 주인공이 되라. '홀로 있음'으로 창조의 질서를 경험하기를 축복한다. 이렇게 창조의 질서와 목적을 발견해 가는 것이 인생이다.

---

65) 미리 정해 놓은 창조자의 계획을 말하며, 구원될 자와 저주받을 자를 미리 정했다는 운명론적 주장은 거짓이며, 성경과는 완벽하게 배치되는 이론이다. 무당의 예정이 오버랩된 주장이다. 이것으로 인해 '문화 신학'과 '다원론' 등의 소모성 이론으로 복잡해지고 있는 것이다. 교리가 아니고 말씀이며, 예정된 섭리이다. 깨달을 진저!

창조의 세계를 경험하고 살아가는 삶 그 이후에는 무엇이 있을까? 확신과 고백이라는 인식의 범주로 당신의 실존을 온전하게 만들 수가 없다. 알고 모르는 것은 당신의 실존과 상관이 없다. 그 단계를 넘어, 실존적으로 당신이 창조의 질서에 합당한 존재가 된다면 그다음은 어떻게 될 것인가? 궁금하지 않은가! 상상하라. 놀랄 것이다. 무엇이 평안이고 행복이며 위로인지를 체험하게 될 것이다. 창조의 질서에 적응하라. 이끄실 것이다.

'홀로 있음'은 세상에 나올 수 없는 책이었다. 고대로부터 존재가 무엇인지 그렇게도 고민하고 찾았지만, 알 수 없었던 것이, 바울이라는 그리스도의 사도로부터 입증되었지만, 그는 오직 창조의 섭리와 비밀에 대해서만 언급했었다. 사명을 위해 생명을 다한 것이다. 그는 '카오스'를 경험한 최초의 사람이며, 그랬기에 그에게 나타나고 보여준 것이다. 그래서 그는 택정된 사도로 인정된 것이다.

그러나 그의 존재론적 접근을 해설해 줄 학자가 나타나지 않았었다. 그렇게도 오랜 세월 동안 그렇게도 훌륭한 많은 학자가 있었지만, 여전히 '인식'의 범주를 넘는 사람은 없었다. '카오스'를 경험한 자가 아니면 알 수 있는 세계가 아니었기 때문이었다. 창조 이후에 존재가 아닌 것은 없으며, 인식은 실존이 아니기에 존재의 범주에 해당하지 않기에 허구였다. 그것을 극복해야 하는 과제로 인식하고 있었으나 극복할 패러다임(paradigm-전형적인 예)이 없었을 때, 한 사람이 나타나 19세기를 흥분하게 만들었다. 바로 데카르트와 화이트헤드의 등장이다.

데카르트가 '나는 생각한다. 고로 존재한다.'라는 명제를 내놓아도, 좀 더 진보하여 화이트헤드가 '존재는 과정이다.'라는 논지를 주장했어도 여전히 인식의 범주였다. 그의 생각하는 주체인 '나'라는 존재는 입증하였더라도, 존재하는 '나'라는 존재가 무엇인가라는 질문에 관해 대답할 수 없었다는 것이며, 화이트헤드의 존재는 환경과 상황에 따라 변화하는 '과정 중'에 있는 존재에 있다고 한 것은, 진보를 이룬 것이나,

'과정 중에 있는 존재가 무엇인가?'라는 질문에는 대답할 수 없었다. 여전히 인식이다. 허구라는 뜻이다.

그러던 중 2020년 1월 17일 Science Advanced 誌를 통해 원자가 어떻게 존재하며 '어떻게 존재의 최소 단위인 분자가 되어 가는가?'를 입증하는 자료가 소개되면서, 입증할 자료로 삼을 수 있는 과학적 근거가 비로소 세상에 나오게 되었기에, 그 해부터 '항존성에 관하여'라는 논제로 40년이 넘도록 기록해 온 여러 논문을 녹여 '홀로 있음'이라는 출판물로 출간하기에 이르렀다. 세상에 나올 수 없는 자료였다. -결론적으로 '존재는 파장(wavelength, 혹은 파동:wave)'이다. 그것을 입증하였으니 참고 바란다.-

그때 이후로, 기쁜 마음으로 '항존성에 관하여'라는 논문을 녹여 기초적인 자료 1권을 '홀로 있음'이라는 제목으로 딸을 시집보내는 심정으로 세상에 내놓는다.

인식이라는 허상이 사라지고 실존만이 존재하는 우주와 만물에 적응하는 귀중한 사람들이 되기를 바라는 심정으로 기록하였으며, '행함이 없는 믿음은 죽은 것'이라는 것을 깨닫고 삶에 적응하여 창조의 질서에 합당한 예정의 섭리에 합당한 귀한 삶의 결론에 이르기를 축복한다. 오프라인을 통해서 교제할 것이다. 당신이 21세기의 문명을 이끌 사람이다.

'존재는 파장이다'라는 명제를 통해서 거짓도 드러나고 허상도 드러나며 인식은 실존이 될 수 없음을 입증할 수 있게 되었다. '나타난 것'이 아니면 허구이며, 창조 이후에는 존재가 아닌 것이 없다는 것을 알게 될 것이다.

그것이 무엇이 되었든 '나타난 것으로만' 입증된다. 알리바이라는 것이 이것이다. 증거로만 기소할 수 있는 것이 이것 때문이다. 허상으로는 안 되고, 증거가 아니고서는 존재하는 것이 아니다. 이것이 창조 이후의 질서다. 바라는 것들의 실상이고 보이지 않는 것의 증거로만 입증된다. 보여라. 나타내라. 그것이 당신이다. 알고 모르고는 당신과 상관이 없는 세계다. 경험해도 소용이 없다. 당신의 실존이 아니다. 당신이 나타내는 그것만 당신의 실존이다. 사도 바울은 그것을 믿음이라고 선언했다. 내 생각과 이념을 주장하는 것은 허구이며 거짓이다. 그것은 내가 아니다. 존재는 파장이며 나타나는 것만 존재이기에 있다면 입증되는 것이다. 사도 바울이 입증하고 주장한 바로 그 창조의 세계! 예정해 놓은 창조의 섭리에 합당한 삶을 살라. 위로부터 주어지는 행복과 평안과 위로가 있다.

'홀로 있음'으로 '하늘의 것'을 '땅의 것'이 되도록 준비된 존재의 본질을 찾고 구하고 두드려 열고 21세기의 문명과 문화와 역사의 주인공이 되기를 축복하고 또 축복한다. Do it! Do it! Just do it!

*2권에서는 양자물리학을 통해 고대로부터 창조의 섭리와 루틴이 어떻게 작용하고 어떤 특징을 갖는지를 발견한 것 등을 여러 물리적 현상과 함께 소개할 것이다. 양자물리학으로 여러 명의 노벨상이 나왔다. 앞으로도 계속 그럴 것이다.

양자물리학이 모든 존재는 입자, 원소라는 것을 발견한 것은 대단한 성과다. 우주와 만물에 작용하고 있는 이 물리적 현상이 창조로부터 루틴을 가지고 있었고, 있고, 있을 것 이라는 것을 과학자가 발견하고 찾아 낸 것이 위대하며, 그것이 왜, 어째서 존재하며, 그것이 무엇이라 명제화할 것인가는 아직 발견해 내지 못했다. 이것을 우선 1권에서 밝히는 것이다.

저자 소개:

　죽음에 이를만한 신체적 고통을 겪어온 사람에게는 특별한 것이 있다. 삶과 죽음을 구분할 수 없을 만큼의 고통과 두려움과 고독, 절망을 경험하고 살아 낸 자만 겪는 세계가 있다. 학문의 세계도, 예술과 사업, 과학과 특히 발명과 개발 분야에서 특별히 많은 사람이 그와 같은 경험을 했다. 그것은 무엇이며 어떻게 왜 나타나는 것인가? 송구하게도 필자도 그 중 마지막 번째 사람이다. 나면서 한 돌이 되기 전부터 이런 경험을 하며 유아기와 청소년기를 극복했다. 그것이 어떤 상태이며 어떻게 가능한지 그 현상은 무엇인가? 경험하고 체험한 것을 적었다. 그리고 만 20세가 되면서 '항존성에 관하여'라는 논문을 시작으로 여러 저서를 저술하였다. 존재의 본성과 나타남에 대한 논문을 풀어 설명하였으며, '하늘의 것'이 '땅의 것'이 되는 과정이 창조의 섭리이고 목적임을 입증한 자료이다. 존재가 명제화되면 이 세계가 하나씩 고삐를 풀과 나타나게 되어있다. 그것은 무엇인가? 그것을 조금 적었다. 그리고 계속 적어 갈 것이다.

　종교철학으로 학위 했고, 작가로 활동하며 몇 대학에서 교수했다. 2020년 1월 17일 Science Advanced 誌에 원자가 파장을 일으키며 분자가 되기까지 융합하는 과정이 인류 최초로 발견된 것이 보도되면서, '존재는 파장'이라고 명제로 여러 논문과 저서들을 집필해 왔던 평생의 주장이 입증되는 계기가 되어 이제야 '홀로 있음'이라는 이름표를 달고 '무녀리'가 세상에 머리를 내밀게 되었다. 귀한 만남을 축복한다.

'홀로 있음'

초판 발행	2025년 10월 13일
글	서창수
펴낸 곳	맑은 숲 고요 책방
발행인	서요셉
도서기획	서요셉, 소피아 최
편집	서요셉, 안정방
인쇄	트윈빌 미디어
등록	2025-000042호 (2025년 8월 21일)
주소	서울시 양천구 남부순환로 323 혜성오피스텔 502
이메일	gem0101@naver.com
ISBN	979-11-994421-1-5 03300

파본은 서점에서 교환해 드립니다.

이 책은 저작권법에 의하여 보호받는 저작물이므로 무단 전재와 복제를 금합니다.

이 책의 내용의 전부 또는 일부를 이용하려면 반드시 저작권자와 출판사의 동의를 받아야 합니다.

저희는 책에 관한 아이디어나 조언 그리고 원고 투고를 언제나 기다리고 있습니다.

출판을 원하시는 분은 gem0101@naver.com으로 문의 바라고 출간의 꿈을 이루시기 바랍니다.

작가가 되기 원하시는 분을 훈련시켜 드립니다.